Dr. Oetker Verlag

VORWORT

Ein Blick in den Backofen: Ist das Gebäck fertig?
Schön goldgelb und so gut, wie es sein soll? Ja! Und sogar noch ein bisschen besser:
die Krume locker, der Duft verführerisch und das Aussehen unwiderstehlich!
Zum Reinbeißen! Ein Genuss für alle Sinne …

„Backen macht Freude", das Standardwerk für jeden Hobbybäcker und solche, die es werden wollen,
macht es Ihnen leicht, aus einfachen Zutaten kleine Meisterwerke zu zaubern.
Ob Maulwurftorte, Buttermilchkuchen oder Klassiker wie Apfelstrudel und Marmorkuchen:
Die Rezepte in diesem Buch gelingen immer!

Dafür sorgt die Dr. Oetker Versuchsküche, die genau überprüft,
dass jedes Gebäck auch für Ungeübte leicht zuzubereiten und immer ein Genuss ist.
Schritt-für-Schritt-Anleitungen und detaillierte Fotos garantieren ein Ergebnis, das begeistern wird.
Viele neue Rezepte regen zum Ausprobieren und Nachmachen an.

Immer mehr Menschen entdecken die Kunst des Backens für sich und genießen
selbst gefertigte Puddingschnecken, eine von eigener Hand verzierte Sahnetorte oder
duftendes Roggenbrot und knusprige Brötchen.
Und dann wird gerührt, geknetet, ausgerollt und liebevoll verziert:

Backen macht Freude!

Wir wünschen Ihnen viel Spaß beim Ausprobieren, gutes Gelingen und:
Lassen Sie es sich schmecken!

» … und viele neue Rezepte, z. B.: » Sehr feine Schokoschnitten » Brombeer-Krokant-Kuchen
» Schoko-Kirsch-Napfkuchen » Käse-Sahne-Torte mit Nougat » Tomatenbrot » Stollenhäppchen
und, und, und …

KAPITEL

RÜHRTEIG 8

ALL-IN-TEIG 62

KNETTEIG 80

HEFETEIG 134

BISKUITTEIG 166

QUARK-ÖL-TEIG 190

BRANDTEIG 198

STRUDEL- & BLÄTTERTEIG 208

EIWEISSGEBÄCK 224

FETTGEBÄCK 230

KALTE TORTEN 240

WEIHNACHTEN 254

BROT & BRÖTCHEN 286

RATGEBER 306

REGISTER 314

EINFÜHRUNG

Allgemeine Hinweise zum Buch

Damit Ihr Gebäck genauso unwiderstehlich schmeckt und so verführerisch aussieht, wie Sie es sich vorstellen, möchten wir Ihnen einige Tipps ans Herz legen, bevor Sie mit der Zubereitung beginnen:

Tipp 1 – Vorbereitung
Lesen Sie das Rezept vor der Zubereitung – besser noch: vor dem Einkaufen – einmal durch. Vieles wird klarer, wenn Sie die Zusammenhänge verstehen. Stellen Sie alle Zutaten, die entsprechende Backform und die benötigten Küchengeräte und Backhelfer griffbereit.

Tipp 2 – Mengenangaben
Die Mengenangaben (Gewichts-, Flüssigkeits- und Löffelmengen) in den Umschlaginnenseiten des Buches helfen Ihnen, immer das richtige Maß für Ihre Zutaten zu finden.

Tipp 3 – Zubereitungszeit
Die in den Rezepten angegebene Zubereitungszeit dient Ihrer Orientierung – sie ist lediglich ein Richtwert und anhängig von Ihrer Backerfahrung. Die Zubereitungszeit beinhaltet nur die Zeit, die Sie für die tatsächliche Zubereitung benötigen. Kühl- oder Abkühlzeiten, sowie Teiggehzeiten sind nur dann in der Zubereitungszeit mit enthalten, wenn parallel dazu andere Arbeitsschritte erfolgen. Die Backzeit ist gesondert ausgewiesen.

Tipp 4 – Backformen
Alle Rezepte in diesem Buch sind auf folgende handelsübliche Backformen abgestimmt (Foto 1):
» Backblech (40 x 30 cm), auch mit hohem Rand
» Muffinform für 12 Muffins
» Tarteform (Ø 26–28 cm)
» Gugelhupfform (Ø 22 cm)
» Kranzform (Ø 22 cm)
» Kastenform (25 x 11 cm)
» Brotbackform (30 x 11 cm)
» Obstbodenform (Ø 28 cm)
» Springform (Ø 26 cm), mit auswechselbarem flachen Boden und Rohrbodeneinsatz für Kranzkuchen.

Die Backformen werden in verschiedenen Materialien angeboten. Weißblechformen eignen sich gut für Gasbacköfen, sind aber nicht säurebeständig. Den Springformrand deshalb innen mit Backpapier belegen, wenn er als Tortenring für Obsttorten verwendet werden soll.

Schwarzblechformen haben eine lange Tradition und sind besonders für Elektro- und Heißluftbacköfen geeignet. Diese Formen haben eine gute Antihaftwirkung und Wärmeleitfähigkeit, sind fruchtsäurebeständig und leicht zu reinigen. Zusätzlich können Schwarzblech- und Weißblechformen mit einer Antihaftbeschichtung versehen sein, dann lässt sich der Kuchen besonders leicht aus der Form lösen. Emaillebackformen sind in der Regel mit einer Quarz-Emaille-Beschichtung ausgestattet, die den Formen zusätzlich eine schnitt- und kratzfeste Antihaftversiegelung verleiht. Sie sind sehr langlebig, fruchtsäurebeständig und sorgen für eine gleichmäßige, intensive Bräunung des Backgutes.

Außerdem gibt es noch Aluminium-, Keramik-, Glas- und Silikonbackformen, die für alle Backofenarten geeignet sind.

EINFÜHRUNG

Tipp 5 – Backtemperatur und Backzeit

Die in den Rezepten angegebenen Backtemperaturen und Backzeiten sind Richtwerte, die je nach individueller Hitzeleistung des Backofens über- oder unterschritten werden können. Die Temperaturangaben in diesem Buch beziehen sich auf Elektrobacköfen. Die Temperatureinstellmöglichkeiten für Gasbacköfen variieren je nach Hersteller, sodass wir keine allgemeingültigen Angaben machen können.

Bitte beachten Sie deshalb bei der Einstellung des Backofens die Gebrauchsanleitung des Herstellers. Wir empfehlen, die Backöfen grundsätzlich vorzuheizen und die Teige bzw. Kuchen erst in den Ofen zu schieben, wenn der Backofen die im Rezept angegebene Temperatur erreicht hat.

Die Sicherheit, ob Ihr Backgut fertig ist, gibt Ihnen die Garprobe nach Beendigung der angegebenen Backzeit.

Tipp 6 – Garprobe

<u>Rührteig- und All-in-Teig-Gebäcke:</u> Stechen Sie mit einem Holzstäbchen zum Ende der angegebenen Backzeit an der dicksten Stelle tief in den Kuchen – ist das Hölzchen trocken und haftet kein Teig mehr daran, ist der Kuchen gar (Foto 1 und 2).

<u>Biskuit:</u> Gebäck aus diesem Teig ist gar, wenn er sich nicht mehr feucht, aber weich anfühlt und bei leichtem Fingerdruck keine Druckstelle auf der Oberfläche zurückbleibt.

<u>Plätzchen:</u> Sie sind gar, wenn sie gelblich bis goldbraun sind.

<u>Hefe- und Quark-Öl-Teig-Blechkuchen:</u> Heben Sie den Kuchen mit einem breiten Messer hoch (Foto 3) – ist die Unterseite leicht gebräunt und trocken, ist er fertig.

Tipp 7 – Nährwerte

Diese sind gerundete Orientierungswerte und auf die in den Rezepten angegebenen Stückmengen oder auf die Gesamtangaben bezogen.

Tipp 8 – Ratgeber

Sie finden zu den meisten Teigen einen einführenden Ratgeber am Kapitelanfang mit allgemeinen Erläuterungen, hilfreichen Tipps und Hinweisen zur Zubereitung der Rezepte.

Außerdem erhalten Sie am Ende des Buches allgemeine Informationen zu den Themen: Backöfen, Einschubhöhen, Küchengeräte und Backhelfer, Backzutaten, Garnieren und Verzieren sowie zu den verwendeten Fachbegriffen. Weitere zahlreiche Tipps, Rezeptvarianten, Abwandlungen und Erläuterungen finden Sie auch direkt unter den Rezepten.

Tipp 9 – Schwierigkeitsgrade

Für jedes Rezept ist ein Schwierigkeitsgrad angegeben, der es Ihnen leichter macht, die Anforderungen des Rezeptes einzuschätzen.

 FÜR ANFÄNGER

 FÜR GEÜBTE

 FÜR FORTGESCHRITTENE

Sie vermissen ein Rezept aus einer früheren Ausgabe?

Schreiben Sie uns oder rufen Sie uns an, wir senden Ihnen das Rezept gern zu. Einen ausführlichen Ratgeber finden Sie auch im Internet unter: **www.oetker-verlag.de**.

RATGEBER

Rührteig

Rührteig mit seiner saftig-lockeren Krume ist nicht nur sehr vielseitig einsetzbar, sondern kann durch die Zugabe von Aromen, Kakaopulver, Speisestärke, Schokostücken, Rosinen usw. ergänzt oder verändert werden. Ein weiteres Plus: Er ist kinderleicht zuzubereiten, denn die Zutaten werden einfach der Reihe nach verrührt. Die Grundzutaten für Rührteig sind Fett, Zucker, Eier, Mehl und Backpulver.

So bereiten Sie den Rührteig zu

Schritt 1: Backform vorbereiten
Fetten Sie die Backform mit streichfähiger Margarine oder Butter gut und gleichmäßig mit einem Pinsel ein. Bei Springformen bestreichen Sie nur den Boden, damit der Teig beim Backen am Rand Halt findet und nicht „herunterrutscht". Damit sich der Kuchen nach dem Backen besser löst, streuen Sie die Kasten- oder Gugelhupfform nach dem Fetten mit Mehl, Semmelbröseln, gemahlenen Nusskernen oder Mandeln aus und verteilen es durch Klopfen und Drehen gleichmäßig in der Form (Foto 1 und 2).

Eine Kastenform können Sie auch fetten und mit Backpapier auslegen – so lässt sich das Gebäck besser aus der Form nehmen. Damit das Papier gut in die Kastenform passt, stellen Sie die Form auf Backpapier und zeichnen erst den Boden der Form nach, kippen sie dann nacheinander zu allen Seiten und zeichnen auch die Seitenlinien nach. Dann die Ecken ausschneiden, die Bodenlinien knicken – fertig!

Schritt 2: Fett rühren
Ob Butter oder Margarine – das Fett muss streichfähig sein, also weder flüssig noch zu fest. Dazu das Fett rechtzeitig aus dem Kühlschrank nehmen. Mit dem Handrührgerät mit Rührbesen rühren Sie das Fett auf höchster Stufe, bis es schön geschmeidig ist.

Schritt 3: Zucker hinzufügen
Mischen Sie nun Zucker mit Vanillin-Zucker und rühren beides nach und nach unter das Fett, bis eine gebundene Masse entsteht. Feinkörniger Zucker eignet sich dafür besser als grobkörniger, weil er sich leichter löst.

Schritt 4: Aromen hinzufügen
Aromen geben Kuchen den Pfiff – wenn sie richtig dosiert sind. Bei Aromen aus dem Röhrchen gelingt das am besten, wenn Sie einige Tropfen an einem Gabelzinken in die Teigmasse laufen lassen (Foto 3).

Schritt 5: Eier hinzugeben
Geben Sie nun nacheinander die Eier in das mit Zucker geschmeidig gerührte Fett. Rühren Sie dazu jedes Ei einzeln etwa ½ Minute auf höchster Stufe unter die Masse, bevor das nächste folgt. Sind die Eier zu kalt, kann das Fett gerinnen und der Teig grießig aussehen – aber keine Sorge: Für das Backergebnis hat das keine Bedeutung.

Schritt 6: Mehl und Backpulver mischen
Mehl und Backpulver müssen gut gemischt sein, bevor sie in den Teig kommen. Sind zusätzlich z. B. Speisestärke oder Kakaopulver angegeben, mischen Sie es gleich mit dazu, bevor Sie es unterrühren. Ausnahme: Bei Marmorkuchen wird nur ein Teil des Teiges mit Kakaopulver zubereitet.

RATGEBER

Schritt 7: *Mehl unterrühren*
Rühren Sie etwa die Hälfte des Mehls abwechselnd mit evtl. angegebener Flüssigkeit (Milch) kurz auf mittlerer Stufe unter und danach erst die andere Hälfte. Geben Sie nur so viel Flüssigkeit dazu, dass der Teig schwer reißend von einem Löffel fällt (Foto 4) – dann hat er die richtige Beschaffenheit. Wenn Sie zu viel Flüssigkeit unterrühren, bekommt Ihr Gebäck nicht nur Wasserstreifen, sondern feste Zutaten, wie z. B. Rosinen, sinken zu Boden, weil der Teig zu weich ist. Eine Ausnahme ist Rührteig, der sehr viel Fett und Eier und wenig oder gar keine Flüssigkeit enthält. Er kann weicher sein, weil die Eier während des Backens den Teig festigen.

> Backpulver beginnt sofort zu treiben, wenn es mit Flüssigkeit in Berührung kommt. Deswegen wird es mit dem Mehl vermischt und erst am Ende der Teigzubereitung kurz untergerührt. So wird die Krume gleichmäßig locker und es entstehen keine Rührblasen oder Luftlöcher.

Schritt 8: *Übrige Zutaten hinzufügen*
Ist der Teig fertig gerührt, können Sie je nach Rezept Rosinen oder Früchte dazugeben. Dosen- oder Glasfrüchte sollten gut abgetropft sein, damit nicht zu viel Flüssigkeit in den Teig gerät. Am besten legen Sie sie auf Küchenpapier, damit überschüssiger Saft aufgesaugt wird. Rühren Sie dann die Früchte oder andere stückige Zutaten zügig mit dem Teigschaber unter den Teig. Sie können sie auch mit dem Handrührgerät auf mittlerer Stufe – kurz(!) – unterrühren, damit die Früchte nicht zerquetscht werden und den Teig unansehnlich färben. Kirschen oder andere schwere Früchte sinken beim Backen nicht zu Boden, wenn Sie sie mit etwas Mehl bestäuben, bevor Sie sie unter den Teig heben (Foto 5).

Schritt 9: *Teig in die Form füllen*
Füllen Sie nun den fertigen Teig – am besten mit einem Teigschaber oder einer Teigkarte – in die vorbereitete Form und streichen ihn darin glatt. Die Form sollte zu etwa zwei Dritteln mit Teig gefüllt sein.

Schritt 10: *Das Backen von Rührteig*
Rührteig muss sofort nach der Zubereitung wie im Rezept angegeben gebacken werden.
Bevor Sie ihn nach der angegebenen Backzeit aus dem Backofen nehmen, machen Sie eine Garprobe: Stechen Sie mit einem Holzstäbchen an der dicksten Stelle in den Kuchen – ist das Hölzchen trocken und haftet kein Teig mehr daran, dann ist der Kuchen gar.
Lassen Sie den gebackenen Kuchen in der Form 10 Minuten auf einem Kuchenrost stehen und stürzen ihn dann auf einen Rost (Foto 6), damit er kalt werden kann. Böden aus Obstbodenformen können sofort gestürzt werden.

Die richtige Aufbewahrung
In Alufolie gewickelt und kalt gestellt hält sich das Gebäck einige Tage. Wenn Sie es einfrieren wollen, sollte es in der Verpackung bei Zimmertemperatur auftauen. Gebäck mit Schlagsahne, Quark u. ä. Zutaten im Kühlschrank aufbewahren bzw. nach dem Einfrieren auch im Kühlschrank auftauen lassen.

4

5

6

RÜHRTEIG

Kastenkuchen
Grundrezept Rührteig (Rührkuchen)

EINFACH (ETWA 15 STÜCKE)

Zubereitungszeit:
etwa 20 Minuten, ohne Kühlzeit
Backzeit: etwa 60 Minuten

Für die Kastenform
(25 x 11 cm):
etwas Fett
Weizenmehl

Für den Rührteig:
250 g weiche Margarine
oder Butter
150 g Zucker
1 Pck. Dr. Oetker
Vanillin-Zucker
1 Prise Salz
4 Eier (Größe M)
300 g Weizenmehl
4 gestr. TL Dr. Oetker Backin
2 EL Milch

Pro Stück:
E: 4 g, F: 16 g, Kh: 25 g,
kJ: 1104, kcal: 264, BE: 2,0

1 Die Kastenform fetten und mehlen. Den Backofen vorheizen.
Ober-/Unterhitze: etwa 180 °C
Heißluft: etwa 160 °C

2 Für den Teig Margarine oder Butter in einer Rührschüssel mit einem Handrührgerät (Rührbesen) geschmeidig rühren. Nach und nach Zucker, Vanillin-Zucker und Salz unter Rühren hinzufügen, bis eine gebundene Masse entsteht. Jedes Ei etwa ½ Minute auf höchster Stufe unterrühren.

3 Mehl mit Backpulver mischen und abwechselnd mit der Milch in 2 Portionen kurz auf mittlerer Stufe unterrühren.

4 Teig in der Form verteilen und glatt streichen. Die Form auf dem Rost im unteren Drittel in den vorgeheizten Backofen schieben. Den Kuchen **etwa 60 Minuten backen.** Nach etwa 15 Minuten Backzeit den Kuchen mit einem spitzen Messer der Länge nach in der Mitte etwa 1 cm tief einschneiden.

5 Den Kuchen 10 Minuten in der Form stehen lassen, dann aus der Form lösen und auf einen Kuchenrost stürzen, erkalten lassen.

Abwandlung: Verfeinern Sie den Kuchen, indem Sie 100 g gehackte Nusskerne, Schokolade (im Foto hinten) oder Krokant unter den Teig heben.

PANNENHILFE
» Klitschstreifen im Rührkuchen: Die Klitschstreifen entstehen fast immer dadurch, dass zu viel Milch an einen Rührteig gegeben wird. Deshalb darauf achten, dass nur so viel Milch unter den Teig gerührt wird, dass er schwer reißend vom Löffel fällt. Niemals so viel Milch zugeben, dass der Teig fließt, daher die Milch nach und nach zugeben.
» Luftlöcher im Rührkuchen: Unregelmäßig verteilte Luftlöcher entstehen, wenn bei der Teigzubereitung während oder nach der Mehl-Backpulver-Zugabe zu stark gerührt wird. Luftlöcher können vermieden werden, wenn das Gemisch in 2 Portionen nur ganz kurz untergerührt wird.

RÜHRTEIG

Sahnewaffeln (harte Waffeln)

FÜR GÄSTE (8–10 STÜCK) IM FOTO HINTEN

Zubereitungszeit:
etwa 60 Minuten

Für das Waffeleisen:
etwas Speiseöl,
z. B. Sonnenblumenöl

Für den Rührteig:
4 Eiweiß (Größe M)
250 g weiche Margarine oder Butter
100 g Zucker
1 Pck. Dr. Oetker Vanillin-Zucker
4 Eigelb (Größe M)
175 g Weizenmehl
75 g Speisestärke
2 gestr. TL Dr. Oetker Backin
200 g Schlagsahne

Pro Stück:
E: 6 g, F: 34 g, Kh: 38 g,
kJ: 2014, kcal: 481, BE: 3,0

1 Das Waffeleisen auf höchster Stufe vorheizen. (Dabei die Gebrauchsanleitung des Herstellers beachten.)

2 Für den Teig Eiweiß so steif schlagen, dass ein Messerschnitt sichtbar bleibt. Margarine oder Butter in einer Rührschüssel mit einem Handrührgerät (Rührbesen) geschmeidig rühren. Nach und nach Zucker und Vanillin-Zucker unter Rühren hinzufügen, bis eine gebundene Masse entsteht. Eigelb nach und nach auf höchster Stufe unterrühren.

3 Mehl mit Speisestärke und Backpulver mischen, abwechselnd mit der Sahne in 2 Portionen kurz auf mittlerer Stufe unterrühren. Zuletzt den Eischnee unterheben.

4 Das Waffeleisen auf mittlere Temperatur zurückschalten und mithilfe eines Backpinsels fetten. Für jede Waffel etwa 2 Esslöffel Teig in das Waffeleisen geben, mit dem Esslöffel verstreichen und die Waffeln goldbraun backen.

5 Die Waffeln herausnehmen und nebeneinander auf einem Kuchenrost erkalten lassen.

TIPP » Bestäuben Sie die Waffeln mit Puderzucker.

Kuhfleckenwaffeln

FÜR KINDER (8 STÜCK) IM FOTO VORN

Zubereitungszeit:
etwa 40 Minuten

Für das Waffeleisen:
etwas Speiseöl,
z. B. Sonnenblumenöl

Für den Rührteig:
50 g weiße Schokolade
50 g Vollmilchschokolade
100 g weiche Margarine oder Butter
100 g Zucker
1 Pck. Dr. Oetker Vanillin-Zucker

1 Das Waffeleisen auf höchster Stufe vorheizen. (Dabei die Gebrauchsanleitung des Herstellers beachten.)

2 Für den Teig beide Schokoladensorten in einem kleinen Topf im Wasserbad bei schwacher Hitze schmelzen und abkühlen lassen. Margarine oder Butter mit einem Handrührgerät (Rührbesen) geschmeidig rühren. Nach und nach Zucker und Vanillin-Zucker unter Rühren hinzufügen, bis eine gebundene Masse entsteht.

3 Jedes Ei etwa ½ Minute auf höchster Stufe unterrühren. Mehl mit Backpulver mischen und in 2 Portionen abwechselnd mit der Milch kurz auf mittlerer Stufe unterrühren. Den Teig halbieren und unter eine Hälfte des Teiges die geschmolzene Schokolade und das Kakaopulver rühren.

4 Das Waffeleisen auf mittlere Temperatur zurückschalten und fetten.

RÜHRTEIG

5 Für jede Waffel von jeder Teighälfte etwa 1 Esslöffel in Klecksen im Wechsel in das Waffeleisen geben.

6 Die Waffeln goldbraun backen, anschließend herausnehmen und nebeneinander auf einem Kuchenrost erkalten lassen.

TIPP » Bestäuben Sie die Waffeln mit Puderzucker.

3 Eier (Größe M)
250 g Weizenmehl
½ gestr. TL Dr. Oetker Backin
200 ml Milch
1 gestr. EL Kakaopulver

Pro Stück:
E: 8 g, F: 18 g, Kh: 44 g,
kJ: 1579, kcal: 377, BE: 3,5

RÜHRTEIG

Einfache Waffeln
FÜR KINDER (ETWA 8 STÜCK)

Zubereitungszeit:
etwa 30 Minuten

Für das Waffeleisen:
etwas Speiseöl,
z. B. Sonnenblumenöl

Für den Rührteig:
175 g weiche Butter
oder Margarine
175 g Zucker
1 Prise Salz
4 Eier (Größe M)
200 g Weizenmehl
1 Pck. Dr. Oetker Pudding-
Pulver Vanille-Geschmack
1 gestr. TL Dr. Oetker Backin
100 ml Milch oder Wasser

Pro Stück:
E: 6 g, F: 22 g, Kh: 49 g,
kJ: 1771, kcal: 423, BE: 4,0

1 Das Waffeleisen auf höchster Stufe vorheizen. (Dabei die Gebrauchsanleitung des Herstellers beachten.)

2 Für den Teig Butter oder Margarine mit einem Handrührgerät (Rührbesen) geschmeidig rühren. Nach und nach Zucker und Salz unter Rühren hinzufügen, bis eine gebundene Masse entsteht. Jedes Ei etwa ½ Minute unterrühren.

3 Mehl, Pudding-Pulver und Backpulver mischen und abwechselnd mit Milch oder Wasser in 2 Portionen kurz auf mittlerer Stufe unterrühren.

4 Das Waffeleisen auf mittlere Temperatur zurückschalten und mithilfe eines Backpinsels fetten.

5 Für jede Waffel etwa 2 Esslöffel Teig in das Waffeleisen geben, mit dem Esslöffel verstreichen und die Waffeln goldbraun backen. Die Waffeln herausnehmen, nebeneinander auf einen Kuchenrost legen und lauwarm servieren.

TIPPS » Bestäuben Sie die Waffeln mit Puderzucker und servieren Sie die Waffeln nach Belieben mit Crème fraîche oder leicht geschlagener Schlagsahne.

Apfelwaffeln

FRUCHTIG (ETWA 8 STÜCK)

1 Das Waffeleisen auf höchster Stufe vorheizen. (Dabei die Gebrauchsanleitung des Herstellers beachten.)

2 Für den Teig Äpfel schälen, vierteln, entkernen und raspeln. Die Apfelraspel mit Zitronensaft und Zucker mischen und beiseitestellen.

3 Margarine oder Butter mit einem Handrührgerät (Rührbesen) geschmeidig rühren. Nach und nach Zucker, Vanillin-Zucker und Zimt unter Rühren hinzufügen, bis eine gebundene Masse entsteht.

4 Jedes Ei etwa ½ Minute auf höchster Stufe unterrühren. Mehl mit Backpulver mischen und in 2 Portionen abwechselnd mit Crème fraîche kurz auf mittlerer Stufe unterrühren. Zuletzt die Apfelraspel unterrühren.

5 Das Waffeleisen auf mittlere Temperatur zurückschalten und mithilfe eines Backpinsels fetten (Foto 1). Für jede Waffel etwa 2 Esslöffel Teig in das Waffeleisen geben und etwas verteilen (Foto 2).

6 Die Waffeln goldbraun backen, anschließend herausnehmen und nebeneinander auf einem Kuchenrost erkalten lassen.

TIPP » Rühren Sie nach Belieben 50–75 g Rosinen oder Korinthen unter den Teig.

SERVIERTIPPS » Servieren Sie die übrige Crème fraîche dazu.
» Bestreuen Sie die Waffeln mit Zimt-Zucker.

Zubereitungszeit:
etwa 45 Minuten

Für das Waffeleisen:
etwas Speiseöl,
z. B. Sonnenblumenöl

Für den Rührteig:
275 g säuerliche Äpfel
2–3 EL Zitronensaft
1 EL Zucker
100 g weiche Margarine oder Butter
125 g Zucker
1 Pck. Dr. Oetker Vanillin-Zucker
½ gestr. TL gemahlener Zimt
3 Eier (Größe M)
200 g Weizenmehl
½ gestr. TL Dr. Oetker Backin
½ Becher (75 g) Crème fraîche

Pro Stück:
E: 5 g, F: 16 g, Kh: 40 g,
kJ: 1390, kcal: 333, BE: 3,5

RÜHRTEIG

Chocolate Cookies mit Nüssen

BELIEBT (ETWA 45 STÜCK/2–3 BACKBLECHE)

Zubereitungszeit: etwa 40 Minuten
Backzeit: etwa 10 Minuten je Backblech

Für das Backblech:
etwas Fett
Backpapier

Für den Rührteig:
100 g Nusskerne, z. B. Walnusskerne, Pecannusskerne oder Mandeln
75 g weiße Schokolade
200 g Zartbitterschokolade
150 g weiche Butter oder Margarine
200 g brauner Zucker
2 Pck. Dr. Oetker Vanillin-Zucker
½ gestr. TL Salz
2 Eier (Größe M)
300 g Weizenmehl
1 gestr. TL Dr. Oetker Backin
½ gestr. TL Natron

Außerdem:
etwa 50 g weiße Schokolade
1 TL Speiseöl, z. B. Sonnenblumenöl

Pro Stück:
E: 2 g, F: 7 g, Kh: 13 g,
kJ: 513, kcal: 123, BE: 1,0

1 Das Backblech fetten und mit Backpapier belegen. Den Backofen vorheizen.
Ober-/Unterhitze: etwa 180 °C
Heißluft: etwa 160 °C

2 Für den Teig Nusskerne oder Mandeln sowie weiße Schokolade und 125 g von der Zartbitterschokolade grob hacken. Restliche Zartbitterschokolade in Stücke brechen und in einem kleinen Topf im Wasserbad bei schwacher Hitze unter Rühren schmelzen.

3 Weiche Butter oder Margarine mit der geschmolzenen Schokolade in einer Rührschüssel mit einem Handrührgerät (Rührbesen) auf höchster Stufe geschmeidig rühren. Nach und nach Zucker, Vanillin-Zucker und Salz unter Rühren hinzufügen, bis eine gebundene Masse entsteht.

4 Jedes Ei etwa ½ Minute auf höchster Stufe unterrühren. Mehl mit Backpulver und Natron mischen und in 2 Portionen kurz auf mittlerer Stufe unterrühren. Nuss- und Schokoladenstückchen unterheben.

5 Für jeden Cookie einen gut gehäuften Esslöffel Teig mit etwas Abstand auf das Backblech setzen. Das Backblech auf mittlerer Einschubleiste in den vorgeheizten Backofen schieben. Die Cookies **etwa 10 Minuten backen**. Die übrigen Teighäufchen ebenso auf Backpapier vorbereiten.

6 Die gebackenen Cookies mit dem Backpapier auf einen Kuchenrost ziehen. Die vorbereiteten Teighäufchen mit dem Backpapier auf das Backblech ziehen und wie angegeben backen. Cookies erkalten lassen.

7 Weiße Schokolade in Stücke brechen und mit Speiseöl im Wasserbad bei schwacher Hitze unter Rühren schmelzen. Die Cookies mit der geschmolzenen Schokolade besprenkeln und die Schokolade fest werden lassen.

TIPPS » Die Cookies können Sie auch ohne Nusskerne zubereiten.
» Sie können bei Heißluft die Backbleche auch zusammen in den Backofen schieben.

RÜHRTEIG

Buttermuffins

EINFACH (12 STÜCK)

Zubereitungszeit: etwa 25 Minuten
Backzeit: etwa 25 Minuten

Für die Muffinform für 12 Muffins:
etwas Fett

Für den Rührteig:
3 Eiweiß (Größe M)
125 g weiche Butter
100 g Zucker
1 Pck. Dr. Oetker Bourbon-Vanille-Zucker
3 Eigelb (Größe M)
200 g Weizenmehl
1 gestr. TL Dr. Oetker Backin
125 g Schlagsahne

Für den Belag:
25 g gehobelte Mandeln
etwa 25 g Butter

Zum Bestäuben:
etwas Puderzucker

Pro Stück:
E: 4 g, F: 17 g, Kh: 23 g,
kJ: 1107, kcal: 265, BE: 2,0

1 Die Muffinform fetten (Foto 1) und den Backofen vorheizen.
Ober-/Unterhitze: etwa 180 °C
Heißluft: etwa 160 °C

2 Für den Teig Eiweiß steif schlagen. Butter in einer Rührschüssel mit einem Handrührgerät (Rührbesen) geschmeidig rühren. Nach und nach Zucker und Vanille-Zucker unter Rühren hinzufügen, bis eine gebundene Masse entsteht.

3 Eigelb nach und nach auf höchster Stufe unterrühren. Mehl mit Backpulver mischen und abwechselnd mit der Sahne in 2 Portionen kurz auf mittlerer Stufe unterrühren. Eischnee mit einem Teigschaber oder Rührlöffel unterheben. Den Teig gleichmäßig in der Muffinform verteilen.

4 Für den Belag Mandeln auf den Teig streuen und Butter in Flöckchen auf dem Teig verteilen. Die Form auf dem Rost auf mittlerer Einschubleiste in den vorgeheizten Backofen schieben. Die Muffins **etwa 25 Minuten backen.**

5 Die Muffins 10 Minuten in der Form stehen lassen, dann aus der Form lösen und auf einem Kuchenrost erkalten lassen.

6 Die Muffins vor dem Servieren mit Puderzucker bestäuben.

Abwandlung (Foto 2): Verfeinern Sie die Muffins, indem Sie 100 g gehackte Zartbitterschokolade und 60 g gehackte Cranberries unter den Teig heben.

SERVIERTIPP » Servieren Sie die Muffins in bunten Papierbackförmchen.

TIPP » Zum Steifschlagen von Eiweiß müssen Schüssel und Rührbesen absolut fettfrei sein und es darf keine Spur von Eigelb im Eiweiß sein. Gerät beim Trennen etwas Eigelb in das Eiweiß, lässt sich dieses am schnellsten mithilfe von Küchenpapier entfernen.

RÜHRTEIG

Amerikaner

FÜR KINDER (12 STÜCK/2 BACKBLECHE)

Zubereitungszeit:
etwa 30 Minuten, ohne Kühlzeit
Backzeit: etwa 20 Minuten,
je Backblech

Für das Backblech:
Backpapier

Für den Rührteig:
75 g weiche Margarine
oder Butter
100 g Zucker
1 Pck. Dr. Oetker
Vanillin-Zucker
5 Tropfen Butter-Vanille-
Aroma (aus dem Röhrchen)
1 Prise Salz
2 Eier (Größe M)
250 g Weizenmehl
3 gestr. TL Dr. Oetker Backin
100 ml Milch

Zum Bestreichen:
etwa 2 EL Milch

Für den Guss:
200 g Puderzucker
etwa 3 EL Zitronensaft
oder Wasser
150 g Zartbitterschokolade
1 EL Speiseöl,
z. B. Sonnenblumenöl
gehackte Mandeln
gehackte Pistazienkerne
Hagelzucker
Kokosraspel

Pro Stück:
E: 5 g, F: 14 g, Kh: 48 g,
kJ: 1452, kcal: 347, BE: 4,0

1 Das Backblech mit Backpapier belegen. Den Backofen vorheizen.
Ober-/Unterhitze: etwa 180 °C
Heißluft: etwa 160 °C

2 Für den Teig Margarine oder Butter in einer Rührschüssel mit einem Handrührgerät (Rührbesen) geschmeidig rühren. Nach und nach Zucker, Vanillin-Zucker, Butter-Vanille-Aroma und Salz unter Rühren hinzufügen, bis eine gebundene Masse entsteht. Jedes Ei etwa ½ Minute auf höchster Stufe unterrühren.

3 Mehl mit Backpulver mischen und abwechselnd mit der Milch in 2 Portionen kurz auf mittlerer Stufe unterrühren. Von der Hälfte des Teiges mit 2 Esslöffeln 6 Häufchen nicht zu dicht nebeneinander auf das Backblech geben und mit einem feuchten Messer etwas nachformen. Das erste Backblech auf mittlerer Einschubleiste in den vorgeheizten Backofen schieben. Die Amerikaner **etwa 20 Minuten backen, nach etwa 15 Minuten Backzeit die Oberfläche mit Milch bestreichen.**

4 Aus dem übrigen Teig ebenfalls 6 Teighäufchen auf Backpapier setzen. Die gebackenen Amerikaner mit dem Backpapier auf einen Kuchenrost ziehen. Die vorbereiteten Teighäufchen mit dem Backpapier auf das Backblech ziehen und wie angegeben backen. Amerikaner erkalten lassen.

5 Für den Guss Puderzucker sieben, mit Zitronensaft oder Wasser zu einem dickflüssigen Guss verrühren. Schokolade grob zerkleinern, mit Speiseöl im Wasserbad bei schwacher Hitze unter Rühren schmelzen. Erkaltete Amerikaner auf der Unterseite mit Guss bestreichen. Nach Belieben mit Mandeln, Pistazien, Hagelzucker und Kokosraspeln bestreuen (Foto 1).

» **REZEPTVARIANTE:**
Mini-Mint-Amerikaner
(24 Stück, Foto 2)
Reduzieren Sie im Teig den Zucker auf 50 g und die Milch auf 50 ml. Die Milch erwärmen und darin 75 g klein gehackten Pfefferminzfondant (weiß/rosa) auflösen. Den Teig damit wie im Rezept beschrieben zubereiten. Die Mini-Mint-Amerikaner etwa 15 Minuten backen. Für den Guss 150 g Pfefferminzfondant klein hacken, in einem kleinen Topf in etwa 2 Esslöffeln Wasser erwärmen, bis er flüssig ist. Nicht kochen lassen! Fondant abkühlen lassen, bis er dickflüssig ist, dann die Unterseite der Amerikaner mithilfe eines Pinsels damit bestreichen. Oder einen Guss aus 200 g Puderzucker und 2–3 Esslöffeln Pfefferminzlikör zubereiten und diesen evtl. mit Speisefarbe einfärben.

RÜHRTEIG

Sandkuchen
KLASSISCH (ETWA 15 STÜCKE)

Zubereitungszeit:
etwa 30 Minuten, ohne Kühlzeit
Backzeit: 75–80 Minuten

Für die Kastenform (25 x 11 cm):
etwas Fett, Weizenmehl

Für den Rührteig:
250 g weiche Margarine oder Butter
225 g Zucker
1 Pck. Dr. Oetker Vanillin-Zucker
1 Prise Salz
einige Tropfen Zitronen-Aroma (aus dem Röhrchen)
4 Eier (Größe M)
125 g Weizenmehl
125 g Speisestärke
1 gestr. TL Dr. Oetker Backin

Für den Guss:
150 g Zartbitterschokolade
1 EL Speiseöl

Pro Stück:
E: 3 g, F: 20 g, Kh: 33 g,
kJ: 1371, kcal: 328, BE: 3,0

1 Die Kastenform fetten und mehlen. Den Backofen vorheizen.
Ober-/Unterhitze: etwa 200 °C
Heißluft: etwa 180 °C

2 Margarine oder Butter in einer Rührschüssel mit einem Handrührgerät (Rührbesen) geschmeidig rühren. Nach und nach Zucker, Vanillin-Zucker, Salz und Aroma unter Rühren hinzufügen, bis eine gebundene Masse entsteht.

3 Jedes Ei etwa ½ Minute auf höchster Stufe unterrühren. Mehl mit Speisestärke und Backpulver mischen und in 2 Portionen kurz auf mittlerer Stufe unterrühren. Den Teig in die Kastenform füllen, glatt streichen und die Form auf dem Rost im unteren Drittel in den vorgeheizten Backofen schieben.

4 Kuchen **15–20 Minuten backen.** Dann den Kuchen mit einem spitzen Messer mittig der Länge nach etwa 1 cm tief einschneiden. Kuchen wieder in den Backofen schieben, **die Backofentemperatur auf Ober-/Unterhitze: etwa 180 °C, Heißluft: etwa 160 °C herunterschalten.** Den Kuchen **weitere etwa 60 Minuten backen.**

5 Den Kuchen 10 Minuten in der Form stehen lassen, dann aus der Form lösen und auf einem Kuchenrost erkalten lassen.

6 Für den Guss Schokolade in Stücke brechen, mit dem Öl im Wasserbad bei schwacher Hitze unter Rühren schmelzen. Den erkalteten Kuchen damit überziehen (kleines Foto links). Guss fest werden lassen.

RÜHRTEIG

Zubereitungszeit:
etwa 20 Minuten
Backzeit: 55–60 Minuten

Für die Kastenform (25 x 11 cm):
etwas Fett, Weizenmehl

Für den Rührteig:
200 g weiche Margarine
oder Butter
100 g Zucker
1 Pck. Dr. Oetker
Vanillin-Zucker
knapp ½ Röhrchen
Rum-Aroma
1 Prise Salz
3 Eier (Größe M)
200 g Weizenmehl
2 gestr. TL Kakaopulver
1 gestr. TL gemahlener Zimt
2 ½ gestr. TL Dr. Oetker Backin
100 g Raspelschokolade
50 g gehackte Mandeln
100 ml Rotwein

Pro Stück:
E: 4 g, F: 16 g, Kh: 21 g,
kJ: 1056, kcal: 252, BE: 2,0

Rotweinkuchen

EINFACH (ETWA 15 STÜCKE)

1 Die Kastenform fetten und mehlen (kleines Foto rechts). Den Backofen vorheizen.
Ober-/Unterhitze: etwa 180 °C
Heißluft: etwa 160 °C

2 Margarine oder Butter in einer Rührschüssel mit einem Handrührgerät (Rührbesen) geschmeidig rühren. Nach und nach Zucker, Vanillin-Zucker, Rum-Aroma und Salz unter Rühren hinzufügen, bis eine gebundene Masse entsteht. Jedes Ei etwa ½ Minute auf höchster Stufe unterrühren.

3 Mehl mit Kakao, Zimt und Backpulver mischen, abwechselnd mit Raspelschokolade, Mandeln und Rotwein auf mittlerer Stufe kurz unterrühren. Den Teig in die Kastenform füllen. Form auf dem Rost im unteren Drittel in den vorgeheizten Backofen schieben. Den Kuchen **15–20 Minuten backen.** Dann den Kuchen mittig der Länge nach etwa 1 cm tief einschneiden. Den Kuchen **weitere etwa 40 Minuten backen.**

4 Den Kuchen 10 Minuten in der Form stehen lassen, dann aus der Form lösen und auf einem Kuchenrost erkalten lassen.

RÜHRTEIG

Nusskuchen

MIT ALKOHOL (ETWA 15 STÜCKE)

Zubereitungszeit:
etwa 30 Minuten, ohne Kühlzeit
Backzeit: etwa 60 Minuten

Für die Kastenform (25 x 11 cm):
etwas Fett
Weizenmehl

Für den Rührteig:
100 g gemahlene Haselnusskerne
100 g gehackte Haselnusskerne
200 g weiche Margarine oder Butter
150 g Zucker
1 Pck. Dr. Oetker Vanillin-Zucker
1 Prise Salz
½ Röhrchen Rum-Aroma
3 Eier (Größe M)
150 g Weizenmehl
2 gestr. TL Dr. Oetker Backin

Für den Guss:
150 g Vollmilchschokolade
1 EL Speiseöl, z. B. Sonnenblumenöl

Zum Bestreuen:
50 g gehackte Haselnusskerne

Pro Stück:
E: 5 g, F: 27 g, Kh: 25 g,
kJ: 1522, kcal: 364, BE: 2,0

1 Für den Teig die Haselnusskerne in einer Pfanne ohne Fett unter Rühren leicht rösten (Foto 1) und dann auf einem Teller erkalten lassen. Die Kastenform fetten und mehlen. Den Backofen vorheizen.
Ober-/Unterhitze: etwa 180 °C
Heißluft: etwa 160 °C

2 Margarine oder Butter in einer Rührschüssel mit einem Handrührgerät (Rührbesen) geschmeidig rühren. Nach und nach Zucker, Vanillin-Zucker, Salz und Rum-Aroma unter Rühren hinzufügen, bis eine gebundene Masse entsteht. Jedes Ei etwa ½ Minute auf höchster Stufe unterrühren.

3 Mehl und Backpulver mischen, mit den gerösteten Haselnusskernen vermengen und auf mittlerer Stufe in 2 Portionen kurz unterrühren. Den Teig in die Form füllen (Foto 2) und die Form auf dem Rost im unteren Drittel in den vorgeheizten Backofen schieben. Den Kuchen **etwa 60 Minuten backen**, evtl. gegen Ende der Backzeit den Kuchen mit Backpapier zudecken.

4 Den Kuchen 10 Minuten in der Form stehen lassen, dann aus der Form lösen, auf einen Kuchenrost stürzen und erkalten lassen.

5 Für den Guss die Schokolade grob zerkleinern, mit dem Öl im Wasserbad bei schwacher Hitze unter Rühren schmelzen. Den erkalteten Kuchen mithilfe eines Messers oder eines Backpinsels mit dem Schokoladenguss überziehen und mit den gehackten Haselnusskernen bestreuen (Foto 3).

TIPPS » Sie können den Kuchen auch in einer Gugelhupfform (⌀ 22 cm) backen.
» Zum Rösten der Nüsse eignet sich eine beschichtete Pfanne am besten.

» REZEPTVARIANTE:
Schoko-Nuss-Kuchen
Geben Sie zusätzlich 100 g gehackte Schokolade in den Teig.

RÜHRTEIG

Marmorkuchen
KLASSISCH (ETWA 20 STÜCKE)

Zubereitungszeit: etwa 30 Minuten
Backzeit: etwa 55 Minuten

Für die Gugelhupfform (Ø 22 cm):
etwas Fett

Für den Rührteig:
225 g weiche Margarine oder Butter
200 g Zucker
1 Pck. Dr. Oetker Vanillin-Zucker
1 Prise Salz
4 Eier (Größe M)
275 g Weizenmehl
3 gestr. TL Dr. Oetker Backin
etwa 2 EL Milch
15 g Kakaopulver
15 g Zucker
etwa 2 EL Milch

Zum Bestäuben:
etwas Puderzucker

Pro Stück:
E: 3 g, F: 11 g, Kh: 22 g,
kJ: 849, kcal: 203, BE: 2,0

1 Die Gugelhupfform fetten und den Backofen vorheizen.
Ober-/Unterhitze: etwa 180 °C
Heißluft: etwa 160 °C

2 Für den Teig Margarine oder Butter in einer Rührschüssel mit einem Handrührgerät (Rührbesen) geschmeidig rühren. Nach und nach Zucker, Vanillin-Zucker und Salz unter Rühren hinzufügen, bis eine gebundene Masse entsteht. Jedes Ei etwa ½ Minute auf höchster Stufe unterrühren.

3 Mehl mit Backpulver mischen und abwechselnd mit der Milch in 2 Portionen kurz auf mittlerer Stufe unterrühren.

4 Zwei Drittel des Teiges in die Gugelhupfform füllen. Kakaopulver sieben und mit Zucker und Milch unter den übrigen Teig rühren. Den dunklen Teig auf dem hellen Teig verteilen und eine Gabel spiralförmig leicht durch die Teigschichten ziehen, sodass ein Marmormuster entsteht. Die Form auf dem Rost im unteren Drittel in den vorgeheizten Backofen schieben. Den Kuchen **etwa 55 Minuten backen**.

5 Den Kuchen etwa 10 Minuten in der Form stehen lassen, dann aus der Form stürzen und auf einem Kuchenrost erkalten lassen.

6 Den Kuchen mit Puderzucker bestäuben.

TIPP » Verfeinern Sie den Teig mit Rum-Aroma aus einem Röhrchen.

» REZEPTVARIANTE:
Marmorkuchen „Dreierlei"
Nehmen Sie von dem Teig 3 x 2 Esslöffel Teig ab und „färben" diese wie folgt. Unter 2 Esslöffel Teig 30 g gemahlene Pistazienkerne rühren, unter 2 Esslöffel Teig 1 Teelöffel Kakaopulver rühren und unter 2 Esslöffel Teig 50 g klein geschnittene Belegkirschen rühren. Übrigen Teig in die vorbereitete Form füllen und jeweils auf ein Drittel die 3 verschieden gefärbten Teige verstreichen (Foto 1).
Die helle und farbige Teigschicht innerhalb des jeweiligen Drittels mit einer Gabel spiralförmig durchziehen.
Backen Sie den Kuchen bei gleicher Temperatur etwa 50 Minuten.
Aus 200 g Puderzucker und etwa 3 Esslöffeln Wasser einen dickflüssigen Guss anrühren, dritteln und mit Speisefarbe und Kakao jeweils rot, grün und braun einfärben. Den erkalteten Kuchen nach Belieben damit besprenkeln oder überziehen (Foto 2 und 3).

1

2

3

RÜHRTEIG

Napfkuchen mit Quark

EINFACH (ETWA 20 STÜCKE)

Zubereitungszeit:
etwa 30 Minuten
Backzeit: etwa 60 Minuten

Für die Gugelhupfform
(Ø 22 cm):
etwas Fett
Weizenmehl

Für den Rührteig:
150 g getrocknete Aprikosen
125 g weiche Margarine
oder Butter
6 EL Speiseöl,
z. B. Sonnenblumenöl
150 g Zucker
1 Pck. Dr. Oetker
Vanillin-Zucker
5 Tropfen Butter-Vanille-
Aroma (aus dem Röhrchen)
1 Prise Salz
2 Eier (Größe M)
250 g Magerquark
375 g Weizenmehl
1 Pck. Dr. Oetker Backin
5 EL Milch
100 g Rosinen

Zum Bestäuben:
etwas Puderzucker

Pro Stück:
E: 5 g, F: 9 g, Kh: 30 g,
kJ: 960, kcal: 229, BE: 2,5

1 Die Gugelhupfform fetten und mehlen. Den Backofen vorheizen.
Ober-/Unterhitze: etwa 180 °C
Heißluft: etwa 160 °C

2 Für den Teig Aprikosen in kleine Stücke schneiden. Margarine oder Butter in einer Rührschüssel mit einem Handrührgerät (Rührbesen) geschmeidig rühren. Nach und nach Speiseöl, Zucker, Vanillin-Zucker, Butter-Vanille-Aroma und Salz unter Rühren hinzufügen, bis eine gebundene Masse entsteht. Jedes Ei etwa ½ Minute auf höchster Stufe unterrühren. Quark kurz unterrühren.

3 Mehl mit Backpulver mischen und abwechselnd mit der Milch in 2 Portionen kurz auf mittlerer Stufe unterrühren. Rosinen und Aprikosenstücke vorsichtig auf niedrigster Stufe unter den Teig rühren. Teig in die Gugelhupfform füllen und glatt streichen.

4 Die Form auf dem Rost im unteren Drittel in den vorgeheizten Backofen schieben. Den Napfkuchen **etwa 60 Minuten backen**.

5 Den Kuchen 10 Minuten in der Form stehen lassen, dann auf einen Kuchenrost stürzen und erkalten lassen. Anschließend den Kuchen mit Puderzucker bestäuben.

PANNENHILFE
» Alle Rosinen sitzen unten im Kuchen:
Sind Rosinen nicht gleichmäßig im Teig verteilt, sondern sitzen auf dem Boden, war der Teig zu weich. Darauf achten, dass der Teig bei der Zubereitung schwer reißend vom Löffel fällt. Rosinen vor dem Unterheben mit Mehl bestäuben.

RÜHRTEIG

Frankfurter Kranz

TRADITIONELL (ETWA 16 STÜCKE)

Zubereitungszeit:
etwa 60 Minuten, ohne Kühlzeit
Backzeit: etwa 40 Minuten

Für die Kranzform (Ø 22 cm):
etwas Fett
Alufolie

Für den Rührteig:
100 g weiche Margarine
oder Butter
150 g Zucker
1 Pck. Dr. Oetker
Vanillin-Zucker
4 Tropfen Zitronen-Aroma
(aus dem Röhrchen)
1 Prise Salz
3 Eier (Größe M)
150 g Weizenmehl
50 g Speisestärke
2 gestr. TL Dr. Oetker Backin

Für den Krokant:
10 g Butter, 60 g Zucker
125 g gehackte Mandeln

Für die Buttercreme:
1 Pck. Dr. Oetker Pudding-
Pulver Vanille-Geschmack
100 g Zucker
500 ml (½ l) Milch
250 g weiche Butter

Außerdem:
3 EL Johannisbeergelee
oder Erdbeerkonfitüre
einige Belegkirschen

Pro Stück:
E: 5 g, F: 26 g, Kh: 38 g,
kJ: 1705, kcal: 408, BE: 3,0

1 Die Kranzform fetten und den Backofen vorheizen.
Ober-/Unterhitze: etwa 180 °C
Heißluft: etwa 160 °C

2 Für den Teig Margarine oder Butter in einer Rührschüssel mit einem Handrührgerät (Rührbesen) geschmeidig rühren. Nach und nach Zucker, Vanillin-Zucker, Aroma und Salz unter Rühren hinzufügen, bis eine gebundene Masse entsteht. Jedes Ei etwa ½ Minute auf höchster Stufe unterrühren.

3 Mehl mit Speisestärke und Backpulver mischen und in 2 Portionen kurz auf mittlerer Stufe unterrühren. Den Teig in die Kranzform füllen und glatt streichen. Die Form auf dem Rost im unteren Drittel in den vorgeheizten Backofen schieben. Den Kranz **etwa 40 Minuten backen.**

4 Den Kranz 10 Minuten in der Form stehen lassen, dann auf einen mit Backpapier belegten Kuchenrost stürzen (Foto 1) und erkalten lassen.

5 Für den Krokant Butter, Zucker und Mandeln in einer Pfanne unter Rühren so lange erhitzen, bis alles gebräunt ist, auf ein Stück Alufolie geben und erkalten lassen.

6 Für die Buttercreme einen Pudding nach Packungsanleitung, aber mit 100 g Zucker und mit Milch, zubereiten. Pudding erkalten lassen (nicht kalt stellen), dabei gelegentlich durchrühren.

7 Butter mit dem Handrührgerät (Rührbesen) geschmeidig rühren und erkalteten Pudding esslöffelweise unterrühren, dabei darauf achten, dass Butter und Pudding Zimmertemperatur haben, da die Buttercreme sonst gerinnt.

8 Den Kranz zweimal waagerecht durchschneiden (Foto 2). Gelee mit einem Schneebesen glatt rühren oder Konfitüre durch ein Sieb streichen, den unteren Boden damit bestreichen. Die beiden unteren Böden mit insgesamt der Hälfte der Buttercreme bestreichen, alle Böden zu einem Kranz zusammensetzen.

9 Mit der übrigen Buttercreme den Kranz vollständig bestreichen (1–2 Esslöffel zurücklassen) und den Kranz mit Krokant bestreuen (Foto 3). Die zurückgelassene Buttercreme in einen Spritzbeutel mit Sterntülle geben, den Kranz damit verzieren und mit Belegkirschen garnieren. Den Kranz etwa 2 Stunden in den Kühlschrank stellen.

Abwandlung: Backen Sie den Frankfurter Kranz in einer großen Kranzform (Ø 26 cm). Dafür einen Rührteig aus 200 g weicher Margarine oder Butter, 300 g Zucker, 2 Päckchen Dr. Oetker Vanillin-Zucker, 1 Röhrchen Rum-Aroma, 1 Prise Salz, 6 Eiern (Größe M), 300 g Weizenmehl, 100 g Speisestärke und 4 gestrichenen Teelöffeln Dr. Oetker Backin wie im Rezept beschrieben zubereiten und bei angegebener Temperatur etwa 45 Minuten backen. Den Krokant

30

RÜHRTEIG

aus 25 g Butter, 125 g Zucker und 200 g abgezogenen, gehackten Mandeln zubereiten. Für die Buttercreme 2 Päckchen Dr. Oetker Pudding-Pulver Vanille-Geschmack, 200 g Zucker, 1 l Milch und 500 g Butter verwenden. Den Boden dreimal waagerecht durchschneiden und füllen. Außerdem benötigen Sie 150 g rotes Gelee oder Konfitüre und einige Belegkirschen.

RÜHRTEIG

Sachertorte

GUT VORZUBEREITEN (ETWA 12 STÜCKE)

Zubereitungszeit:
etwa 45 Minuten, ohne Kühlzeit
Backzeit: etwa 50 Minuten

Für die Springform
(Ø 26 cm):
etwas Fett
Backpapier

Für den Rührteig:
150 g Zartbitterschokolade
6 Eiweiß (Größe M)
160 g weiche Margarine
oder Butter
160 g Zucker
1 Pck. Dr. Oetker
Vanillin-Zucker
6 Eigelb (Größe M)
100 g Semmelbrösel

Für die Füllung:
125 g Aprikosenkonfitüre

Für den Guss:
60 g Zucker
7 EL Wasser
200 g Zartbitterschokolade

Zum Verzieren:
50 g Zartbitterschokolade

Pro Stück:
E: 7 g, F: 25 g, Kh: 47 g,
kJ: 1855, kcal: 443, BE: 4,0

1 Für den Teig die Schokolade in Stücke brechen, unter Rühren im Wasserbad bei schwacher Hitze schmelzen und dann abkühlen lassen. Den Boden der Springform fetten und mit Backpapier belegen. Den Backofen vorheizen.
Ober-/Unterhitze: etwa 180 °C
Heißluft: etwa 160 °C

2 Eiweiß steif schlagen. Margarine oder Butter in einer Rührschüssel mit einem Handrührgerät (Rührbesen) geschmeidig rühren. Nach und nach Zucker und Vanillin-Zucker unter Rühren hinzufügen, bis eine gebundene Masse entsteht.

3 Eigelb nach und nach auf höchster Stufe unterrühren. Geschmolzene Schokolade und Semmelbrösel auf mittlerer Stufe unterrühren. Eischnee vorsichtig unterheben. Den Teig in der Springform verstreichen. Die Form auf dem Rost im unteren Drittel in den vorgeheizten Backofen schieben. Den Tortenboden **etwa 50 Minuten backen**.

4 Den Tortenboden aus der Form lösen, auf einen mit Backpapier belegten Kuchenrost stürzen und erkalten lassen. Anschließend mit gebackenes Backpapier vorsichtig abziehen und den erkalteten Boden einmal waagerecht durchschneiden. Den unteren Boden auf eine Tortengarnierscheibe legen.

5 Für die Füllung den unteren Boden mit Konfitüre bestreichen und den oberen Boden darauflegen.

6 Für den Guss Zucker mit Wasser in einem Topf so lange kochen lassen, bis sich der Zucker gelöst hat. Topf von der Kochstelle nehmen. Schokolade in Stücke brechen, nach und nach einrühren, so lange rühren, bis die Schokolade geschmolzen ist und der Guss glänzt.

7 Den Guss mitten auf die Torte gießen (Foto 1) und durch „Bewegen" (leicht schräg halten) der Torte auf der Oberfläche und am Rand gleichmäßig verlaufen lassen (Foto 2 und 3), evtl. den Guss am Rand mit einem Messer verstreichen. Um eine gleichmäßige Oberfläche zu erhalten, die Torte auf der Platte „aufklopfen" (dazu die Tortengarnierscheibe 1–2-mal etwas anheben und wieder „fallen" lassen).

8 Die Torte mit einem langen Messer von der Tortengarnierscheibe lösen, durch eine leichte Schrägstellung der Tortengarnierscheibe und Führung der Torte durch das Messer die Torte auf eine Tortenplatte gleiten lassen. Guss fest werden lassen.

9 Zum Verzieren Schokolade im Wasserbad unter Rühren schmelzen. Torte in 12 Stücke einteilen. Guss in ein Papierspritztütchen oder einen kleinen Gefrierbeutel füllen, eine kleine Ecke abschneiden und auf jedes Tortenstück „Sacher" schreiben. Die Torte bis zum Servieren kalt stellen.

RÜHRTEIG

Apfelkuchen, sehr fein

GUT VORZUBEREITEN (ETWA 12 STÜCKE)

Zubereitungszeit: etwa 30 Minuten
Backzeit: etwa 45 Minuten

Für die Springform (Ø 26 cm):
etwas Fett

Für den Belag:
25 g Butter
750 g Äpfel, z. B. Elstar

Für den Rührteig:
125 g weiche Margarine oder Butter
125 g Zucker
1 Pck. Dr. Oetker Vanillin-Zucker
1 Prise Salz
½ Röhrchen Zitronen-Aroma
3 Eier (Größe M)
200 g Weizenmehl
2 gestr. TL Dr. Oetker Backin
1–2 EL Milch

Zum Aprikotieren:
2 EL Aprikosenkonfitüre
1 EL Wasser

Pro Stück:
E: 4 g, F: 13 g, Kh: 32 g,
kJ: 1084, kcal: 259, BE: 2,5

1 Den Boden der Springform fetten und den Backofen vorheizen.
Ober-/Unterhitze: etwa 180 °C
Heißluft: etwa 160 °C

2 Für den Belag Butter in einem kleinen Topf zerlassen. Äpfel schälen, vierteln, entkernen und mehrmals der Länge nach einritzen.

3 Für den Teig Margarine oder Butter in einer Rührschüssel mit einem Handrührgerät (Rührbesen) geschmeidig rühren. Nach und nach Zucker, Vanillin-Zucker, Salz und Zitronen-Aroma unter Rühren hinzufügen, bis eine gebundene Masse entsteht.

4 Jedes Ei etwa ½ Minute auf höchster Stufe unterrühren. Mehl mit Backpulver mischen und abwechselnd mit der Milch in 2 Portionen kurz auf mittlerer Stufe unterrühren. Den Teig in die Springform füllen und glatt streichen. Die Apfelviertel kranzförmig auf den Teig legen und mit der zerlassenen Butter bestreichen. Die Form auf dem Rost im unteren Drittel in den vorgeheizten Backofen schieben. Den Kuchen **etwa 45 Minuten backen.**

5 Zum Aprikotieren Konfitüre durch ein Sieb streichen und mit Wasser in einem kleinen Topf unter Rühren aufkochen lassen. Den Kuchen sofort nach dem Backen damit bestreichen. Den Springformrand lösen und entfernen. Kuchen vom Springformboden lösen, aber darauf auf einem Kuchenrost erkalten lassen.

TIPPS » Streuen Sie vor dem Backen 40 g Rosinen auf die Äpfel.
» Sie können den Kuchen 1–2 Tage vor dem Verzehr zubereiten.
» Der Kuchen ist gefriergeeignet.

» REZEPTVARIANTEN:

Apfel-Streusel-Kuchen (Foto 1)
Dafür 100 g Weizenmehl mit 50 g Zucker, 1 Päckchen Dr. Oetker Vanillin-Zucker, 1 Messerspitze gemahlenem Zimt und 80 g weicher Butter in einer Rührschüssel mit dem Handrührgerät (Rührbesen) zu Streuseln verarbeiten. Die Streusel auf den Äpfeln verteilen, dann wie im Rezept angegeben backen. Den Kuchen aber nicht aprikotieren.

Kirschkuchen, sehr fein (Foto 2)
Anstelle der Äpfel 600 g frische Sauerkirschen (abspülen, entkernen und gut abtropfen lassen) oder 1 Glas abgetropfte Sauerkirschen (Abtropfgewicht 350 g) verwenden.

RÜHRTEIG

Brombeer-Krokant-Kuchen

FÜR GÄSTE (ETWA 12 STÜCKE)

Zubereitungszeit:
etwa 45 Minuten
Backzeit: etwa 40 Minuten

Für die Springform
(Ø 26 cm):
etwas Fett
Backpapier

Für den Belag:
200 g Schlagsahne
1 Pck. Dr. Oetker Pudding-Pulver Vanille-Geschmack
80 g Zucker
300 ml frisch gepresster Orangensaft
250 g Brombeeren

Für den Rührteig:
100 g weiche Margarine oder Butter
75 g Zucker
1 Pck. Dr. Oetker Vanillin-Zucker
3 Eier (Größe M)
150 g Weizenmehl
1 gestr. TL Dr. Oetker Backin
50 abgezogene, gemahlene Mandeln

Für den Krokant:
50 g gehackte Mandeln
70 g Zucker

Pro Stück:
E: 5 g, F: 18 g, Kh: 34 g,
kJ: 1381, kcal: 330, BE: 3,0

1 Für den Belag Sahne, Pudding-Pulver und Zucker gut verrühren. Orangensaft in einem Topf zum Kochen bringen. Den Topf von der Kochstelle nehmen und angerührtes Pudding-Pulver in den Orangensaft einrühren, dann die Mischung unter Rühren gut aufkochen lassen. Die Puddingmasse etwas abkühlen lassen.

2 Die Brombeeren verlesen, abspülen und auf Küchenpapier gut abtropfen lassen. Den Boden der Springform fetten und mit Backpapier belegen. Den Backofen vorheizen.
Ober-/Unterhitze: etwa 180 °C
Heißluft: etwa 160 °C

3 Für den Teig Margarine oder Butter in einer Rührschüssel mit einem Handrührgerät (Rührbesen) geschmeidig rühren. Nach und nach Zucker und Vanillin-Zucker unter Rühren hinzufügen, bis eine gebundene Masse entsteht. Jedes Ei etwa ½ Minute auf höchster Stufe unterrühren.

4 Mehl mit Backpulver mischen und mit den Mandeln in 2 Portionen auf mittlerer Stufe unterrühren. Den Teig in die Springform geben und glatt streichen. Die Puddingmasse auf den Teigboden streichen (Foto 1). Die Brombeeren auf der Puddingmasse verteilen.

5 Für den Krokant Mandeln in einer Pfanne ohne Fett unter Rühren goldgelb rösten. Zucker hinzufügen und karamellisieren lassen (Foto 2).

6 Die Mandel-Karamell-Masse auf den Brombeeren verteilen (Foto 3). Die Form auf dem Rost im unteren Drittel in den vorgeheizten Backofen schieben. Den Kuchen **etwa 40 Minuten backen**.

7 Die Form auf einen Kuchenrost stellen. Den Springformrand lösen und entfernen. Den Kuchen vom Springformboden lösen, aber darauf auf einem Kuchenrost erkalten lassen.

RÜHRTEIG

Maulwurftorte

BELIEBT (ETWA 16 STÜCKE)

Zubereitungszeit:
etwa 30 Minuten, ohne Kühlzeit
Backzeit: etwa 30 Minuten

Für die Springform
(Ø 26 cm):
etwas Fett

Für den Rührteig:
4 Eiweiß (Größe M)
125 g weiche Margarine
oder Butter
125 g Zucker
1 Pck. Dr. Oetker
Vanillin-Zucker
4 Eigelb (Größe M)
50 g Weizenmehl
10 g Kakaopulver
4 gestr. TL Dr. Oetker Backin
75 g gemahlene
Haselnusskerne
100 g Zartbitter-
Raspelschokolade

Für die Füllung:
1 Glas Sauerkirschen
(Abtropfgewicht 350 g)
2 mittelgroße Bananen
(etwa 250 g)
2 EL Zitronensaft
600 g gekühlte Schlagsahne
3 Pck. Dr. Oetker Sahnesteif
25 g Zucker
1 Pck. Dr. Oetker
Vanillin-Zucker

Pro Stück:
E: 4 g, F: 25 g, Kh: 26 g,
kJ: 1449, kcal: 346, BE: 2,0

1 Den Boden der Springform fetten und den Backofen vorheizen.
Ober-/Unterhitze: etwa 180 °C
Heißluft: etwa 160 °C

2 Für den Teig Eiweiß so steif schlagen, dass ein Messerschnitt sichtbar bleibt. Margarine oder Butter in einer Rührschüssel mit einem Handrührgerät (Rührbesen) geschmeidig rühren. Zucker und Vanillin-Zucker unter Rühren hinzufügen, bis eine gebundene Masse entsteht. Eigelb nach und nach auf höchster Stufe unterrühren.

3 Mehl mit Kakaopulver und Backpulver mischen, mit Haselnusskernen und Raspelschokolade mischen und auf mittlerer Stufe in 2 Portionen kurz unterrühren. Eischnee mit dem Handrührgerät (Rührbesen) vorsichtig kurz auf mittlerer Stufe unterrühren.

4 Den Teig in die Springform füllen und glatt streichen. Die Form auf dem Rost im unteren Drittel in den vorgeheizten Backofen schieben. Den Tortenboden **etwa 30 Minuten backen**.

5 Den Boden 10 Minuten in der Form stehen lassen, dann aus der Form lösen und auf einem Kuchenrost erkalten lassen.

6 Den erkalteten Boden mithilfe eines Esslöffels etwa 1 cm tief aushöhlen, dabei einen 1–2 cm breiten Rand stehen lassen (Foto 1). Die Oberfläche am Rand dazu vorher mit einem Messer einschneiden. Die Gebäckreste in einer Schüssel zerbröseln (Foto 2).

7 Für die Füllung Kirschen in einem Sieb gut abtropfen lassen, dann auf Küchenpapier legen. Bananen schälen, längs halbieren, mit Zitronensaft beträufeln und in den ausgehöhlten Boden legen. Die Kirschen dazwischen verteilen (Foto 3).

8 Sahne mit Sahnesteif, Zucker und Vanillin-Zucker steif schlagen, kuppelartig auf das Obst streichen und mit den Bröseln bestreuen (die Brösel evtl. leicht andrücken). Die Torte etwa 1 Stunde in den Kühlschrank stellen.

Abwandlung: Statt Sauerkirschen können Sie auch 2 Dosen Mandarinen (Abtropfgewicht je 175 g) verwenden.

RÜHRTEIG

Zitronen-Quark-Sahne-Torte

BELIEBT (ETWA 16 STÜCKE)

Zubereitungszeit:
etwa 35 Minuten, ohne Kühlzeit
Backzeit: etwa 25 Minuten

Für die Springform
(Ø 26 cm):
etwas Fett, Backpapier

Für den Rührteig:
150 g weiche Margarine
oder Butter
150 g Zucker
1 Pck. Dr. Oetker
Vanillin-Zucker
1 Prise Salz
3 Eier (Größe M)
125 g Weizenmehl
25 g Speisestärke
1 gestr. TL Dr. Oetker Backin

Für die Füllung:
10 Blatt weiße Gelatine
400 g gekühlte Schlagsahne
1 Pck. Dr. Oetker Finesse
Geriebene Zitronenschale
100 ml Zitronensaft
150 g Zucker
1 Pck. Dr. Oetker
Vanillin-Zucker
500 g Magerquark
250 g Speisequark
(40 % Fett i. Tr.)

Zum Bestäuben:
20 g Puderzucker

Pro Stück:
E: 9 g, F: 19 g, Kh: 30 g,
kJ: 1398, kcal: 334, BE: 2,5

1 Den Boden der Springform fetten und den Backofen vorheizen.
Ober-/Unterhitze: etwa 180 °C
Heißluft: etwa 160 °C

2 Für den Teig Margarine oder Butter in einer Rührschüssel mit einem Handrührgerät (Rührbesen) geschmeidig rühren. Nach und nach Zucker, Vanillin-Zucker und Salz unter Rühren hinzufügen, bis eine gebundene Masse entsteht.

3 Jedes Ei etwa ½ Minute auf höchster Stufe unterrühren. Mehl mit Speisestärke und Backpulver mischen und in 2 Portionen kurz auf mittlerer Stufe unterrühren. Den Teig in die Springform füllen und glatt streichen. Die Form auf dem Rost auf mittlerer Einschubleiste in den vorgeheizten Backofen schieben. Den Tortenboden **etwa 25 Minuten backen**.

4 Den Boden aus der Form lösen und auf einem Kuchenrost erkalten lassen, anschließend einmal waagerecht durchschneiden. Den unteren Boden auf eine Tortenplatte legen.

5 Für die Füllung Gelatine nach Packungsanleitung einweichen. Inzwischen Sahne steif schlagen. Zitronenschale mit Zitronensaft, Zucker, Vanillin-Zucker und Quark gut verrühren. Die Gelatine leicht ausdrücken und in einem kleinen Topf bei schwacher Hitze unter Rühren auflösen.

6 Gelatine zunächst mit etwa 4 Esslöffeln von der Quarkmasse verrühren, dann unter die übrige Quarkmasse rühren. Sahne sofort unter die Quarkmasse heben. Einen innen mit Backpapier belegten Springformrand oder einen Tortenring um den unteren Tortenboden stellen, die Quarksahne einfüllen und glatt streichen.

7 Den oberen Tortenboden in 16 Stücke schneiden, auf die Füllung legen und die Torte mindestens 3 Stunden in den Kühlschrank stellen.

8 Vor dem Servieren den Springformrand oder Tortenring mithilfe eines Messers lösen und entfernen. Die Torte mit Puderzucker bestäuben.

Abwandlung: Die Torte schmeckt fruchtiger, wenn Sie 1 Dose Mandarinen (Abtropfgewicht 175 g) in einem Sieb gut abtropfen lassen und dann mit einem Teigschaber unter die Quarksahne heben.

» REZEPTVARIANTE:
Orangen-Quark-Sahne-Torte
Für die Füllung nehmen Sie statt 100 ml Zitronensaft 100 ml Orangensaft und 1 Esslöffel Zitronensaft, statt Zitronenschale verwenden Sie 1 Päckchen Dr. Oetker Finesse Natürliches Orangenschalen-Aroma.

40

RÜHRTEIG

Erdbeer-Sekt-Torte

MIT ALKOHOL (ETWA 16 STÜCKE)

Zubereitungszeit:
etwa 35 Minuten
Backzeit: etwa 20 Minuten

Für die Springform
(Ø 26 cm):
etwas Fett
Backpapier

Für den Rührteig:
100 g weiche Margarine
oder Butter
75 g Zucker
1 Pck. Dr. Oetker
Vanillin-Zucker
2 Eier (Größe M)
100 g Weizenmehl
½ gestr. TL Dr. Oetker Backin

Für den Belag:
3 EL Erdbeerkonfitüre
500 g Erdbeeren

Für die Füllung:
9 Blatt weiße Gelatine
300 g Joghurt (3,5 % Fett)
100 g Zucker
1 Pck. Dr. Oetker Finesse
Geriebene Zitronenschale
100 ml trockener Sekt
500 g gekühlte Schlagsahne

Außerdem:
1 Pck. Tortenguss
mit Erdbeer-Geschmack
3 gestr. EL Zucker
100 ml trockener Sekt
150 ml Wasser

Pro Stück:
E: 4 g, F: 16 g, Kh: 26 g,
kJ: 1183, kcal: 283, BE: 2,0

1 Den Boden der Springform fetten und mit Backpapier belegen. Den Backofen vorheizen.
Ober-/Unterhitze: etwa 180 °C
Heißluft: etwa 160 °C

2 Für den Rührteig Margarine oder Butter in einer Rührschüssel mit einem Handrührgerät (Rührbesen) geschmeidig rühren. Nach und nach Zucker und Vanillin-Zucker unterrühren, bis eine gebundene Masse entsteht. Jedes Ei etwa ½ Minute auf höchster Stufe unterrühren. Mehl mit Backpulver mischen und auf mittlerer Stufe kurz unterrühren. Teig in die Springform füllen und glatt streichen.

3 Die Form auf dem Rost auf mittlerer Einschubleiste in den vorgeheizten Backofen schieben. Den Tortenboden **etwa 20 Minuten backen.**

4 Den Boden aus der Form lösen, auf einen mit Backpapier belegten Kuchenrost stürzen, mitgebackenes Papier abziehen und den Boden erkalten lassen.

5 Boden auf eine Tortenplatte legen und einen Tortenring darumstellen.

6 Für den Belag den Boden mit der Erdbeerkonfitüre bestreichen. Erdbeeren waschen, gut abtropfen lassen und entstielen.

7 Etwa 125 g große Erdbeeren in dünne Scheiben schneiden und mit dem Stängelansatz nach unten rundherum innen an den Tortenring stellen (Foto 1). Etwa 250 g Erdbeeren vierteln und auf dem Boden verteilen.

8 Für die Füllung übrige Erdbeeren klein würfeln. Gelatine nach Packungsanleitung einweichen. Joghurt mit Zucker, Zitronenschale und Sekt verrühren. Die Gelatine leicht ausdrücken und in einem kleinen Topf bei schwacher Hitze unter Rühren auflösen.

9 Erst etwa 4 Esslöffel der Joghurtmasse mit der aufgelösten Gelatine mithilfe eines Schneebesens verrühren, dann unter die übrige Masse rühren. Sahne steif schlagen. Wenn die Joghurtmasse beginnt dicklich zu werden, Sahne und gewürfelte Erdbeeren unterheben (Foto 2). Die Creme auf dem Boden verstreichen.

10 Tortenguss nach Packungsanleitung mit Zucker, Sekt und Wasser zubereiten und vorsichtig auf die Creme gießen (Foto 3), dabei entsteht eine Marmor-Optik. Torte mindestens 3 Stunden in den Kühlschrank stellen.

11 Vor dem Servieren den Tortenring vorsichtig lösen und entfernen.

RÜHRTEIG

Schneetorte

ETWAS AUFWÄNDIGER (ETWA 16 STÜCKE)

Zubereitungszeit:
etwa 40 Minuten, ohne Kühlzeit
Backzeit: etwa 20 Minuten,
je Boden

Für die Springform
(Ø 26 cm):
etwas Fett

Für den Belag:
3 Eiweiß (Größe M)
150 g feinkörniger Zucker

Für den Rührteig:
75 g weiche Margarine
oder Butter, 75 g Zucker
1 Pck. Dr. Oetker
Vanillin-Zucker
1 Prise Salz
3 Eigelb (Größe M)
100 g Weizenmehl
½ gestr. TL Dr. Oetker Backin

Zum Bestreuen:
75 g gehobelte Mandeln

Für die Füllung:
1 Glas Stachelbeeren
(Abtropfgewicht 390 g)
250 ml (¼ l) Stachelbeersaft
(aus dem Glas)
1 Pck. Tortenguss, klar
2 EL Zucker
400 g gekühlte Schlagsahne
2 Pck. Dr. Oetker Sahnesteif
2 TL Zucker

Zum Bestäuben:
etwas Puderzucker

Pro Stück:
E: 4 g, F: 16 g, Kh: 30 g,
kJ: 1183, kcal: 283, BE: 2,5

1 Den Boden der Springform fetten und den Backofen vorheizen.
Ober-/Unterhitze: etwa 180 °C
Heißluft: etwa 160 °C

2 Für den Belag Eiweiß so steif schlagen, dass ein Messerschnitt sichtbar bleibt. Nach und nach Zucker unterschlagen.

3 Für den Teig Margarine oder Butter in einer Rührschüssel mit einem Handrührgerät (Rührbesen) geschmeidig rühren. Nach und nach Zucker, Vanillin-Zucker und Salz unter Rühren hinzufügen, bis eine gebundene Masse entsteht.

4 Eigelb nach und nach auf höchster Stufe unterrühren. Mehl mit Backpulver mischen und in 2 Portionen kurz auf mittlerer Stufe unterrühren.

5 Für 2 Böden jeweils die Hälfte des Teiges auf den Springformboden streichen. Die Hälfte des Eischnees darauf verteilen (Foto 1) und mit der Hälfte der Mandeln bestreuen. Den Springformrand darumlegen und die Form auf dem Rost auf mittlerer Einschubleiste in den vorgeheizten Backofen schieben. **Die Böden nacheinander je etwa 20 Minuten backen.**

6 Den zweiten Boden ebenso auf den gefetteten Springformboden aufstreichen und backen. Die Böden sofort nach dem Backen vom Rand und vom Springformboden lösen und einzeln auf einem Kuchenrost erkalten lassen.

7 Für die Füllung Stachelbeeren in einem Sieb gut abtropfen lassen, Saft dabei auffangen und 250 ml (¼ l) abmessen, evtl. mit Wasser ergänzen. Aus Tortengusspulver, 2 Esslöffeln Zucker und dem Saft nach Packungsanleitung einen Guss zubereiten. Die Stachelbeeren unterheben und die Masse abkühlen lassen.

8 Schlagsahne mit Sahnesteif und Zucker steif schlagen. Einen der Böden zunächst mit der Stachelbeermasse, dann mit der Sahnecreme bestreichen. Den anderen Boden in 16 Stücke teilen (Foto 2) und auf die Sahnecreme legen (Foto 3). Die Torte mindestens 1 Stunde in den Kühlschrank stellen und vor dem Servieren mit Puderzucker bestäuben.

TIPP » Verwenden Sie anstelle der Stachelbeeren 1 Glas Mirabellen oder Sauerkirschen (Abtropfgewicht je 350 g). Bei den Kirschen können Sie roten Tortenguss nehmen.

1

2

3

RÜHRTEIG

Zitronenkuchen

FÜR KINDER (ETWA 20 STÜCKE)

Zubereitungszeit: etwa 35 Minuten
Backzeit: etwa 25 Minuten

Für das Backblech (40 x 30 cm):
etwas Fett
Alufolie

Für den Rührteig:
350 g weiche Margarine oder Butter, 350 g Zucker
2 Pck. Dr. Oetker Finesse Geriebene Zitronenschale
5 Eier (Größe M)
275 g Weizenmehl
120 g Speisestärke
2 gestr. TL Dr. Oetker Backin

Für den Guss:
250 g Puderzucker
etwa 7 EL Zitronensaft

Pro Stück:
E: 3 g, F: 17 g, Kh: 46 g,
kJ: 1458, kcal: 349, BE: 4,0

1 Das Backblech fetten. Den Backofen vorheizen.
Ober-/Unterhitze: etwa 180 °C
Heißluft: etwa 160 °C

2 Für den Teig Margarine oder Butter in einer Rührschüssel mit einem Handrührgerät (Rührbesen) geschmeidig rühren. Nach und nach Zucker und Zitronenschale unter Rühren hinzufügen, bis eine gebundene Masse entsteht. Jedes Ei etwa ½ Minute auf höchster Stufe unterrühren.

3 Mehl mit Speisestärke und Backpulver mischen und auf mittlerer Stufe in 2 Portionen kurz unterrühren. Den Teig auf dem Backblech verstreichen (Foto 1 und 2). Einen mehrfach geknickten Streifen Alufolie vor den Teig legen. Das Backblech auf mittlerer Einschubleiste in den vorgeheizten Backofen schieben. Den Kuchen **etwa 25 Minuten backen**.

4 Für den Guss Puderzucker sieben und mit so viel Zitronensaft glatt rühren, dass ein dickflüssiger Guss entsteht. Das Backblech auf einen Kuchenrost stellen und den Kuchen noch heiß mit dem Guss bestreichen (Foto 3), je heißer der Kuchen, desto stärker zieht der Guss ein. Den Kuchen auf dem Backblech auf dem Kuchenrost erkalten lassen.

TIPPS » Sie können auch einen Backrahmen in Backblechgröße auf das Backblech stellen und den Teig dann darin verstreichen.

» Oder Sie backen den Kuchen in einer Fettpfanne, dann brauchen Sie keinen Alufolienstreifen vor den Teig zu legen.

» **REZEPTVARIANTE:**
Getränkter Orangenkuchen (kleines Foto links)
Fetten und mehlen Sie eine Kastenform (25 x 11 cm).
Aus 250 g weicher Margarine oder Butter, 200 g Zucker, 1 Päckchen Dr. Oetker Vanillin-Zucker, je 1 Päckchen Dr. Oetker Finesse Natürlichem Orangenschalen-Aroma und Geriebener Zitronenschale, 1 Prise Salz, 4 Eiern (Größe M), 250 g Weizenmehl, 30 g Speisestärke und 2 gestrichenen Teelöffeln Dr. Oetker Backin wie im Rezept einen Rührteig zubereiten. Den Teig in die Form füllen und bei gleicher Temperatur auf dem Rost im unteren Drittel in den Backofen schieben. Nach 15 Minuten Backzeit den Kuchen der Länge nach in der Mitte etwa 1 cm tief einschneiden. Den Kuchen weitere etwa 40 Minuten backen. Kuchen 10 Minuten in der Form stehen lassen, dann aus der Form lösen, auf einen Kuchenrost stürzen, zurückstürzen, mehrmals mit einem Holzstäbchen einstechen. Zum Tränken 125 ml (⅛ l) Orangensaft mit etwa 2 Esslöffeln Zitronensaft durch ein Sieb geben, mit 30 g Zucker verrühren und den noch heißen Kuchen mithilfe eines Backpinsels damit tränken. Kuchen auf einem Kuchenrost erkalten lassen, anschließend mit etwas Puderzucker bestäuben.

46

RÜHRTEIG

Grillkuchen
(Schichtkuchen, Baumkuchen)

MIT ALKOHOL (ETWA 6 STANGEN)

Zubereitungs- und Backzeit:
etwa 80 Minuten

Für das Backblech:
Backpapier
Backrahmen

Für den Rührteig:
8 Eiweiß (Größe M)
400 g weiche Margarine
oder Butter
400 g Zucker
2 Pck. Dr. Oetker
Vanillin-Zucker
1 Prise Salz
2 Eier (Größe M)
8 Eigelb (Größe M)
100 ml Rum
250 g Weizenmehl
150 g Speisestärke
4 gestr. TL Dr. Oetker Backin

Für den Guss:
400 g Zartbitterschokolade
3 EL Speiseöl,
z. B. Sonnenblumenöl

Pro Stange:
E: 21 g, F: 93 g, Kh: 150 g,
kJ: 6547, kcal: 1564, BE: 12,5

1 Das Backblech mit Backpapier belegen und einen Backrahmen (etwa 25 x 28 cm) daraufstellen. Den Grill des Backofens vorheizen.

2 Für den Teig Eiweiß steif schlagen. Margarine oder Butter in einer Rührschüssel mit einem Handrührgerät (Rührbesen) geschmeidig rühren. Nach und nach Zucker, Vanillin-Zucker und Salz unter Rühren hinzufügen, bis eine gebundene Masse entsteht. Jedes Ei etwa ½ Minute auf höchster Stufe unterrühren, Eigelb und Rum nach und nach unterrühren. Mehl mit Stärke und Backpulver mischen und in 2 Portionen kurz auf mittlerer Stufe unterrühren. Eischnee vorsichtig unter den Teig heben.

3 Etwa 3 gehäufte Esslöffel Teig mit einem breiten Backpinsel (Foto 1) oder einem Tortenheber gleichmäßig verstreichen. Backblech in den Backofen schieben (Abstand zwischen Grill und Teigschicht etwa 20 cm). Die Teigschicht unter dem vorgeheizten Grill in etwa 2 Minuten hellbraun backen (Foto 2).

4 Das Backblech aus dem Backofen nehmen und als zweite Schicht wieder 3 Esslöffel Teig auf die gebackene Schicht streichen. Das Backblech wieder unter den Grill schieben und auf diese Weise den ganzen Teig verarbeiten, dabei die Einschubhöhe nach Möglichkeit so verändern, dass der Abstand von etwa 20 cm zwischen Grill und Teigschicht bestehen bleibt.

5 Nach dem Backen den Backrahmen mit einem Messer lösen und entfernen. Den Grillkuchen mit dem Backpapier vom Backblech auf einen Kuchenrost ziehen und erkalten lassen. Anschließend den Kuchen in 6 Stangen von etwa 4 cm Breite schneiden.

6 Für den Guss Schokolade in Stücke brechen, mit Öl im Wasserbad bei schwacher Hitze schmelzen und die Stangen rundherum damit überziehen (Foto 3). Guss trocknen lassen.

TIPPS » Heizen Sie den Grill auf eine Temperatur von etwa 260 °C vor, beachten Sie dabei die Anleitung des Backofenherstellers.
» Die Grillstangen in Alufolie gewickelt aufbewahren, damit sie saftig bleiben, oder einfrieren.

» **REZEPTVARIANTE:**
Grillkuchen in der Kastenform
Eine Kastenform (25 x 11 cm) fetten und den Boden mit Backpapier belegen. Bereiten Sie die halbe Menge des Rezeptes zu. Den Kuchen wie im Rezept beschrieben in Schichten, aber nur mit 1–2 Esslöffeln Teig je Schicht backen. Den fertigen Kuchen mithilfe eines Messers vorsichtig vom Rand der Form lösen, auf einen Kuchenrost stürzen, das Backpapier abziehen und den Kuchen erkalten lassen. Für den Guss 150 g Zartbitterschokolade mit 3 Teelöffeln Speiseöl wie beschrieben schmelzen. Kuchen damit überziehen.

RÜHRTEIG

Käsekuchen mit gemischtem Obst

FRUCHTIG (ETWA 20 STÜCKE)

Zubereitungszeit:
etwa 45 Minuten, ohne Kühlzeit
Backzeit: etwa 40 Minuten

Für das Backblech (40 x 30 cm):
etwas Fett, Backrahmen

Für den Rührteig:
150 g weiche Margarine oder Butter, 150 g Zucker
1 Pck. Dr. Oetker Vanillin-Zucker, 1 Prise Salz
3 Eier (Größe M)
150 g Weizenmehl
2 gestr. TL Dr. Oetker Backin

Für die Käsemasse:
4 Eiweiß (Größe M)
4 Eigelb (Größe M)
125 g Zucker
2 Pck. Dr. Oetker Vanillin-Zucker
1 Pck. Dr. Oetker Pudding-Pulver Vanille-Geschmack
1 kg Magerquark
1 großer Becher (250 g) Crème fraîche oder Schmand

Für den Belag:
2 Dosen Fruchtcocktail (Abtropfgewicht je 500 g)

Für den Guss:
2 Pck. Tortenguss, klar
20 g Zucker
500 ml (½ l) Fruchtsaft (aus den Dosen)

Pro Stück:
E: 10 g, F: 12 g, Kh: 34 g,
kJ: 1232, kcal: 295, BE: 3,0

1 Das Backblech fetten und einen Backrahmen in der Größe des Backbleches daraufstellen. Den Backofen vorheizen.
Ober-/Unterhitze: etwa 180 °C
Heißluft: etwa 160 °C

2 Für den Teig Margarine oder Butter in einer Rührschüssel mit einem Handrührgerät (Rührbesen) geschmeidig rühren. Nach und nach Zucker, Vanillin-Zucker und Salz unter Rühren hinzufügen, bis eine gebundene Masse entsteht.

3 Jedes Ei etwa ½ Minute auf höchster Stufe unterrühren. Mehl mit Backpulver mischen und auf mittlerer Stufe in 2 Portionen kurz unterrühren. Den Teig auf das Backblech streichen.

4 Für die Käsemasse Eiweiß so steif schlagen, dass ein Messerschnitt sichtbar bleibt. Eigelb mit Zucker und Vanillin-Zucker gut verrühren. Pudding-Pulver unterrühren. Quark und Crème fraîche oder Schmand hinzufügen und unterrühren. Eischnee unterheben. Die Käsemasse auf dem Teig verteilen, glatt streichen und das Backblech im unteren Drittel in den vorgeheizten Backofen schieben. Den Kuchen **etwa 40 Minuten backen**.

5 Den Kuchen auf dem Backblech mit dem Backrahmen auf einen Kuchenrost stellen und erkalten lassen.

6 Für den Belag Fruchtcocktail in einem Sieb gut abtropfen lassen, dabei den Saft auffangen und 500 ml (½ l) davon abmessen, evtl. mit Wasser ergänzen. Den Fruchtcocktail auf dem Kuchen verteilen.

7 Für den Guss aus Tortenguss, aber nur mit 20 g Zucker und dem abgemessenem Saft nach Packungsanleitung einen Guss zubereiten, über die Früchte geben und fest werden lassen. Dann den Backrahmen vorsichtig mithilfe eines Messers lösen und entfernen.

TIPP » Zum Steifschlagen von Eiweiß müssen Schüssel und Rührbesen absolut fettfrei sein und es darf keine Spur von Eigelb im Eiweiß sein.

SERVIERTIPP » Garnieren Sie den Kuchen nach Belieben mit Zitronenmelisse.

RÜHRTEIG

Donauwellen

KLASSISCH (ETWA 20 STÜCKE)

Zubereitungszeit:
etwa 45 Minuten, ohne Kühlzeit
Backzeit: etwa 40 Minuten

Für das Backblech
(40 x 30 cm) mit hohem Rand:
etwas Fett

Für den Rührteig:
2 Gläser Sauerkirschen
(Abtropfgewicht je 350 g)
250 g weiche Margarine
oder Butter
200 g Zucker
1 Pck. Dr. Oetker
Vanillin-Zucker
1 Prise Salz
5 Eier (Größe M)
375 g Weizenmehl
3 gestr. TL Dr. Oetker Backin
20 g Kakaopulver
1 EL Milch

Für die Buttercreme:
1 Pck. Dr. Oetker Pudding-
Pulver Vanille-Geschmack
100 g Zucker
500 ml (½ l) Milch
250 g weiche Butter

Für den Guss:
200 g Zartbitterschokolade
2 EL Speiseöl,
z. B. Sonnenblumenöl

Pro Stück:
E: 6 g, F: 28 g, Kh: 43 g,
kJ: 1898, kcal: 453, BE: 3,5

1 Das Backblech fetten und den Backofen vorheizen.
Ober-/Unterhitze: etwa 180 °C
Heißluft: etwa 160 °C

2 Für den Teig die Kirschen in einem Sieb gut abtropfen lassen. Margarine oder Butter in einer Rührschüssel mit einem Handrührgerät (Rührbesen) geschmeidig rühren. Nach und nach Zucker, Vanillin-Zucker und Salz unter Rühren hinzufügen, bis eine gebundene Masse entsteht. Jedes Ei etwa ½ Minute auf höchster Stufe unterrühren.

3 Mehl mit Backpulver mischen und in 2 Portionen kurz auf mittlerer Stufe unterrühren. Knapp zwei Drittel des Teiges auf das Backblech streichen. Kakaopulver sieben, mit Milch unter den übrigen Teig rühren und gleichmäßig auf dem hellen Teig verteilen.

4 Die Sauerkirschen kurz auf Küchenpapier legen, auf dem dunklen Teig verteilen und mit einem Löffel etwas in den Teig drücken (Foto 1). Das Backblech im unteren Drittel in den vorgeheizten Backofen schieben. Den Boden etwa 40 Minuten backen.

5 Boden auf dem Backblech auf einem Kuchenrost erkalten lassen.

6 Für die Buttercreme aus Pudding-Pulver, 100 g Zucker und Milch nach Packungsanleitung einen Pudding zubereiten. Pudding erkalten lassen (nicht kalt stellen), dabei gelegentlich durchrühren.

7 Weiche Butter mit dem Handrührgerät (Rührbesen) geschmeidig rühren. Erkalteten Pudding esslöffelweise darunterrühren, dabei darauf achten, dass Butter und Pudding Zimmertemperatur haben, da die Buttercreme sonst gerinnt. Die erkaltete Gebäckplatte gleichmäßig mit der Buttercreme bestreichen (Foto 2). Den Kuchen etwa 1 Stunde in den Kühlschrank stellen.

8 Für den Guss Schokolade in Stücke brechen und mit dem Öl im Wasserbad bei schwacher Hitze unter Rühren schmelzen. Den Guss auf die fest gewordene Buttercreme streichen und mithilfe eines Tortengarnierkammes verzieren (Foto 3).

TIPPS » Legen Sie zum Abkühlen des Puddings Frischhaltefolie direkt auf die Oberfläche. Es bildet sich keine Haut und der Pudding muss zwischendurch nicht umgerührt werden.
» Der Kuchen ist gefriergeeignet.
» Wenn Sie kein Backblech mit hohem Rand haben, können Sie auch einen Backrahmen in der Größe des Backbleches auf ein normales Backblech stellen und den Kuchen wie im Rezept beschrieben zubereiten.

RÜHRTEIG

Spiegeleierkuchen
FÜR KINDER (ETWA 20 STÜCKE)

Zubereitungszeit:
etwa 30 Minuten, ohne Kühlzeit
Backzeit: etwa 35 Minuten

Für das Backblech
(40 x 30 cm):
etwas Fett
Backrahmen

Für den Belag:
2 Pck. Dr. Oetker Pudding-Pulver Vanille-Geschmack
80 g Zucker
750 ml (¾ l) Milch
1 Dose Aprikosenhälften
(Abtropfgewicht 480 g)
2 große Becher (je 250 g)
Crème fraîche

Für den Rührteig:
150 g weiche Margarine
oder Butter
150 g Zucker
1 Pck. Dr. Oetker
Vanillin-Zucker
1 Prise Salz
3 Eier (Größe M)
300 g Weizenmehl
2 gestr. TL Dr. Oetker Backin
2 EL Milch

Für den Guss:
500 ml (½ l) Aprikosensaft
(aus der Dose)
2 Pck. Tortenguss, klar
50 g Zucker

Pro Stück:
E: 5 g, F: 16 g, Kh: 37 g,
kJ: 1352, kcal: 324, BE: 3,0

1 Für den Belag aus Pudding-Pulver, Zucker und Milch nach Packungsanleitung, aber nur mit 750 ml (¾ l) Milch einen Pudding zubereiten. Den Pudding etwas abkühlen lassen, dabei gelegentlich durchrühren. Das Backblech fetten, den Backrahmen in der Größe des Backbleches daraufstellen und den Backofen vorheizen.
Ober-/Unterhitze: etwa 180 °C
Heißluft: etwa 160 °C

2 Aprikosen in einem Sieb gut abtropfen lassen und den Saft dabei auffangen. Crème fraîche unter den abgekühlten Pudding rühren.

3 Für den Teig Margarine oder Butter in einer Rührschüssel mit einem Handrührgerät (Rührbesen) geschmeidig rühren. Nach und nach Zucker, Vanillin-Zucker und Salz unter Rühren hinzufügen, bis eine gebundene Masse entsteht.

4 Jedes Ei etwa ½ Minute auf höchster Stufe unterrühren. Mehl mit Backpulver mischen und abwechselnd mit der Milch in 2 Portionen kurz auf mittlerer Stufe unterrühren. Den Teig auf das Backblech streichen.

5 Die Puddingcreme auf dem Teig verstreichen (Foto 1). Die Aprikosen mit der Wölbung nach oben mit etwas Abstand darauf verteilen (Foto 2) und das Backblech auf mittlerer Einschubleiste in den vorgeheizten Backofen schieben. Den Kuchen **etwa 35 Minuten backen**.

6 Den Kuchen auf dem Backblech auf einen Kuchenrost stellen und erkalten lassen.

7 Für den Guss Aprikosensaft mit Wasser auf 500 ml (½ l) auffüllen. Tortenguss mit Zucker und Saft nach Packungsanleitung zubereiten. Den Guss zügig auf dem Belag verteilen (Foto 3) und fest werden lassen.

8 Dann den Backrahmen mit einem Messer lösen und entfernen.

Abwandlung: Für einen fettärmeren Kuchen kann Crème fraîche durch 250 g Magerquark und 250 g Joghurt (3,5 % Fett) ersetzt werden.

» **REZEPTVARIANTE:**
Aprikosenkuchen vom Blech (Titelfoto)
Eine Dose Aprikosenhälften (Abtropfgewicht 480 g) in einem Sieb abtropfen lassen. Einen Rührteig wie im Rezept angegeben zubereiten. Den Backrahmen auf das gefettete Backblech stellen und den Teig darin verstreichen. Die Aprikosen mit der Wölbung nach oben auf dem Teig verteilen. 50 g gehobelte Mandeln auf den Teig streuen. Den Kuchen wie im Rezept angegeben etwa 30 Minuten backen und anschließend sofort die Aprikosen mit 50 g durch ein Sieb gestrichener Aprikosenkonfitüre bestreichen. Den Backrahmen lösen und entfernen. Den erkalteten Kuchen mit etwas Puderzucker bestäuben.

RÜHRTEIG

Sehr feine Schokoschnitten
MIT ALKOHOL (ETWA 20 STÜCKE)

Zubereitungszeit:
etwa 30 Minuten,
ohne Abkühlzeit
Backzeit: etwa 30 Minuten

Für das Backblech
(40 x 30 cm):
etwas Fett
Alufolie

Für den Rührteig:
300 g Zartbitterschokolade
250 g Margarine
oder Butter
250 g brauner Zucker
1 Pck. Dr. Oetker
Bourbon-Vanille-Zucker
1 Prise Salz
6 Eier (Größe M)
1 Becher (150 g)
Crème fraîche
300 g Weizenmehl
50 g Speisestärke
30 g Kakaopulver
3 gestr. TL Dr. Oetker Backin
100 ml Rum

Zum Bestreuen:
50 g gestiftelte Mandeln

Für den Guss:
200 g Zartbitterschokolade
1–2 EL Speiseöl,
z. B. Sonnenblumenöl

Pro Stück:
E: 6 g, F: 26 g, Kh: 37 g,
kJ: 1751, kcal: 418, BE: 3,0

1 Das Backblech fetten und den Backofen vorheizen.
Ober-/Unterhitze: etwa 180 °C
Heißluft: etwa 160 °C

2 Für den Teig Schokolade in Stücke brechen und mit Margarine oder Butter unter Rühren in einem kleinen Topf schmelzen. Die Masse in eine Rührschüssel geben und etwas abkühlen lassen. Nach und nach Zucker, Vanille-Zucker und Salz unter Rühren mit dem Handrührgerät (Rührbesen) hinzufügen, bis eine gebundene Masse entsteht.

3 Jedes Ei etwa ½ Minute auf höchster Stufe unterrühren. Die Crème fraîche unterrühren. Mehl mit Stärke, Kakao- und Backpulver mischen und in 2 Portionen abwechselnd mit dem Rum kurz auf mittlerer Stufe unterrühren.

4 Den Teig auf das Backblech geben und glatt streichen. Vor den Teig einen mehrfach geknickten Streifen Alufolie legen. Das Backblech auf mittlerer Einschubleiste in den vorgeheizten Backofen schieben. **Nach etwa 10 Minuten Backzeit** die Mandeln auf den Kuchen streuen, den Kuchen zurück in den Backofen schieben und den Kuchen **weitere etwa 20 Minuten backen**.

5 Den gebackenen Boden mit dem Backblech auf einen Kuchenrost stellen. Kuchen erkalten lassen.

6 Für den Guss Schokolade in Stücke brechen, mit Speiseöl unter Rühren im Wasserbad bei schwacher Hitze schmelzen. Den Kuchen damit überziehen und den Guss fest werden lassen.

TIPPS » Verfeinern Sie den Schokoguss mit 2 Päckchen Dr. Oetker Finesse Natürlichem Orangenschalen-Aroma.
» Den mehrfach geknickten Streifen Alufolie legen Sie auf der schrägen Backblechkante an den Teig, damit der nicht „weglaufen" kann und der Kuchen an dieser Stelle zu dünn wird.

BACKZUTATENTIPPS » Speisestärke gibt mit Mehl vermischt beim Backen lockerem Teig Festigkeit und sorgt für eine schöne Krume.
» Rum ist eine aus Zuckerrohr hergestellte Spirituose, die beim Backen dem Gebäck ein feines Aroma verleiht und gleichzeitig auch als Backtriebmittel dient.

RÜHRTEIG

Rhabarberschnitten mit Crème-fraîche-Guss

FRUCHTIG (ETWA 20 STÜCKE)

Zubereitungszeit: etwa 40 Minuten
Backzeit: etwa 45 Minuten

Für das Backblech (40 x 30 cm):
etwas Fett
Weizenmehl
Backrahmen

Für den Belag:
750 g Rhabarber

Für den Rührteig:
250 g weiche Margarine oder Butter
250 g Zucker
1 Pck. Dr. Oetker Vanillin-Zucker
½ Röhrchen Butter-Vanille-Aroma
4 Eier (Größe M)
250 g Weizenmehl
2 gestr. TL Dr. Oetker Backin

Für den Guss:
2 Pck. Dr. Oetker Pudding-Pulver Vanille-Geschmack
80 g Zucker
700 ml Milch
3 Becher (je 150 g) Crème fraîche

Pro Stück:
E: 5 g, F: 20 g, Kh: 32 g,
kJ: 1395, kcal: 334, BE: 2,5

1 Für den Belag Rhabarber waschen (nicht abziehen), abtropfen lassen und in etwa 2 cm große Stücke schneiden.

2 Das Backblech fetten und mehlen, einen Backrahmen in der Größe des Backbleches daraufstellen. Den Backofen vorheizen.
Ober-/Unterhitze: etwa 180 °C
Heißluft: etwa 160 °C

3 Für den Teig Margarine oder Butter in einer Rührschüssel mit einem Handrührgerät (Rührbesen) geschmeidig rühren. Nach und nach Zucker, Vanillin-Zucker und Butter-Vanille-Aroma unter Rühren hinzufügen, bis eine gebundene Masse entsteht.

4 Jedes Ei etwa ½ Minute auf höchster Stufe unterrühren. Mehl mit Backpulver mischen und in 2 Portionen kurz auf mittlerer Stufe unterrühren. Den Teig auf das Backblech geben und glatt streichen.

5 Rhabarberstücke auf dem Teig verteilen. Das Backblech auf mittlerer Einschubleiste in den vorgeheizten Backofen schieben und den Kuchen **etwa 30 Minuten vorbacken**.

6 Für den Guss aus Pudding-Pulver, Zucker und Milch nach Packungsanleitung, aber nur mit 700 ml Milch einen Pudding zubereiten. Crème fraîche unter den noch warmen Pudding rühren und den Guss auf dem vorgebackenen Kuchen verstreichen (Foto 1). Kuchen wieder in den Backofen schieben und **weitere etwa 15 Minuten backen**.

7 Das Backblech auf einen Kuchenrost stellen und den Kuchen darauf erkalten lassen.

8 Anschließend den Backrahmen lösen und entfernen.

TIPPS » Der Rhabarber soll nicht abgezogen werden, damit er beim Backen nicht zerfällt.
» Sie können Crème fraîche durch Schmand ersetzen.

SERVIERTIPP » Servieren Sie geschlagene Sahne dazu.

Abwandlung: Die Schnitten statt mit Rhabarber mit 600 g Stachelbeeren zubereiten (Foto 2).

RÜHRTEIG

Trüffelkuchen vom Blech

MIT ALKOHOL (ETWA 20 STÜCKE)

Zubereitungszeit:
etwa 35 Minuten, ohne Kühlzeit
Backzeit: etwa 15 Minuten

Für das Backblech (40 x 30 cm):
etwas Fett
Backpapier

Zum Vorbereiten für die Trüffelcreme:
300 g Zartbitterschokolade (45–50 % Kakaobestandteil)
200 g Schlagsahne
50 g Butter

Für den Rührteig:
200 g weiche Margarine oder Butter
200 g Zucker
1 Pck. Dr. Oetker Vanillin-Zucker, 1 Prise Salz
4 Eier (Größe M)
200 g Weizenmehl
20 g Kakaopulver
1 gestr. TL Dr. Oetker Backin
3 EL Milch

Zum Tränken:
100 ml Orangensaft

Außerdem:
etwa 4 EL Orangenlikör

Zum Garnieren:
100 g geschabte, weiße Schokolade
etwas Kakaopulver

Pro Stück:
E: 4 g, F: 22 g, Kh: 29 g,
kJ: 1408, kcal: 337, BE: 2,5

1 Zum Vorbereiten **am Vortag** für die Trüffelcreme die Schokolade in grobe Stücke hacken. Die Schlagsahne mit Butter in einem Topf zum Kochen bringen. Dann den Topf von der Kochstelle nehmen und die Schokoladenstücke unter Rühren in der heißen Sahne schmelzen (Foto 1). Die Schokosahne in eine Rührschüssel gießen, erkalten lassen, zudecken und über Nacht in den Kühlschrank stellen.

2 Am nächsten Tag das Backblech fetten und mit Backpapier belegen, das Backpapier unmittelbar vor dem Teig zur Falte knicken (Foto 2). Den Backofen vorheizen.
Ober-/Unterhitze: etwa 180 °C
Heißluft: etwa 160 °C

3 Für den Teig Margarine oder Butter in einer Rührschüssel mit einem Handrührgerät (Rührbesen) geschmeidig rühren. Nach und nach Zucker, Vanillin-Zucker und Salz unter Rühren hinzufügen, bis eine gebundene Masse entsteht.

4 Jedes Ei etwa ½ Minute auf höchster Stufe unterrühren. Mehl mit Kakaopulver und Backpulver mischen und abwechselnd mit der Milch in 2 Portionen kurz auf mittlerer Stufe unterrühren. Den Teig auf das Backblech streichen.

5 Das Backblech auf mittlerer Einschubleiste in den vorgeheizten Backofen schieben. Den Kuchenboden **etwa 15 Minuten backen.**

6 Den Kuchen sofort nach dem Backen am Rand mit einem Messer lösen und auf einen mit Backpapier belegten Kuchenrost stürzen. Den heißen Kuchenboden mithilfe eines Backpinsels sofort mit Orangensaft bestreichen und erkalten lassen.

7 Für die Trüffelcreme Schokoladensahne mit dem Handrührgerät (Rührbesen) etwa 2 Minuten auf höchster Stufe zu einer Creme aufschlagen und mit Orangenlikör abschmecken. Die Creme auf dem getränkten Boden verstreichen und mithilfe eines Tortengarnierkammes (Foto 3) oder einer Gabel verzieren.

8 Den Kuchen mit weißer Schokolade garnieren, mit Kakaopulver bestäuben und bis zum Servieren in den Kühlschrank stellen.

RATGEBER

All-In-Teig

» Ideal für Backanfänger ist der All-in-Teig. Er ist schnell herzustellen und wird aus den gleichen Zutaten wie der Rührteig zubereitet. Der einzige Unterschied besteht darin, dass alle Zutaten auf einmal miteinander verrührt werden und nicht nacheinander.

» Alle Zutaten werden erst kurz auf niedrigster, dann auf höchster Stufe in 1–2 Minuten zu einem glatten Teig verarbeitet.

» So hat dieser Teig zwar eine weniger lockere Porung als der Rührteig, ist aber für Gebäcke ohne schwere Zutaten sehr gut geeignet.

» Vorbereiten, Backen und Aufbewahren von All-in-Teigen entspricht den Angaben im Ratgeber Rührteig (S. 8–9).

Obsttorte mit Erdbeeren
SCHNELL (ETWA 12 STÜCKE)

Zubereitungszeit:
etwa 30 Minuten, ohne Kühlzeit
Backzeit: etwa 15 Minuten

Für die Obstbodenform
(Ø 28) oder Springform (Ø 26 cm):
etwas Fett oder Backpapier

Für den All-in-Teig:
125 g Weizenmehl
2 ½ gestr. TL Dr. Oetker Backin
100 g Zucker, 1 Pck. Dr. Oetker Vanillin-Zucker
4 Eier (Größe M)
3 EL Speiseöl,
z. B. Sonnenblumenöl
2 EL Essig, z. B. Obstessig

Für die Vanillecreme:
1 Pck. Saucenpulver
Vanille-Geschmack
zum Kochen
250 ml (¼ l) Milch
20 g Zucker

Für den Belag:
1 kg Erdbeeren
evtl. etwas Zucker

1 Obstbodenform fetten oder den Springformboden mit Backpapier belegen. Den Backofen vorheizen.
Ober-/Unterhitze: etwa 200 °C
Heißluft: etwa 180 °C

2 Für den Teig Mehl mit Backpulver in einer Rührschüssel mischen. Übrige Zutaten nacheinander hinzufügen und alles mit einem Handrührgerät (Rührbesen) kurz auf niedrigster, dann auf höchster Stufe in 1 Minute zu einem glatten Teig verarbeiten.

3 Den Teig in die Obstboden- oder Springform füllen und glatt streichen. Die Form auf dem Rost im unteren Drittel in den vorgeheizten Backofen schieben. Den Obstboden **etwa 15 Minuten backen**.

4 Den Obstboden auf einen mit Backpapier belegten Kuchenrost stürzen und erkalten lassen.

5 Für die Vanillecreme einen Pudding aus Saucenpulver Vanille-Geschmack zum Kochen mit den hier angegebenen 250 ml (¼ l) Milch und 20 g Zucker nach Packungsanleitung zubereiten. Den Pudding erkalten lassen, zwischendurch umrühren und auf dem Tortenboden verstreichen (Foto 1).

6 Für den Belag Erdbeeren waschen, gut abtropfen lassen, entstielen und evtl. halbieren. Die Erdbeeren evtl. mit Zucker bestreuen, kurze Zeit stehen lassen und dann auf den Tortenboden legen (Foto 2).

7 Für den Tortenguss aus Tortengusspulver, Zucker und Wasser nach Packungsanleitung einen Guss zubereiten und mithilfe eines Esslöffels auf den Erdbeeren verteilen (Foto 3). Guss fest werden lassen. Die Torte bis zum Servieren in den Kühlschrank stellen.

62

ALL-IN-TEIG

TIPPS » Verwenden Sie Weißblechformen, müssen diese gefettet und gemehlt werden.
» Sie können den Teig auch in 6 Tortelettförmchen (Ø 12 cm) backen und wie im Rezept angegeben mit Erdbeeren belegen.

» Sie können auch andere Früchte (Bananen, Weintrauben) oder gut abgetropfte Dosenfrüchte (Pfirsiche, Ananas; Abtropfgewicht etwa 500 g) verwenden. Den Tortenguss mit dem Saft aus der Dose zubereiten.

Für den Tortenguss:
1 Pck. Tortenguss, rot
2 EL Zucker, 250 ml (¼ l) Wasser

Pro Stück:
E: 5 g, F: 6 g, Kh: 28 g,
kJ: 795, kcal: 190, BE: 2,5

ALL-IN-TEIG

Schneller Pflaumenkuchen
FRUCHTIG – SAISONAL (ETWA 12 STÜCKE)

Zubereitungszeit: etwa 35 Minuten
Backzeit: etwa 50 Minuten

Für die Springform (Ø 26 cm):
etwas Fett

Für den Belag:
800 g Pflaumen

Für den All-in-Teig:
125 g Weizenmehl
1 gestr. TL Dr. Oetker Backin
125 g Zucker
1 Pck. Dr. Oetker Vanillin-Zucker
1 Pck. Dr. Oetker Finesse Geriebene Zitronenschale
125 g weiche Butter oder Margarine
2 Eier (Größe M)

Für die Streusel:
150 g Weizenmehl
100 g Zucker
1 Msp. gemahlener Zimt
100 g weiche Butter

Pro Stück:
E: 4 g, F: 17 g, Kh: 41 g,
kJ: 1424, kcal: 341, BE: 3,5

1 Für den Belag Pflaumen waschen, trocken tupfen, entsteinen und in Spalten schneiden oder halbieren. Den Boden der Springform fetten und den Backofen vorheizen.
Ober-/Unterhitze: etwa 180 °C
Heißluft: etwa 160 °C

2 Für den Teig Mehl mit Backpulver in einer Rührschüssel mischen. Übrige Teigzutaten hinzufügen, alles mit einem Handrührgerät (Rührbesen) kurz auf niedrigster, dann auf höchster Stufe in 2 Minuten zu einem glatten Teig verarbeiten.

3 Den Teig in die Springform füllen und glatt streichen. Die Pflaumen auf dem Teig verteilen (Foto 1).

4 Für die Streusel Mehl in einer Rührschüssel mit Zucker und Zimt mischen und weiche Butter hinzufügen. Alles mit dem Handrührgerät (Rührbesen) zu Streuseln von gewünschter Größe verarbeiten (Foto 2). Die Streusel auf den Pflaumen verteilen (Foto 3) und die Form auf dem Rost auf mittlerer Einschubleiste in den vorgeheizten Backofen schieben. Den Kuchen **etwa 50 Minuten backen**.

5 Den Kuchen aus der Springform lösen und auf einem Kuchenrost erkalten lassen.

Abwandlungen: Den Kuchen können Sie statt mit Pflaumen auch mit Äpfeln zubereiten. Dafür 800 g Äpfel, z. B. Elstar oder Jonagold schälen, vierteln, entkernen und in Spalten schneiden.
Oder Sie backen den Kuchen mit 1 Dose abgetropfter Pfirsichspalten (Abtropfgewicht 500 g). Dabei sollten Sie beim Belegen 1 cm am Rand frei lassen.

TIPP » Wenn Sie den Kuchen auf einem Blech (40 x 30 cm) zubereiten möchten, verdoppeln Sie alle Zutaten.

ALL-IN-TEIG

Buttermilchkuchen

SCHNELL (ETWA 20 STÜCKE)

Zubereitungszeit:
etwa 20 Minuten
Backzeit: etwa 25 Minuten

Für das Backblech
(40 x 30 cm):
etwas Fett

Für den All-in-Teig:
300 g Weizenmehl
1 Pck. Dr. Oetker Backin
300 g Zucker
1 Pck. Dr. Oetker
Vanillin-Zucker
3 Eier (Größe M)
300 ml Buttermilch

Für den Belag:
150 g Butter
150 g Zucker
200 g gehobelte Mandeln
oder gehobelte
Haselnusskerne
oder Kokosraspel

Pro Stück:
E: 4 g, F: 14 g, Kh: 35 g,
kJ: 1177, kcal: 281, BE: 3,0

1 Das Backblech fetten und den Backofen vorheizen.
Ober-/Unterhitze: etwa 180 °C
Heißluft: etwa 160 °C

2 Für den Teig Mehl mit Backpulver in einer Rührschüssel mischen. Die übrigen Teigzutaten hinzufügen, alles mit einem Handrührgerät (Rührbesen) kurz auf niedrigster, dann auf höchster Stufe in 2 Minuten zu einem glatten Teig verarbeiten.

3 Den Teig auf das Backblech geben und gleichmäßig verstreichen. Das Backblech auf mittlerer Einschubleiste in den Backofen schieben und den Kuchen **etwa 10 Minuten vorbacken**.

4 Für den Belag Butter mit Zucker in einem Topf zerlassen. Mandeln oder Haselnusskerne oder Kokosraspel unterrühren (Foto 1). Die Masse auf den vorgebackenen Boden geben und verteilen (Foto 2). Das Backblech wieder in den vorgeheizten Backofen schieben und den Kuchen **weitere etwa 15 Minuten backen**.

5 Den Kuchen auf dem Backblech auf einem Kuchenrost erkalten lassen.

TIPP » Statt Buttermilch können Sie auch Schlagsahne verwenden.

» REZEPTVARIANTE:

Mandarinen-Buttermilch-Kuchen (Foto 3)
Lassen Sie 1 große Dose Mandarinen (Abtropfgewicht 480 g) in einem Sieb gut abtropfen. Bereiten Sie nur die halbe Belagmenge zu und verteilen Sie die Mandarinen und den Belag auf dem vorgebackenen Kuchen. Backen Sie den Kuchen wie im Rezept angegeben in etwa 15 Minuten fertig.

PANNENHILFE
» Wenn die Rührschüssel rutscht: Hat die Rührschüssel keinen Gummiring an der Unterseite, legen Sie beim Rühren des Teiges ein feuchtes Tuch unter die Schüssel, so vermeiden Sie das Rutschen der Schüssel.

ALL-IN-TEIG

Mohnwellen

MIT ALKOHOL (ETWA 20 STÜCKE)

Zubereitungszeit:
etwa 60 Minuten, ohne Kühlzeit
Backzeit: etwa 25 Minuten

Für das Backblech (40 x 30 cm):
etwas Fett

Für den All-in-Teig:
175 g Weizenmehl
1 Pck. Dr. Oetker Backin
125 g Zucker
1 Pck. Dr. Oetker Vanillin-Zucker
4 Eier (Größe M)
175 g weiche Butter oder Margarine
1 Becher (150 g) Crème fraîche
150 g frisch gemahlener Mohn

Zum Beträufeln:
3 EL Rum oder Weinbrand

Für den Belag:
1 Pck. Dr. Oetker Pudding-Pulver Vanille-Geschmack
100 g Zucker
500 ml (½ l) Milch
250 g weiche Butter
1 Becher (150 g) Crème fraîche

Für den Guss:
150 g Vollmilch-Kuvertüre
150 g Zartbitter-Kuvertüre
2 EL Speiseöl, z. B. Sonnenblumenöl

Pro Stück:
E: 6 g, F: 34 g, Kh: 30 g,
kJ: 1900, kcal: 455, BE: 2,5

1 Das Backblech fetten und den Backofen vorheizen.
Ober-/Unterhitze: etwa 180 °C
Heißluft: etwa 160 °C

2 Für den Teig Mehl mit Backpulver in einer Rührschüssel mischen. Zucker, Vanillin-Zucker, Eier, weiche Butter oder Margarine, Crème fraîche und Mohn hinzufügen. Die Zutaten kurz auf niedrigster, dann auf höchster Stufe in 2 Minuten zu einem Teig verarbeiten.

3 Den Teig auf dem Backblech verstreichen. Das Backblech auf mittlerer Einschubleiste in den vorgeheizten Backofen schieben. Den Boden **etwa 25 Minuten backen**.

4 Das Backblech auf einen Kuchenrost stellen und den Kuchen sofort mit Rum oder Weinbrand beträufeln. Den Kuchen auf dem Backblech erkalten lassen.

5 Für den Belag aus Pudding-Pulver, Zucker und Milch nach Packungsanleitung einen Pudding zubereiten. Pudding direkt mit Frischhaltefolie bedecken und erkalten lassen.

6 Weiche Butter mit dem Handrührgerät (Rührbesen) auf höchster Stufe geschmeidig rühren. Den Pudding esslöffelweise darunter geben (dabei darauf achten, dass Butter und Pudding Zimmertemperatur haben, da die Creme sonst gerinnt). Zuletzt Crème fraîche unterrühren.

7 Die Buttercreme auf dem Kuchenboden glatt streichen und den Kuchen etwa 30 Minuten in den Kühlschrank stellen.

8 Für den Guss Kuvertüre in kleine Stücke hacken, getrennt mit jeweils 1 Esslöffel Öl unter Rühren im Wasserbad bei schwacher Hitze schmelzen. Die beiden Kuvertüresorten abwechselnd auf die Creme geben und mit einem Tortenheber so verteilen, dass ein Marmormuster entsteht. Den Kuchen wieder in den Kühlschrank stellen, bis der Guss fest geworden ist.

9 Den Kuchen in Rechtecke schneiden.

TIPP » Wenn Sie den Kuchen ohne Alkohol zubereiten wollen, lassen Sie den Rum oder Weinbrand zum Beträufeln einfach weg.

PANNENHILFE
» Wenn Buttercreme gerinnt: Geronnene Buttercreme wird wieder glatt, wenn Sie etwa 25 g flüssiges, heißes Kokosfett unterrühren.

ALL-IN-TEIG

Pfirsich-Nougat-Kuchen

EINFACH (ETWA 20 STÜCKE)

Zubereitungszeit:
etwa 25 Minuten
Backzeit: etwa 20 Minuten

Für das Backblech
(40 x 30 cm):
etwas Fett

Für den Belag:
1 Dose Pfirsichhälften
(Abtropfgewicht 500 g)
200 g Nuss-Nougat

Für den All-in-Teig:
250 g Weizenmehl
2 gestr. TL Dr. Oetker Backin
150 g Zucker
3 Eier (Größe M)
150 g weiche Butter
oder Margarine
6 EL Milch

Zum Bestreichen:
100 g Aprikosenkonfitüre

Pro Stück:
E: 3 g, F: 10 g, Kh: 31 g,
kJ: 952, kcal: 227, BE: 2,5

1 Für den Belag die Pfirsichhälften in einem Sieb abtropfen lassen. Nuss-Nougat in einem Topf im Wasserbad nach Packungsanleitung schmelzen.

2 Das Backblech fetten und den Backofen vorheizen.
Ober-/Unterhitze: etwa 180 °C
Heißluft: etwa 160 °C

3 Für den Teig Mehl mit Backpulver in einer Rührschüssel mischen. Die übrigen Zutaten für den Teig hinzufügen und alles mit einem Handrührgerät (Rührbesen) kurz auf niedrigster, dann auf höchster Stufe in 2 Minuten zu einem glatten Teig verarbeiten.

4 Den Teig auf das Backblech streichen. Pfirsichhälften in Spalten schneiden (Foto 1) und auf den Teig legen. Nuss-Nougat mit einem Teelöffel in Klecksen zwischen den Pfirsichhälften verteilen (Foto 2).

5 Das Backblech auf mittlerer Einschubleiste in den vorgeheizten Backofen schieben. Den Kuchen **etwa 20 Minuten backen**. Den Kuchen mit dem Backblech auf einen Kuchenrost stellen.

6 Zum Bestreichen Konfitüre durch ein Sieb streichen und mithilfe eines Pinsels auf den heißen Kuchen streichen (Foto 3). Den Kuchen auf dem Backblech erkalten lassen.

BACKZUTATENTIPP » Nougat ist eine cremig-feste Rohmasse aus geschälten Nuss- oder Mandelkernen, Zucker und Kakaoerzeugnissen. Nuss-Nougat ist dunkel, Mandel-Nougat hell. Nougat wird meist geschmolzen oder geschmeidig gerührt als Teigzusatz, für Kuchen- und Tortenfüllungen und für Verzierungen verwendet.

ALL-IN-TEIG

Schoko-Kirsch-Napfkuchen
BELIEBT (ETWA 16 STÜCKE)

Zubereitungszeit:
etwa 25 Minuten,
ohne Abkühlzeit
Backzeit: etwa 70 Minuten

Für die Gugelhupfform
(Ø 22 cm):
etwas Fett
Weizenmehl

Für den All-in-Teig:
1 Glas Sauerkirschen
(Abtropfgewicht 350 g)
200 g Weizenmehl
2 Pck. Dr. Oetker
Pudding-Pulver
Schokoladen-Geschmack
1 Pck. Dr. Oetker Backin
125 g Zucker
1 Pck. Dr. Oetker
Bourbon-Vanille-Zucker
5 Eier (Größe M)
150 ml Speiseöl,
z. B. Sonnenblumenöl
125 ml (1/8 l) Buttermilch
100 g Raspelschokolade

Für den Guss:
100 g Vollmilch- oder
Zartbitterschokolade
1 TL Speiseöl,
z. B. Sonnenblumenöl

Pro Stück:
E: 4 g, F: 13 g, Kh: 26 g,
kJ: 983, kcal: 235, BE: 2,0

1 Die Gugelhupfform fetten und mehlen. Den Backofen vorheizen.
Ober-/Unterhitze: etwa 180 °C
Heißluft: etwa 160 °C

2 Für den Teig Sauerkirschen in einem Sieb gut abtropfen lassen (Foto 1). Mehl mit Pudding-Pulver und Backpulver in einer Rührschüssel mischen. Zucker, Vanille-Zucker, Eier, Speiseöl und Buttermilch hinzufügen, alles mit einem Handrührgerät (Rührbesen) kurz auf niedrigster, dann auf höchster Stufe in 2 Minuten zu einem glatten Teig verarbeiten.

3 Raspelschokolade und Sauerkirschen vorsichtig unterheben (Foto 2). Den Teig in die vorbereitete Gugelhupfform füllen. Die Form auf dem Rost im unteren Drittel in den vorgeheizten Backofen schieben. Den Kuchen **etwa 70 Minuten backen**.

4 Den Kuchen 10 Minuten in der Form stehen lassen, dann aus der Form lösen, auf einen Kuchenrost stürzen und erkalten lassen.

5 Für den Guss Schokolade in Stücke brechen, mit Speiseöl unter Rühren im Wasserbad bei schwacher Hitze schmelzen. Den Kuchen so damit überziehen, dass der Guss in dicken „Nasen" herunterläuft (Foto 3). Den Guss fest werden lassen.

TIPPS » Der Kuchen schmeckt auch mit einem Kirschsaft-Puderzucker-Guss aus 150 g Puderzucker und etwa 2 Esslöffeln Kirschsaft.
» Oder bestäuben Sie den Kuchen vor dem Servieren mit Puderzucker.

1

2

3

ALL-IN-TEIG

Eierlikörkuchen

GUT VORZUBEREITEN – MIT ALKOHOL (ETWA 16 STÜCKE)

Zubereitungszeit:
etwa 20 Minuten
Backzeit: etwa 60 Minuten

**Für die Gugelhupfform
(Ø 22 cm):**
etwas Fett
Weizenmehl

Für den All-in-Teig:
125 g Weizenmehl
125 g Speisestärke
4 gestr. TL Dr. Oetker Backin
250 g Puderzucker
2 Pck. Dr. Oetker
Vanillin-Zucker
250 ml (¼ l) Speiseöl,
z. B. Sonnenblumenöl
250 ml (¼ l) Eierlikör
5 Eier (Größe M)

Zum Bestäuben:
etwas Puderzucker

Pro Stück:
E: 4 g, F: 19 g, Kh: 35 g,
kJ: 1418, kcal: 339, BE: 3,0

1 Die Gugelhupfform fetten und mehlen. Den Backofen vorheizen.
Ober-/Unterhitze: etwa 180 °C
Heißluft: etwa 160 °C

2 Für den Teig Mehl mit Speisestärke und Backpulver in einer Rührschüssel mischen. Übrige Zutaten hinzufügen und alles mit einem Handrührgerät (Rührbesen) auf höchster Stufe mindestens 1 Minute schaumig schlagen. Zwischendurch die Teigmasse vom Schüsselrand lösen.

3 Den Teig in die vorbereitete Gugelhupfform füllen und die Form auf dem Rost im unteren Drittel in den vorgeheizten Backofen schieben. Den Kuchen **etwa 60 Minuten backen**.

4 Kuchen 10 Minuten in der Form stehen lassen, dann auf einen Kuchenrost stürzen und erkalten lassen. Den Kuchen anschließend mit Puderzucker bestäuben.

» **REZEPTVARIANTE:**
Eierlikörwaffeln
Bereiten Sie aus 100 g Puderzucker, 2 Eiern (Größe M), 1 Päckchen Dr. Oetker Vanillin-Zucker, 100 ml Speiseöl, 100 ml Eierlikör, 50 g Weizenmehl, 1 ½ gestrichenen Teelöffeln Dr. Oetker Backin und 50 g Speisestärke wie im Rezept angegeben einen Teig zu. Geben Sie jeweils etwa 2 Esslöffel Teig in ein gefettetes und gut erhitztes Waffeleisen. Die Waffeln goldgelb backen, nebeneinander auf einem Kuchenrost erkalten lassen und mit etwas Puderzucker bestäuben.

ALL-IN-TEIG

Muffins mit Schokosplittern

FÜR KINDER (12 STÜCK)

Zubereitungszeit:
etwa 20 Minuten
Backzeit: etwa 25 Minuten

**Für die Muffinform
für 12 Muffins:**
12 Papierbackförmchen

Für den All-in-Teig:
100 g Zartbitterschokolade
200 g Weizenmehl
1 Pck. Dr. Oetker Pudding-Pulver Vanille-Geschmack
3 gestr. TL Dr. Oetker Backin
150 g Zucker
1 Pck. Dr. Oetker Vanillin-Zucker
200 g weiche Butter oder Margarine
3 Eier (Größe M)
100 ml Milch

Pro Stück:
E: 4 g, F: 19 g, Kh: 32 g,
kJ: 1311, kcal: 313, BE: 2,5

1 Die Muffinform mit Papierbackförmchen auslegen (Foto 1). Die Schokolade in kleine Stücke hacken. Den Backofen vorheizen.
Ober-/Unterhitze: etwa 180 °C
Heißluft: etwa 160 °C

2 Für den Teig Mehl mit Pudding-Pulver und Backpulver in einer Rührschüssel mischen. Übrige Zutaten (außer den Schokoladenstücken) hinzufügen und alles mit einem Handrührgerät (Rührbesen) kurz auf niedrigster, dann auf höchster Stufe in 2 Minuten zu einem glatten Teig verarbeiten. Etwa zwei Drittel der Schokoladenstücke kurz unterrühren.

3 Den Teig gleichmäßig in der Muffinform verteilen und mit der übrigen Schokolade bestreuen.

4 Die Form auf dem Rost auf mittlerer Einschubleiste in den vorgeheizten Backofen schieben und die Muffins **etwa 25 Minuten backen** (Foto 2).

5 Die Muffins mit den Papierbackförmchen aus der Form nehmen und auf einem Kuchenrost erkalten lassen.

TIPP » Statt Papierbackförmchen zu verwenden, können Sie die Muffinform auch fetten und mehlen und dann den Teig darin verteilen.

Abwandlung: Für kunterbunte Muffins können Sie statt der Zartbitterschokolade auch bunte Schokolinsen grob hacken und wie im Rezept beschrieben verwenden.

» REZEPTVARIANTE:

Möhren-Nuss-Muffins (12 Stück)
Bereiten Sie einen All-in-Teig aus 300 g Weizenmehl, 1 Päckchen Dr. Oetker Backin, 80 g fein geraspelten Möhren, 100 g gemahlenen Haselnusskernen, 150 g braunem Zucker, 150 ml Sonnenblumenöl, 200 g saurer Sahne, 2 Eiern (Größe M) und 2 Esslöffeln Zitronensaft wie im Rezept beschrieben zu. Verteilen Sie den Teig in einer mit Papierbackförmchen vorbereiteten Muffinform. Backen Sie die Muffins bei gleicher Temperatur etwa 25 Minuten.

ALL-IN-TEIG

Kartoffelwaffeln

PIKANT (ETWA 10 STÜCK) IM FOTO VORN

Zubereitungszeit:
etwa 45 Minuten

Für das Waffeleisen:
Speiseöl,
z. B. Sonnenblumenöl

Für den All-in-Teig:
125 g Butter oder Margarine
100 g Weizenmehl
1 gestr. TL Dr. Oetker Backin
1–2 gestr. TL Salz
400 ml Milch, 4 Eier (Größe M)
1 Beutel Kartoffelpüreepulver
für 500 ml Flüssigkeit
frisch gemahlener Pfeffer
frisch geriebene Muskatnuss

250 g Fleischsalat

Pro Stück:
E: 7 g, F: 24 g, Kh: 15 g,
kJ: 1270, kcal: 305, BE: 1,0

1 Für den Teig Butter oder Margarine zerlassen und etwas abkühlen lassen. Das Waffeleisen auf höchster Stufe vorheizen. (Dabei die Gebrauchsanleitung des Herstellers beachten.)

2 Mehl mit Backpulver in einer Rührschüssel mischen. Salz, Milch, Eier und die etwas abgekühlte Butter oder Margarine hinzufügen. Die Zutaten mit einem Handrührgerät (Rührbesen) kurz auf niedrigster, dann auf höchster Stufe in 2 Minuten zu einem glatten Teig verarbeiten.

3 Kartoffelpüreepulver kurz unterrühren. Den Teig mit Pfeffer und Muskat abschmecken.

4 Das Waffeleisen auf mittlere Temperatur zurückschalten und mithilfe eines Backpinsels fetten.

5 Für jede Waffel etwa 2 gehäufte Esslöffel Teig auf das Waffeleisen geben, evtl. etwas verstreichen und die Waffeln goldbraun backen.

6 Die fertigen Waffeln auf einem Backblech im Backofen (bei Ober-/Unterhitze: etwa 80 °C) warm halten.

7 Die Waffeln als Snack warm oder lauwarm mit dem Fleischsalat servieren.

TIPPS » Servieren Sie die Kartoffelwaffeln doch mal mit Kräuterquark oder Crème fraîche und Schnippelschinken oder Räucherlachs.
» Sie können die Waffeln auch einige Zeit vor dem Verzehr fertig backen und im Toaster wieder aufbacken.

Würzige Speckwaffeln

HERZHAFTER SNACK (ETWA 14 STÜCK) IM FOTO HINTEN

Zubereitungszeit:
etwa 55 Minuten,
ohne Teigquellzeit

Für das Waffeleisen:
Speiseöl,
z. B. Sonnenblumenöl

Für den All-in-Teig:
200 g magerer,
durchwachsener Speck
1 Zwiebel (etwa 100 g)

1 Für den Teig Speck in kleine Würfel schneiden. Zwiebel abziehen und fein würfeln. Petersilie und Majoran abspülen, trocken tupfen. Die Blättchen von den Stängeln zupfen und grob hacken.

2 Die Speckwürfel in einer Pfanne unter Rühren anbraten, Zwiebelwürfel hinzufügen und mit andünsten. Die Speck-Zwiebel-Masse etwas abkühlen lassen.

3 Das Mehl in eine Rührschüssel geben. Eier und Milch hinzufügen. Die Zutaten mit einem Handrührgerät (Rührbesen) in 2 Minuten zu einem glatten Teig verarbeiten.

4 Die Speck-Zwiebel-Masse kurz unter den Teig rühren. Gehackte Petersilie und Majoran hinzufügen. Den Teig mit Salz und Pfeffer abschmecken, etwa 10 Minuten quellen lassen.

ALL-IN-TEIG

5 Das Waffeleisen auf höchster Stufe vorheizen. (Dabei die Gebrauchsanleitung des Herstellers beachten.)

6 Waffeleisen auf mittlere Temperatur zurückschalten und fetten. Für jede Waffel etwa 2 gehäufte Esslöffel Teig auf das Waffeleisen geben und die Waffeln goldbraun backen.

7 Die Waffeln vorsichtig mit einer Gabel oder einem Pfannenheber herausnehmen, nebeneinander auf einen Kuchenrost legen oder sofort warm servieren.

SERVIERTIPP:
» Servieren Sie Kräuterjoghurt und rote Zwiebelringe dazu.

1 Bund Petersilie
1 Bund Majoran
300 g Roggenmehl (Type 1150)
4 Eier (Größe M), 800 ml Milch
Salz, Pfeffer

Pro Stück:
E: 8 g, F: 5 g, Kh: 17 g,
kJ: 652, kcal: 156, BE: 1,5

RATGEBER

Knetteig

Für den Knetteig, der auch als Mürbeteig bekannt ist, werden die Zutaten zu einem ausrollfähigen Teig verknetet. Er eignet sich z. B. für Plätzchen und Gebäckplatten oder zum Auslegen von Formen, bildet keine Krume und wird nach dem Backen mürbe. Die Grundzutaten sind Mehl, Zucker, Fett und evtl. Ei.

So bereiten Sie den Knetteig zu

Schritt 1: Backform oder Backblech vorbereiten
Fetten Sie mit einem Pinsel die Backform oder das Backblech mit streichfähiger Margarine oder Butter gut und gleichmäßig ein. Bei Plätzchen, die ausgestochen und dann auf das mit Backpapier belegte Backblech gelegt werden, brauchen Sie das Backblech nicht einzufetten. Wenn Sie nur ein Backblech haben und mehrere Partien Plätzchen hintereinander backen möchten, können Sie Backpapier in der Größe des Backblechs vorbereiten, die Plätzchen darauflegen und dann so an der flachen Seite auf das Backblech ziehen, dass die Plätzchen nicht verrutschen (Foto 1).

Schritt 2: Zutaten vorbereiten und zu einem Teig verarbeiten
Nehmen Sie das Fett (Margarine oder Butter) für die Zubereitung des Teiges rechtzeitig aus dem Kühlschrank, damit es zur Verarbeitung weich, d. h. streichfähig ist. So lässt sich der Teig gut kneten. Wenn Sie alle Zutaten bereitgestellt haben, geben Sie das Mehl, das Sie je nach Rezept mit Backpulver oder Kakaopulver gemischt haben, in eine Rührschüssel und fügen dann die übrigen Zutaten wie Zucker, Fett und evtl. Eier hinzu.

Übrigens: Nicht jeder Knetteig enthält Ei. Verarbeiten Sie die Zutaten mit einem Handrührgerät mit Knethaken zunächst kurz auf niedrigster, dann auf höchster Stufe zu einem Teig. Dann formen Sie den Teig mit den Händen kurz zu einer Kugel (Foto 2, für einen Springformboden) oder einer Rolle (für ein Backblech oder Plätzchen), damit er sich besser ausrollen lässt. Sollte der Teig kleben, wickeln Sie ihn einfach in Frischhaltefolie und stellen ihn etwa 30 Minuten in den Kühlschrank.

Schritt 3: Teig ausrollen
Zuerst bestreuen Sie die von Teigresten gereinigte Arbeitsfläche gleichmäßig, aber nur leicht mit Mehl. Bitte verwenden Sie so wenig Mehl wie möglich zum Ausrollen, da der Teig sonst krümelig und das Gebäck hart wird.
Den kalt gestellten Teig nur kurz (damit er nicht zäh wird) mit den Händen durchkneten. Beim Ausrollen muss sich die Teigrolle drehen und leicht über den Teig gehen – drücken Sie nicht zu stark. Damit der Teig beim Ausrollen nicht auf der Arbeitsfläche zu kleben beginnt, streichen Sie ab und zu mit einem großen Messer oder einer Palette unter den Teig (Foto 3). Klebt der Teig während des Ausrollens, wickeln Sie ihn erneut in Frischhaltefolie und stellen ihn in den Kühlschrank. Dadurch wird das Fett im Teig wieder fest und der Teig klebt nicht mehr.

Alternativ zu der bemehlten Arbeitsfläche können Sie den Teig auch zwischen zwei Lagen Frischhaltefolie oder einem aufgeschnittenen Gefrierbeutel ausrollen.

RATGEBER

» **Teigplatten auf das Backblech legen**
Dünne Teigplatten lassen sich wie folgt leichter auf das Backblech legen: Wickeln Sie sie vorsichtig um die leicht bemehlte Teigrolle und rollen Sie auf dem Backblech wieder aus (Foto 4). Oder halbieren Sie die Platte und legen sie in zwei Teilen auf das Backblech.

» **Teig für Springformen oder Obstbodenformen ausrollen**
Für die Zubereitung von Obsttorten wird der Teig entweder in einer Springform oder in einer Obstbodenform gebacken.
Bei einer Springform rollen Sie zwei Drittel der Teigmenge auf dem gefetteten Boden der Form aus. Den Teigrest verkneten Sie, damit er mehr Halt bekommt, mit einem Esslöffel Mehl, formen eine Rolle, legen diese als Rand auf den Teigboden und drücken sie mit den Fingern an den Springformrand, sodass ein etwa 3 cm hoher Teigrand entsteht (Foto 5). Stechen Sie dann mit einer Gabel mehrmals in den Boden, damit er beim Backen keine Luftblasen bekommt.

Schritt 4: Tortenboden vorbacken bzw. blindbacken
Tortenböden werden besonders knusprig und weichen auch bei einem saftigen Belag nicht durch, wenn sie vorgebacken werden. Rollen Sie dazu den entsprechenden Teil des Teiges auf dem gefetteten Springformboden aus. Stechen Sie mit einer Gabel mehrmals in den Teig, damit er beim Backen keine Luftblasen bekommt, backen ihn dann mit dem Springformrand vor. Erst danach fügen Sie den Teigrand wie oben beschrieben zu – zusätzliches Mehl braucht diesmal nicht untergeknetet zu werden.
Teige für Torten, die anschließend einen kalten Belag (Creme, Obst) bekommen, sollten blindgebacken werden: Legen Sie dafür den ausgerollten Teig in die vorbereitete Form und stechen ihn mit einer Gabel mehrmals ein. Belegen Sie nun den Teig mit passend ausgeschnittenem Backpapier und füllen die Form mit getrockneten Hülsenfrüchten wie Erbsen oder Bohnen. Nun können Sie den Teig blindbacken – der Boden bleibt flach und der Rand kann nicht herunterrutschen.

Schritt 5: Knetteig backen
Knetteig wie im Rezept angegeben backen. Gebackenes Gebäck sofort aus der Form lösen oder vom Blech nehmen. In der Springform gebackene Knetteigböden sofort nach dem Backen mit einem großen Messer oder einer Palette vom Springformboden lösen (Foto 6). Jedoch soll er auf dem Springformboden auf einem Kuchenrost erkalten. Frisch gebackener, warmer Knetteig ist weich und wird erst knusprig und mürbe, nachdem er von allen Seiten – auch von unten – gut auskühlen konnte.

Die richtige Aufbewahrung
Roher Knetteig kann – in Frischhaltefolie oder Gefrierbeutel verpackt – mehrere Tage im Kühlschrank aufbewahrt werden. Er lässt sich gut einfrieren, sollte dann im Kühlschrank in der Verpackung auftauen. Gebackene Knetteigböden können in Alufolie verpackt einige Tage aufbewahrt werden.
Kleingebäck und Plätzchen bewahren Sie am besten in gut schließenden Dosen auf, damit sie keine Luftfeuchtigkeit ziehen können.

KNETTEIG

Ausstechkekse
(Grundrezept Knetteig)

FÜR KINDER (ETWA 55 KEKSE/2 BACKBLECHE)

Zubereitungszeit:
etwa 35 Minuten
Backzeit: etwa 12 Minuten
je Backblech
Haltbarkeit: etwa 3 Wochen
in gut schließenden Dosen

Für das Backblech:
Backpapier

Für den Knetteig:
150 g Weizenmehl
1 Msp. Dr. Oetker Backin
50 g Zucker
1 Pck. Dr. Oetker
Vanillin-Zucker
100 g weiche Butter
oder Margarine

Pro Stück:
E: 0,3 g, F: 2 g, Kh: 3 g,
kJ: 116, kcal: 28, BE: 0,5

1 Das Backblech mit Backpapier belegen. Den Backofen vorheizen.
Ober-/Unterhitze: etwa 180 °C
Heißluft: etwa 160 °C

2 Für den Teig Mehl mit Backpulver in einer Rührschüssel mischen. Übrige Zutaten für den Teig hinzufügen und alles mit einem Handrührgerät (Knethaken) zunächst kurz auf niedrigster, dann auf höchster Stufe zu einem Teig verarbeiten. Dann mit den Händen zu einer Kugel formen (Foto 1 und 2).

3 Den Teig auf einer leicht bemehlten Arbeitsfläche etwa ½ cm dick ausrollen, mit Ausstechförmchen beliebige Motive ausstechen (Foto 3) und auf das Backblech legen.

4 Das Backblech auf mittlerer Einschubleiste in den vorgeheizten Backofen schieben und die Kekse **etwa 12 Minuten backen**. Die restlichen Kekse wie angegeben ausstechen und auf Backpapier legen.

5 Die gebackenen Kekse mit dem Backpapier vom Backblech ziehen und auf einem Kuchenrost erkalten lassen. Die vorbereiteten Kekse mit dem Backpapier auf das Backblech ziehen und **wie angegeben backen**.

TIPP » Die Kekse nach Wunsch mit Puderzuckerglasur bestreichen und mit bunten Zuckerperlen, Zucker- oder Schokoladenstreuseln bestreuen.

» REZEPTVARIANTE:
Terrassenplätzchen
(etwa 60 Stück/3 Backbleche,
kleines Foto links)
Bereiten Sie einen Knetteig aus folgenden Zutaten: 300 g Weizenmehl, 2 gestrichenen Teelöffeln Dr. Oetker Backin, 100 g Zucker, 1 Päckchen Dr. Oetker Vanillin-Zucker, 1 Ei (Größe M) und 150 g weicher Butter oder Margarine. Teig in Frischhaltefolie gewickelt etwa 30 Minuten in den Kühlschrank stellen. Dann den Teig portionsweise etwa ½ cm dick ausrollen und Plätzchen von gleicher Form und gleicher Anzahl, aber in 3 verschiedenen Größen (Ø etwa 4 cm, 3 cm, 1,5 cm) ausstechen. Die Plätzchen auf mit Backpapier belegte Backbleche legen. Die Plätzchen wie im Rezept angegeben etwa 10 Minuten (je Backblech) backen.
Die gebackenen Plätzchen mit dem Backpapier vom Backblech auf einen Kuchenrost ziehen und erkalten lassen.
Zum Bestreichen 80 g rotes Gelee glatt rühren. Von je 3 Plätzchen verschiedener Größe die beiden kleineren auf der Unterseite damit bestreichen und terrassenförmig auf das größte setzen. Die Plätzchen mit etwas Puderzucker bestäuben. Nach Belieben noch kleine Geleetupfen auf die Plätzchen geben.
» Die Terrassenplätzchen halten sich etwa 2 Wochen in gut schließenden Dosen.

1

2

3

KNETTEIG

Teegebäck

FÜR GÄSTE (ETWA 75 STÜCK/4 BACKBLECHE) IM FOTO HINTEN

Zubereitungszeit:
etwa 50 Minuten
Backzeit: etwa 8 Minuten
je Backblech
Haltbarkeit: etwa 2 Wochen
in gut schließenden Dosen

Für das Backblech:
Backpapier

Für den Knetteig:
250 g Weizenmehl
1 gestr. TL Dr. Oetker Backin
75 g Zucker
1 Pck. Dr. Oetker
Vanillin-Zucker
1 Prise Salz
1 Ei (Größe M)
125 g weiche Butter
oder Margarine

Außerdem:
3–4 EL Puderzucker
100 g rotes Gelee,
z. B. Johannisbeergelee

Pro Stück:
E: 0,4 g, F: 1 g, Kh: 5 g,
kJ: 144, kcal: 35, BE: 0,5

1 Das Backblech mit Backpapier belegen. Den Backofen vorheizen.
Ober-/Unterhitze: etwa 180 °C
Heißluft: etwa 160 °C

2 Für den Teig Mehl mit Backpulver in einer Rührschüssel mischen. Übrige Zutaten hinzufügen und alles mit einem Handrührgerät (Knethaken) zunächst kurz auf niedrigster, dann auf höchster Stufe zu einem Teig verarbeiten, anschließend mit den Händen zu einer Kugel formen.

3 Den Teig portionsweise dünn (knapp ½ cm dick) ausrollen und runde Plätzchen (Ø etwa 4 cm) ausstechen, aus 35–40 davon einen kleinen Kreis (Ø etwa 1 ½ cm) ausstechen, sodass Ringe (Ø etwa 4 cm, innen Ø etwa 1 ½ cm) entstehen. Die Plätzchen auf das Backblech legen und das Backblech auf mittlerer Einschubleiste in den vorgeheizten Backofen schieben. Die Plätzchen **etwa 8 Minuten backen.**

4 In der Zwischenzeit die restlichen Plätzchen wie angegeben ausstechen und auf Backpapier legen.

5 Die gebackenen Plätzchen mit dem Backpapier auf einen Kuchenrost ziehen und erkalten lassen. Die vorbereiteten Plätzchen mit dem Backpapier auf das Backblech ziehen und **wie angegeben backen.**

6 Anschließend die Ring-Plätzchen leicht mit Puderzucker bestäuben. Gelee glatt rühren. Die normalen Plätzchen dünn mit Gelee bestreichen und auf jedes einen mit Puderzucker bestäubten Ring legen.

TIPPS » Einfacher geht es, wenn Sie die Plätzchen erst auf das Backblech legen und dann die Mitte der Ringe ausstechen.
» Bei Heißluft können Sie auch 2 Backbleche auf einmal in den Backofen schieben.

Abwandlung: Statt mit Gelee die Plätzchen mit geschmolzenem Nuss-Nougat bestreichen.

» REZEPTVARIANTE:
Vanilleplätzchen
(etwa 140 Stück, im Foto vorn)
Dazu können Sie den oben beschriebenen Knetteig zusätzlich mit 1 Päckchen Dr. Oetker Finesse Bourbon-Vanille-Aroma zubereiten. Formen Sie aus der Teigkugel Rollen (Ø etwa 3 cm) und stellen Sie diese in Frischhaltefolie verpackt über Nacht in den Kühlschrank. Schneiden Sie die Teigrollen in etwa ½ cm dicke Scheiben. Die Plätzchen wie im Rezept angegeben auf mit Backpapier belegte Backbleche legen und etwa 12 Minuten (je Backblech) backen. Die Plätzchen nach dem Erkalten mit etwa 50 g geschmolzener Kuvertüre verzieren.
» Die Vanilleplätzchen halten sich etwa 4 Wochen in gut schließenden Dosen.

KNETTEIG

Florentiner Plätzchen

KLASSISCH (ETWA 100 STÜCK/4 BACKBLECHE)

Zubereitungszeit:
etwa 40 Minuten, ohne Kühlzeit
Backzeit: etwa 20 Minuten
je Backblech
Haltbarkeit: etwa 2 Wochen
in gut schließenden Dosen

Für das Backblech:
Backpapier

Für den Knetteig:
150 g Weizenmehl
50 g Zucker
1 Pck. Dr. Oetker
Vanillin-Zucker
1 Ei (Größe M)
75 g weiche Butter
oder Margarine

Für den Belag:
50 g Butter
50 g Zucker
2 EL flüssiger Honig
125 g Schlagsahne
50 g Belegkirschen
100 g gehobelte Mandeln
100 g gehobelte
Haselnusskerne
2 EL gemahlene
Haselnusskerne

Für den Guss:
100 g Zartbitterschokolade

Pro Stück:
E: 1 g, F: 3 g, Kh: 3 g,
kJ: 188, kcal: 45, BE: 0,5

1 Das Backblech mit Backpapier belegen. Den Backofen vorheizen.
Ober-/Unterhitze: etwa 180 °C
Heißluft: etwa 160 °C

2 Für den Teig Mehl in eine Rührschüssel geben. Übrige Zutaten hinzufügen und alles mit einem Handrührgerät (Knethaken) zunächst kurz auf niedrigster, dann auf höchster Stufe zu einem Teig verarbeiten, anschließend mit den Händen zu einer Kugel formen.

3 Den Teig portionsweise dünn ausrollen und runde Plätzchen (Ø etwa 5 cm) ausstechen. Teigtaler auf das Backblech legen und auf mittlerer Einschubleiste im vorgeheizten Backofen **in etwa 8 Minuten hellgelb vorbacken.**

4 Die vorgebackenen Plätzchen auf dem Backblech auf einem Kuchenrost erkalten lassen.

5 Für den Belag Butter, Zucker und Honig in einem kleinen Topf unter Rühren zerlassen, erhitzen und etwas bräunen lassen. Schlagsahne hinzufügen und rühren, bis der Zucker gelöst ist.

6 Belegkirschen in Stücke schneiden, mit den Mandeln und Haselnusskernen dazugeben (Foto 1). So lange unter Rühren schwach kochen lassen, bis die Masse gebunden ist. Den Belag etwa 10 Minuten abkühlen lassen, dann mithilfe von 2 Teelöffeln auf den erkalteten Plätzchen verteilen.

7 Das Backblech wieder auf mittlerer Einschubleiste in den Backofen schieben und die Plätzchen bei gleicher Backofentemperatur weitere **etwa 12 Minuten backen.**

8 Die gebackenen Plätzchen mit dem Backpapier auf einen Kuchenrost ziehen (Foto 2) und erkalten lassen. Die restlichen Plätzchen **wie angegeben vorbereiten und backen.**

9 Für den Guss Schokolade grob zerkleinern und im Wasserbad bei schwacher Hitze unter Rühren schmelzen. Die Plätzchen auf der Unterseite dünn mit der Schokolade bestreichen (Foto 3) oder besprenkeln. Die Plätzchen auf Backpapier legen, bis die Schokolade fest geworden ist.

TIPPS » Wenn der Teig zu weich ist, ihn in Frischhaltefolie gewickelt etwa 30 Minuten in den Kühlschrank stellen.
» Bei Heißluft können Sie auch 2 Backbleche auf einmal in den Backofen schieben.
» Wenn Sie nur 1 Backblech haben, die übrigen Plätzchen auf Backpapier vorbereiten, dann mit dem Backpapier auf das Backblech ziehen und wie angegeben backen.

Abwandlung: Für 20–25 große Florentiner aus dem Teig Kreise (Ø 8,5 cm) ausstechen, wie im Rezept beschrieben vorbacken und mit dem Belag bestreichen. Die zweite Backzeit beträgt etwa 15 Minuten.

KNETTEIG

Kulleraugen

RAFFINIERT (ETWA 140 STÜCK/3 BACKBLECHE)

Zubereitungszeit:
etwa 40 Minuten, ohne Kühlzeit
Backzeit: etwa 15 Minuten
je Backblech
Haltbarkeit: etwa 2 Wochen
in gut schließenden Dosen

Für das Backblech:
evtl. etwas Fett
Backpapier

Für den Knetteig:
250 g Weizenmehl
1 gestr. TL Dr. Oetker Backin
100 g Zucker
1 Pck. Dr. Oetker
Vanillin-Zucker
1 Prise Salz
3 Eigelb (Größe M)
150 g weiche Butter
oder Margarine

Außerdem:
2 Eiweiß (Größe M)
75 g gehackte Mandeln
6 EL rotes Gelee,
z. B. Johannisbeergelee
1 EL Wasser

Pro Stück:
E: 0,4 g, F: 1 g, Kh: 3 g,
kJ: 105, kcal: 25, BE: 0,2

1 Für den Teig Mehl mit Backpulver in einer Rührschüssel mischen. Übrige Zutaten für den Teig hinzufügen und alles mit einem Handrührgerät (Knethaken) zunächst kurz auf niedrigster, dann auf höchster Stufe zu einem Teig verarbeiten, anschließend mit den Händen zu einer Kugel formen. Teig in Frischhaltefolie gewickelt etwa 30 Minuten in den Kühlschrank stellen.

2 Das Backblech evtl. fetten und mit Backpapier belegen. Den Backofen vorheizen.
Ober-/Unterhitze: etwa 180 °C
Heißluft: etwa 160 °C

3 Aus dem Teig 7 Rollen (je etwa 40 cm lang) formen, diese in je 2 cm breite Stücke schneiden und daraus Kugeln formen.

4 Eiweiß mit einer Gabel verschlagen. Jede Kugel zuerst auf einer Seite in das Eiweiß tauchen, dann in die Mandeln drücken. Die Kugeln mit der nicht bemandelten Teigseite auf das Backblech legen und mit einem Rührlöffelstiel von oben in jede Kugel eine Vertiefung drücken (Foto 1).

5 Das Backblech auf mittlerer Einschubleiste in den vorgeheizten Backofen schieben. Die Kulleraugen **etwa 15 Minuten backen**. In der Zwischenzeit die restlichen Kulleraugen auf Backpapier vorbereiten.

6 Die gebackenen Kulleraugen mit dem Backpapier vom Backblech ziehen und auf einem Kuchenrost erkalten lassen. Die vorbereiteten Kulleraugen mit dem Backpapier auf das Backblech ziehen und **wie angegeben backen**.

7 Gelee mit Wasser kurz aufkochen und mithilfe eines Teelöffels in die Vertiefungen füllen (Foto 2).

TIPPS » Bei Heißluft können Sie auch 2–3 Backbleche auf einmal in den Backofen schieben.
» Als Gelee eignet sich am besten Johannisbeer- oder Himbeergelee. Sie können die Kulleraugen aber auch mit gelber Konfitüre, die vorher durch ein Sieb gestrichen wurde, füllen.
» Sollte das Gelee zu fest werden, erwärmen Sie es einfach noch einmal.

» REZEPTVARIANTE:
Katzenaugen (Foto 3)
Drücken Sie die Kugeln statt in Mandeln in gehackte Pinienkerne und füllen sie statt mit Gelee mit Kiwi- oder Stachelbeerkonfitüre. Die Konfitüre am besten durch ein Sieb streichen und ebenfalls mit 1 Esslöffel Wasser kurz aufkochen.

Heidesand

KLASSISCH (ETWA 160 STÜCK/4 BACKBLECHE)

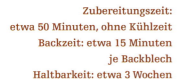

Zubereitungszeit:
etwa 50 Minuten, ohne Kühlzeit
Backzeit: etwa 15 Minuten
je Backblech
Haltbarkeit: etwa 3 Wochen
in gut schließenden Dosen

Für das Backblech:
Backpapier

Für den Knetteig:
250 g Butter
250 g Zucker
1 Pck. Dr. Oetker
Vanillin-Zucker
1 Prise Salz
2 EL Milch
350 g Weizenmehl
1 Msp. Dr. Oetker Backin

Pro Stück:
E: 0,2 g, F: 1 g, Kh: 3 g,
kJ: 107, kcal: 26, BE: 0,5

1 Für den Teig Butter in einem Topf zerlassen, leicht bräunen lassen, den Topf von der Kochstelle nehmen. Butter abkühlen lassen. Die zerlassene, noch flüssige Butter dann in eine Rührschüssel geben und etwa 45 Minuten kalt stellen.

2 Die wieder fest gewordene Butter mit einem Handrührgerät (Rührbesen) auf höchster Stufe geschmeidig rühren. Nach und nach Zucker, Vanillin-Zucker, Salz und Milch unterrühren. So lange rühren, bis eine cremige Masse entsteht.

3 Mehl mit Backpulver mischen und zwei Drittel davon portionsweise auf mittlerer Stufe unterrühren. Den Teig mit dem Rest des Mehls auf der Arbeitsfläche zu einem glatten Teig verkneten. Daraus etwa 3 cm dicke Rollen formen und die Rollen mindestens 1 Stunde in den Kühlschrank stellen, bis sie hart geworden sind.

4 Das Backblech mit Backpapier belegen. Den Backofen vorheizen.
Ober-/Unterhitze: etwa 180 °C
Heißluft: etwa 160 °C

5 Die harten Rollen in etwa ½ cm dicke Scheiben schneiden und auf das Backblech legen. Das Backblech auf mittlerer Einschubleiste in den vorgeheizten Backofen schieben. Heidesand **etwa 15 Minuten backen**. In der Zwischenzeit den restlichen Heidesand auf Backpapier vorbereiten.

6 Gebackenen Heidesand mit dem Backpapier auf einen Kuchenrost ziehen und erkalten lassen. Den vorbereiteten Heidesand mit dem Backpapier auf das Backblech ziehen und **wie angegeben backen**.

TIPP » Die Teigrollen über Nacht in den Kühlschrank legen und dann den Heidesand am nächsten Tag wie angegeben backen.

KNETTEIG

Crème-fraîche-Taler

EINFACH (ETWA 120 STÜCK/3 BACKBLECHE)

1 Für den Teig die Zutaten in eine Rührschüssel geben und mit einem Handrührgerät (Knethaken) zunächst kurz auf niedrigster, dann auf höchster Stufe zu einem Teig verarbeiten. Den Teig auf einer bemehlten Arbeitsfläche kurz verkneten, zu Rollen (Ø etwa 2 ½ cm) formen und in Frischhaltefolie gewickelt einige Stunden oder über Nacht in den Kühlschrank stellen.

2 Das Backblech evtl. fetten, mit Backpapier belegen. Den Backofen vorheizen.
Ober-/Unterhitze: etwa 180 °C
Heißluft: etwa 160 °C

3 Die Teigrollen in knapp ½ cm dicke Scheiben schneiden, auf das Backblech legen, mit Milch bestreichen, mit Hagel- oder Zimtzucker bestreuen (Foto 1 und 2).

4 Das Backblech auf mittlerer Einschubleiste in den vorgeheizten Backofen schieben. Die Taler **etwa 12 Minuten backen**. Restliche Taler auf Backpapier vorbereiten.

5 Die gebackenen Crème-fraîche-Taler mit dem Backpapier auf einen Kuchenrost ziehen und erkalten lassen. Die vorbereiteten Taler mit dem Backpapier auf das Backblech ziehen und **wie angegeben backen**.

TIPP » Bei Heißluft können Sie auch 2–3 Backbleche auf einmal in den Backofen schieben.

» REZEPTVARIANTE:
Pikante Crème-fraîche-Taler
Den Teig ohne Vanillin-Zucker zubereiten und statt mit Zucker mit geraspeltem Käse oder Mohn bestreuen.

Zubereitungszeit:
etwa 30 Minuten, ohne Kühlzeit
Backzeit: etwa 12 Minuten
je Backblech
Haltbarkeit: 2–3 Wochen
in gut schließenden Dosen

Für das Backblech:
evtl. etwas Fett, Backpapier

Für den Knetteig:
250 g Weizenmehl
200 g weiche Butter
oder Margarine
1 Becher (150 g) Crème fraîche
2 Pck. Dr. Oetker
Vanillin-Zucker

Außerdem:
3–4 EL Milch
etwa 50 g Hagelzucker
oder Zimtzucker

Pro Stück:
E: 0,2 g, F: 2 g, Kh: 2 g,
kJ: 108, kcal: 26, BE: 0,2

KNETTEIG

Zartes Mandelgebäck

GUT VORZUBEREITEN (ETWA 100 STÜCK/3 BACKBLECHE)

Zubereitungszeit:
etwa 30 Minuten, ohne Kühlzeit
Backzeit: etwa 15 Minuten
je Backblech
Haltbarkeit: etwa 3 Wochen
in gut schließenden Dosen

Für das Backblech:
Backpapier

Für den Knetteig:
375 g Weizenmehl
1 gestr. TL Dr. Oetker Backin
125 g Zucker
1 Pck. Dr. Oetker
Vanillin-Zucker
1 Prise Salz
1 Pck. Dr. Oetker Finesse
Geriebene Zitronenschale
1 Ei (Größe M)
250 g weiche Butter
oder Margarine
100 g gehobelte Mandeln

Für den Guss:
150 g Schokolade
1 EL Speiseöl,
z. B. Sonnenblumenöl

Pro Stück:
E: 1 g, F: 3 g, Kh: 5 g,
kJ: 219, kcal: 52, BE: 0,5

1 Für den Teig Mehl mit Backpulver in einer Rührschüssel mischen. Übrige Zutaten hinzufügen und alles mit einem Handrührgerät (Knethaken) zunächst kurz auf niedrigster, dann auf höchster Stufe zu einem Teig verarbeiten, anschließend zu einer Rolle formen. Den Teig zu einem Rechteck (etwa 22 x 14 cm) ausrollen und mit Frischhaltefolie zugedeckt über Nacht in den Kühlschrank stellen.

2 Am nächsten Tag das Backblech mit Backpapier belegen. Den Backofen vorheizen.
Ober-/Unterhitze: etwa 180 °C
Heißluft: etwa 160 °C

3 Den Teig in Streifen (etwa 22 x 3,5 cm) schneiden, davon ½–1 cm breite Scheiben abschneiden und auf das Backblech legen.

4 Das Backblech auf mittlerer Einschubleiste in den vorgeheizten Backofen schieben. Die Gebäckscheiben **etwa 15 Minuten backen**. In der Zwischenzeit die restlichen Gebäckscheiben auf Backpapier vorbereiten.

5 Das gebackene Mandelgebäck mit dem Backpapier vom Backblech auf einen Kuchenrost ziehen und erkalten lassen. Die vorbereiteten Gebäckscheiben mit dem Backpapier auf das Backblech ziehen und **wie angegeben backen**.

6 Für den Guss Schokolade in Stücke brechen und mit dem Öl im Wasserbad bei schwacher Hitze schmelzen. Das erkaltete Mandelgebäck jeweils diagonal zur Hälfte hineintauchen, auf Backpapier legen und den Guss fest werden lassen.

Zitronetten

DAUERT LÄNGER (ETWA 100 STÜCK/3 BACKBLECHE)

1 Für den Teig Mehl mit Backpulver in einer Rührschüssel mischen. Zucker, Vanillin-Zucker, Ei, Milch, Mandeln und Butter oder Margarine hinzufügen, alles mit einem Handrührgerät (Knethaken) zunächst kurz auf niedrigster, dann auf höchster Stufe zu einem Teig verarbeiten, evtl. 1–2 Esslöffel Milch hinzufügen.

2 Anschließend den Teig auf einer leicht bemehlten Arbeitsfläche zu einer Kugel verarbeiten. Aus der Teigkugel Rollen (Ø etwa 3 cm) formen (Foto 1) und in Frischhaltefolie gewickelt, einige Stunden oder über Nacht in den Kühlschrank stellen.

3 Das Backblech mit Backpapier belegen. Den Backofen vorheizen.
Ober-/Unterhitze: etwa 180 °C
Heißluft: etwa 160 °C

4 Die Teigrollen in knapp ½ cm dicke Scheiben schneiden und auf das vorbereitete Backblech legen. Das Backblech auf mittlerer Einschubleiste in den vorgeheizten Backofen schieben. Die Teigscheiben **12–15 Minuten backen**. In der Zwischenzeit restliche Teigscheiben auf Backpapier vorbereiten.

5 Die gebackenen Plätzchen mit dem Backpapier auf einen Kuchenrost ziehen und erkalten lassen. Die vorbereiteten Teigscheiben mit dem Backpapier auf das Backblech ziehen und **wie angegeben backen**.

6 Für die Füllung Zitronengelee glatt rühren. Die Hälfte der Plätzchen damit bestreichen (Foto 2) und mit den übrigen Plätzchen belegen.

7 Für den Guss Puderzucker sieben und mit so viel Zitronensaft verrühren, dass ein dickflüssiger, streichfähiger Guss entsteht. Die Plätzchen mit dem Guss bestreichen und mit Pistazien bestreuen. Guss trocknen lassen.

TIPP » Bei Heißluft können Sie auch 2–3 Backbleche auf einmal in den Backofen schieben.

Zubereitungszeit:
etwa 60 Minuten, ohne Kühlzeit
Backzeit: 12–15 Minuten
je Backblech
Haltbarkeit: etwa 3 Wochen
in gut schließenden Dosen

Für das Backblech:
Backpapier

Für den Knetteig:
375 g Weizenmehl
1 gestr. TL Dr. Oetker Backin
125 g Zucker, 1 Pck. Dr. Oetker Vanillin-Zucker
1 Ei (Größe M), 1 EL Milch
100 g abgezogene, gemahlene Mandeln
200 g weiche Butter oder Margarine
evtl. 1–2 EL Milch

Für die Füllung und den Guss:
etwa 3 EL Zitronengelee
125 g Puderzucker
2–3 EL Zitronensaft
60 g gehackte Pistazienkerne

Pro Stück:
E: 1 g, F: 3 g, Kh: 6 g,
kJ: 215, kcal: 51, BE: 0,5

KNETTEIG

Schwarz-Weiß-Gebäck

KLASSISCH (ETWA 60 STÜCK/2 BACKBLECHE)

Zubereitungszeit:
etwa 60 Minuten, ohne Kühlzeit
Backzeit: etwa 12 Minuten
je Backblech
Haltbarkeit: etwa 3 Wochen
in gut schließenden Dosen

Für das Backblech:
Backpapier

Für den Knetteig:
250 g Weizenmehl
1 gestr. TL Dr. Oetker Backin
150 g Zucker
1 Pck. Dr. Oetker
Vanillin-Zucker
1 Prise Salz
½ Röhrchen Rum-Aroma
1 Ei (Größe M)
125 g weiche Butter
oder Margarine

Außerdem:
15 g Kakaopulver
15 g Zucker
1 EL Milch

Zum Bestreichen:
1 Eiweiß (Größe M)

Pro Stück:
E: 1 g, F: 2 g, Kh: 6 g,
kJ: 184, kcal: 44, BE: 0,5

1 Für den Teig Mehl mit Backpulver in einer Rührschüssel mischen. Übrige Zutaten hinzufügen und alles mit einem Handrührgerät (Knethaken) zunächst kurz auf niedrigster, dann auf höchster Stufe zu einem Teig verarbeiten.

2 Für den dunklen Teig Kakaopulver sieben, mit Zucker und Milch verrühren und unter die Hälfte des Teiges kneten. Hellen und dunklen Teig jeweils mit den Händen zu einer Kugel formen und getrennt in Frischhaltefolie gewickelt etwa 30 Minuten in den Kühlschrank stellen.

3 Der Teig kann beliebig entweder zu einem Schneckenmuster oder Schachbrettmuster oder zu Talern verarbeitet werden:
» **Schneckenmuster:** Den hellen und dunklen Teig jeweils zu einem gleichmäßig großen Rechteck (30 x 15 cm) ausrollen, ein Rechteck dünn mit Eiweiß bestreichen, das zweite darauflegen und ebenfalls bestreichen. Von der längeren Seite aus fest aufrollen.
» **Schachbrettmuster:** Man benötigt 9 je 1 cm breite Teigstreifen von dem dunklen Teig und 9 je 1 cm breite Teigstreifen vom hellen Teig sowie 2-mal eine „Teigdecke". Dafür die beiden Teighälften getrennt etwa 1 cm dick ausrollen. Aus dem hellen und dunklen Teig jeweils 9 je 1 cm breite und 15 cm lange Streifen schneiden. Die Streifen mit Eiweiß bestreichen, im Schachbrettmuster zu 2 Teigblöcken zusammensetzen (Foto 1). Die übrig gebliebenen hellen und dunklen Teigreste getrennt wieder verkneten und dünn zu 2 Rechtecken (etwa 15 x 13 cm) ausrollen. Die entstandenen Blöcke in die Teigschichten einwickeln.
» **Taler:** Aus dem dunklen Teig eine 3 cm dicke Rolle formen. Den hellen Teig ½ cm dick ausrollen, mit Eiweiß bestreichen und die dunkle Rolle darin einwickeln.

4 Die Teigrollen oder -blöcke (Foto 2) in Frischhaltefolie gewickelt etwa 1 Stunde in den Kühlschrank stellen, damit sie sich besser schneiden lassen.

5 Das Backblech mit Backpapier belegen. Den Backofen vorheizen.
Ober-/Unterhitze: etwa 200 °C
Heißluft: etwa 180 °C

6 Die gekühlten Teigrollen oder -blöcke in gleichmäßige, knapp ½ cm dicke Scheiben schneiden und auf das Backblech legen (Foto 3). Backblech auf mittlerer Einschubleiste in den vorgeheizten Backofen schieben und die Teigscheiben **etwa 12 Minuten backen.** In der Zwischenzeit die restlichen Teigscheiben auf Backpapier vorbereiten.

7 Das gebackene Gebäck mit dem Backpapier vom Backblech ziehen und auf einem Kuchenrost erkalten lassen. Die vorbereiteten Teigscheiben mit dem Backpapier auf das Backblech ziehen und **wie angegeben backen.**

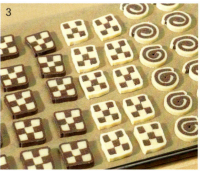

KNETTEIG

Rosetten-Muffins
GUT VORZUBEREITEN (12 STÜCK)

Zubereitungszeit:
etwa 45 Minuten, ohne Kühlzeit
Backzeit: etwa 25 Minuten

Für die Muffinform
für 12 Muffins:
etwas Fett
Weizenmehl

Für den Knetteig:
225 g Weizenmehl
1 gestr. TL Dr. Oetker Backin
75 g Zucker
1 Pck. Dr. Oetker Vanillin-Zucker
1 Röhrchen Dr. Oetker Butter-Vanille-Aroma
125 g weiche Butter oder Margarine
1 Ei (Größe M)

Für die Streusel:
125 g Weizenmehl
1 gestr. EL Kakaopulver
½ gestr. TL gemahlener Zimt
75 g Zucker
1 Pck. Dr. Oetker Vanillin-Zucker
100 g weiche Butter oder Margarine

Außerdem:
etwas Wasser

Zum Bestreichen:
4 EL Schlagsahne
25 g Butter

Pro Stück:
E: 4 g, F: 20 g, Kh: 37 g,
kJ: 1444, kcal: 345, BE: 3,0

1 Für den Teig Mehl mit Backpulver in einer Rührschüssel mischen. Übrige Zutaten für den Teig hinzufügen und alles mit einem Handrührgerät (Knethaken) zunächst kurz auf niedrigster, dann auf höchster Stufe zu einem Teig verarbeiten, anschließend mit den Händen zu einer Kugel formen. Teig in Frischhaltefolie gewickelt etwa 30 Minuten in den Kühlschrank stellen.

2 Die Mulden der Muffinform fetten und mehlen. Den Backofen vorheizen.
Ober-/Unterhitze: etwa 180 °C
Heißluft: etwa 160 °C

3 Für die Streusel Mehl, Kakaopulver, Zimt, Zucker und Vanillin-Zucker in einer Rührschüssel mischen und Butter oder Margarine hinzufügen. Alle Zutaten mit einem Handrührgerät (Rührbesen) zu Streuseln von gewünschter Größe verarbeiten.

4 Den Teig halbieren. Jede Teighälfte auf einer bemehlten Arbeitsfläche zu einem Rechteck (etwa 30 x 20 cm) ausrollen. Zunächst die Rechtecke mithilfe eines Backpinsels mit Wasser bestreichen (Foto 1), dann jeweils die Hälfte der Streusel darauf verteilen. Die Teigrechtecke von der längeren Seite aus aufrollen (Foto 2) und in 5 cm breite Stücke schneiden.

5 Die Rollen in die Muffinform legen (Foto 3) und vorsichtig etwas in die Form drücken, sodass Rosetten entstehen. Die Form auf dem Rost auf mittlerer Einschubleiste in den vorgeheizten Backofen schieben. Die Muffins **etwa 25 Minuten backen**.

6 Zum Bestreichen Sahne mit Butter in einem kleinen Topf kurz aufkochen lassen und die Muffins sofort nach dem Backen damit bestreichen. Die Muffins noch 5–10 Minuten in der Form stehen lassen, dann aus der Form lösen und auf einem Kuchenrost erkalten lassen.

TIPP » Stellen Sie die Rosetten-Muffins zum Servieren in farbige Papierbackförmchen.

AUFBEWAHRUNGSTIPP » Roher Knetteig kann – in Frischhaltefolie oder Gefrierbeutel verpackt – mehrere Tage im Kühlschrank aufbewahrt werden. Er kann aber auch eingefroren werden, lassen Sie ihn dann bei Zimmertemperatur in der Verpackung auftauen.

KNETTEIG

Nusszopf

GUT VORZUBEREITEN (ETWA 16 STÜCKE)

Zubereitungszeit:
etwa 35 Minuten
Backzeit: etwa 40 Minuten

Für das Backblech:
Backpapier

Für den Knetteig:
300 g Weizenmehl
1 gestr. TL Dr. Oetker Backin
100 g Zucker
1 Pck. Dr. Oetker Vanillin-Zucker
100 g weiche Butter oder Margarine
1 Becher (150 g) Crème fraîche

Für die Füllung:
200 g gemahlene Haselnusskerne
100 g Zucker
1 Ei (Größe M)
1 Eiweiß (Größe M)
5 Tropfen Rum-Aroma (aus dem Röhrchen)
4 EL Wasser

Zum Bestreichen:
1 Eigelb (Größe M)
1 TL Milch

Zum Aprikotieren:
2 EL Aprikosenkonfitüre
1 EL Wasser

Pro Stück:
E: 5 g, F: 17 g, Kh: 31 g,
kJ: 1225, kcal: 293, BE: 2,5

1 Das Backblech mit Backpapier belegen. Den Backofen vorheizen.
Ober-/Unterhitze: etwa 180 °C
Heißluft: etwa 160 °C

2 Für den Teig Mehl mit Backpulver in einer Rührschüssel mischen. Übrige Zutaten für den Teig hinzufügen und alles mit einem Handrührgerät (Knethaken) zunächst kurz auf niedrigster, dann auf höchster Stufe zu einem Teig verarbeiten, anschließend mit den Händen zu einer Rolle formen.

3 Für die Füllung alle Zutaten in eine Schüssel geben und gut verrühren.

4 Den Teig auf leicht bemehlter Arbeitsfläche zu einem Rechteck (etwa 40 x 35 cm) ausrollen und mit der Füllung bestreichen, dabei am Rand etwa 1 cm frei lassen.

5 Den Teig von der längeren Seite aus aufrollen. Die Rolle der Länge nach mit einem scharfen Messer einmal ganz durchschneiden (Foto 1). Dabei darauf achten, dass die Rolle genau in der Mitte geteilt wird, damit der Zopf gleichmäßig aufgeht. Die beiden Teigstränge mit der Schnittfläche nach oben umeinander schlingen (Foto 2), als Zopf auf das Backblech legen und die Enden fest zusammendrücken.

6 Eigelb mit Milch verschlagen und den Zopf damit bestreichen. Das Backblech auf mittlerer Einschubleiste in den vorgeheizten Backofen schieben. Den Nusszopf **etwa 40 Minuten backen**.

7 Zum Aprikotieren Konfitüre durch ein Sieb streichen, in einem Topf mit Wasser unter Rühren etwas einkochen lassen und den Zopf sofort nach dem Backen mithilfe eines Backpinsels damit bestreichen (Foto 3).

KNETTEIG

Nussecken

FÜR GÄSTE (ETWA 30 STÜCK)

Zubereitungszeit:
etwa 30 Minuten, ohne Kühlzeit
Backzeit: etwa 25 Minuten
Haltbarkeit: etwa 3 Wochen
in gut schließenden Dosen

Für das Backblech (40 x 30 cm):
etwas Fett
Alufolie

Für den Knetteig:
225 g Weizenmehl *(75 g)*
1 gestr. TL Dr. Oetker Backin
100 g Zucker *(33 g)*
1 Pck. Dr. Oetker Vanillin-Zucker
1 Ei (Größe M)
1 EL Wasser
100 g weiche Butter oder Margarine *(33 g)*

Für den Belag:
150 g Butter *(50 g)*
150 g Zucker *(50 g)*
2 Pck. Dr. Oetker Vanillin-Zucker *(2/3 von 1 Pack.)*
3 EL Wasser *(1 EL)*
100 g gemahlene Haselnusskerne *(33 g)*
200 g gehobelte Haselnusskerne *(66 g)*
3 EL Aprikosenkonfitüre *(1 EL)*

Für den Guss:
100 g Zartbitterschokolade *(33 g)*

Pro Stück:
E: 2 g, F: 15 g, Kh: 19 g,
kJ: 916, kcal: 219, BE: 1,5

1 Das Backblech fetten. Den Backofen vorheizen.
Ober-/Unterhitze: etwa 180 °C
Heißluft: etwa 160 °C

2 Für den Teig Mehl mit Backpulver in einer Rührschüssel mischen. Übrige Zutaten für den Teig hinzufügen und alles mit einem Handrührgerät (Knethaken) zunächst kurz auf niedrigster, dann auf höchster Stufe zu einem Teig verarbeiten, anschließend mit den Händen zu einer Rolle formen.

3 Für den Belag Butter mit Zucker, Vanillin-Zucker und Wasser in einem Topf unter Rühren langsam erwärmen und zerlassen. Gemahlene und gehobelte Haselnusskerne unterrühren. Den Topf von der Kochstelle nehmen und den Belag etwa 10 Minuten abkühlen lassen.

4 Den Teig auf dem Backblech ausrollen. Aprikosenkonfitüre daraufstreichen. Belag gleichmäßig auf dem Teig verteilen (Foto 1). Das Backblech auf mittlerer Einschubleiste in den vorgeheizten Backofen schieben. Gebäckplatte **etwa 25 Minuten backen**.

5 Die Gebäckplatte auf dem Backblech auf einem Kuchenrost etwa 20 Minuten erkalten lassen. Die Gebäckplatte dann in Quadrate (etwa 8 x 8 cm) schneiden und diese diagonal halbieren, sodass Dreiecke entstehen (Foto 2).

6 Für den Guss Schokolade in Stücke brechen und im Wasserbad bei schwacher Hitze unter Rühren schmelzen. Jeweils die beiden spitzen Ecken der Gebäckdreiecke in den Guss tauchen (Foto 3). Die Nussecken auf einen Kuchenrost oder Backpapier legen und den Guss fest werden lassen.

TIPPS » Statt die Ecken des Gebäcks in den Guss zu tauchen, können Sie das Gebäck auch mit der Schokolade besprenkeln.
» Für kleinere Nussecken (etwa 140 Stück) das Gebäck erst in kleinere Quadrate (etwa 4 x 4 cm) schneiden, dann diagonal halbieren.

» REZEPTVARIANTE:
Kokosecken
Ersetzen Sie die Haselnusskerne durch 200 g Kokosraspel.

KNETTEIG

Gedeckter Apfelkuchen

BELIEBT (ETWA 20 STÜCKE)

Zubereitungszeit:
etwa 50 Minuten, ohne Kühlzeit
Backzeit: etwa 25 Minuten

Für das Backblech (40 x 30 cm):
etwas Fett

Für die Füllung:
1 ½ kg säuerliche Äpfel,
z. B. Boskop
50 g Zucker
1 Pck. Dr. Oetker
Vanillin-Zucker
1 Msp. gemahlener Zimt
30 g Rosinen
50 g Butter
etwa 50 g Zucker

Für den Knetteig:
400 g Weizenmehl
4 gestr. TL Dr. Oetker Backin
70 g Zucker
1 Pck. Dr. Oetker
Vanillin-Zucker
2 Eier (Größe M)
4 EL Milch
150 g weiche Butter
oder Margarine

**Zum Bestreichen
und Bestreuen:**
1 Eigelb (Größe M)
1 EL Milch
50 g gehobelte Mandeln

Pro Stück:
E: 4 g, F: 12 g, Kh: 32 g,
kJ: 1038, kcal: 248, BE: 2,5

1 Das Backblech fetten und den Backofen vorheizen.
Ober-/Unterhitze: etwa 200 °C
Heißluft: etwa 180 °C

2 Für die Füllung Äpfel schälen, vierteln, entkernen und in Stifte oder kleine Stücke schneiden. Apfelstifte oder -stücke mit Zucker, Vanillin-Zucker, Zimt, Rosinen und Butter in einem Topf unter Rühren leicht dünsten, dann etwas abkühlen lassen und mit Zucker abschmecken.

3 Für den Teig Mehl mit Backpulver in einer Rührschüssel mischen. Übrige Zutaten hinzufügen und alles mit einem Handrührgerät (Knethaken) zunächst kurz auf niedrigster, dann auf höchster Stufe zu einem Teig verarbeiten, anschließend mit den Händen zu einer Rolle formen.

4 Knapp die Hälfte des Teiges in der Größe des Backblechs für die Decke dünn ausrollen und vorsichtig auf Backpapier aufrollen (Foto 1). Den restlichen Teig auf dem Backblech ausrollen. Die Apfelfüllung auf dem Teig verteilen (Foto 2) und die Teigdecke darauf abrollen (Foto 3).

5 Zum Bestreichen Eigelb mit Milch verschlagen und die Teigdecke damit bestreichen. Die Teigdecke mehrmals vorsichtig mit einer Gabel einstechen und mit Mandeln bestreuen. Das Backblech im unteren Drittel in den vorgeheizten Backofen schieben. Den Kuchen **etwa 25 Minuten backen**.

6 Den Kuchen mit dem Backblech auf einem Kuchenrost erkalten lassen.

TIPP » Den Kuchen können Sie auch in einer Springform (Ø 26 cm) backen, dazu halbieren Sie Teig und Füllung.

KNETTEIG

Pflaumenkuchen mit zwei Böden

GUT VORZUBEREITEN (ETWA 20 STÜCKE)

Zubereitungszeit: etwa 45 Minuten
Backzeit: etwa 67 Minuten

Für das Backblech (40 x 30 cm):
etwas Fett

Für den Knetteig:
225 g Weizenmehl
60 g Zucker
1 Pck. Dr. Oetker Vanillin-Zucker
150 g weiche Butter oder Margarine

Für den Belag:
1 ½ kg Pflaumen

Für den Rührteig:
200 g weiche Margarine oder Butter
200 g Zucker
1 Pck. Dr. Oetker Vanillin-Zucker
3 Eier (Größe M)
200 g Weizenmehl
2 gestr. TL Dr. Oetker Backin

Zum Bestreuen:
50 g Zucker

Pro Stück:
E: 4 g, F: 16 g, Kh: 38 g,
kJ: 1320, kcal: 316, BE: 3,0

1 Das Backblech fetten und den Backofen vorheizen.
Ober-/Unterhitze: etwa 180 °C
Heißluft: etwa 160 °C

2 Für den Knetteig die Teigzutaten in eine Rührschüssel geben und alles mit einem Handrührgerät (Knethaken) zunächst kurz auf niedrigster, dann auf höchster Stufe zu einem Teig verarbeiten, anschließend mit den Händen zu einer Rolle formen.

3 Den Teig auf dem Backblech ausrollen und mit einer Gabel mehrmals einstechen. Das Backblech auf mittlerer Einschubleiste in den vorgeheizten Backofen schieben und den Boden **etwa 12 Minuten vorbacken.**

4 Das Backblech auf einen Kuchenrost stellen und den Gebäckboden darauf etwas abkühlen lassen.

5 Für den Belag Pflaumen abspülen, abtropfen lassen, entstielen, halbieren und entsteinen.

6 Für den Rührteig Margarine oder Butter in einer Rührschüssel mit dem Handrührgerät (Rührbesen) geschmeidig rühren. Nach und nach Zucker und Vanillin-Zucker unter Rühren hinzufügen, bis eine gebundene Masse entsteht. Jedes Ei etwa ½ Minute auf höchster Stufe unterrühren.

7 Mehl mit Backpulver mischen und portionsweise kurz auf mittlerer Stufe unterrühren. Den Rührteig auf dem Knetteigboden verstreichen. Die Pflaumen in Reihen auf dem Rührteig verteilen. Das Backblech wieder in den Backofen schieben und den Kuchen bei gleicher Backofentemperatur **weitere etwa 55 Minuten backen.**

8 Das Backblech auf einen Kuchenrost stellen, den Kuchen mit Zucker bestreuen und erkalten lassen.

TIPPS » Sie können den Kuchen bereits 1 Tag vor dem Verzehr zubereiten.
» Sollte der Knetteig kleben, stellen Sie ihn in Folie gewickelt eine Zeit lang in den Kühlschrank.
» Der Kuchen schmeckt auch sehr gut mit Kirschen, Rhabarber oder mit in Spalten geschnittenen Äpfeln und 50 g Korinthen. Den Apfelkuchen nach dem Backen aprikotieren. Dazu 4 Esslöffel Aprikosenkonfitüre durch ein Sieb streichen, mit 2 Esslöffeln Wasser aufkochen lassen und die Äpfel damit bestreichen.

KNETTEIG

Buttermilchschnitten mit Kirschen

ERFRISCHEND (ETWA 12 STÜCKE)

Zubereitungszeit:
etwa 45 Minuten, ohne Kühlzeit
Backzeit: etwa 15 Minuten

Für das Backblech:
etwas Fett
Backrahmen

Für den Knetteig:
200 g Weizenmehl
1 gestr. TL Dr. Oetker Backin
100 g Zucker
1 Pck. Dr. Oetker Vanillin-Zucker
1 Ei (Größe M)
1 EL Wasser
100 g weiche Butter oder Margarine

Für den Belag:
12 Blatt weiße Gelatine
500 ml (½ l) Buttermilch
150 g Zucker
2 Pck. Dr. Oetker Finesse Geriebene Zitronenschale
500 g gekühlte Schlagsahne

Für das Kirschkompott:
1 Glas Sauerkirschen (Abtropfgewicht 350 g)
150 ml Kirschsaft (aus dem Glas)
15 g Speisestärke
25 g Zucker

Pro Stück:
E: 6 g, F: 22 g, Kh: 47 g,
kJ:1738, kcal: 415, BE: 4,0

1 Das Backblech fetten und den Backofen vorheizen.
Ober-/Unterhitze: etwa 200 °C
Heißluft: etwa 180 °C

2 Für den Teig Mehl mit Backpulver in einer Rührschüssel mischen. Übrige Zutaten hinzufügen und alles mit einem Handrührgerät (Knethaken) zunächst kurz auf niedrigster, dann auf höchster Stufe zu einem Teig verarbeiten, anschließend mit den Händen zu einer Rolle formen.

3 Den Teig auf dem Backblech zu einem Quadrat (etwa 25 x 25 cm) ausrollen, mit einer Gabel mehrmals einstechen und den Backrahmen in der Größe des Teigquadrates darumstellen. Das Backblech auf mittlerer Einschubleiste in den vorgeheizten Backofen schieben. Den Boden **etwa 15 Minuten backen**.

4 Das Backblech nach dem Backen auf einen Kuchenrost stellen und den Knetteigboden mit dem Backrahmen erkalten lassen.

5 Für den Belag Gelatine nach Packungsanleitung einweichen. Die Gelatine leicht ausdrücken, in einem kleinen Topf unter Rühren bei schwacher Hitze auflösen.

6 Buttermilch mit Zucker und Zitronenschale verrühren. Erst etwa 4 Esslöffel der Buttermilch mit der aufgelösten Gelatine mithilfe eines Schneebesens verrühren, dann mit der übrigen Buttermilch verrühren und in den Kühlschrank stellen. Sahne steif schlagen. Sobald die Masse beginnt dicklich zu werden, Sahne unterheben.

7 Die Creme auf dem erkalteten Boden verteilen und glatt streichen. Mit einem Tortengarnierkamm ein Muster in die Oberfläche ziehen und den Kuchen etwa 2 Stunden in den Kühlschrank stellen.

8 Für das Kirschkompott in der Zwischenzeit Kirschen in einem Sieb gut abtropfen lassen, den Saft dabei auffangen und 150 ml davon abmessen. Speisestärke mit 4 Esslöffeln von dem Saft mit einem Schneebesen anrühren. Den restlichen Saft zum Kochen bringen. Die angerührte Speisestärke in die von der Kochstelle genommene Flüssigkeit rühren und kurz aufkochen lassen. Die Kirschen unterrühren, mit Zucker abschmecken und das Kompott erkalten lassen.

9 Den Backrahmen mithilfe eines Messers vorsichtig lösen und entfernen. Den Kuchen in Schnitten schneiden und etwas Kompott auf jede Schnitte geben. Die Schnitten bis zum Servieren in den Kühlschrank stellen.

TIPP » Wenn Sie frische Kirschen (etwa 400 g) verwenden, erhöht sich die Zuckermenge auf etwa 100 g. Sie können auch Kirschgrütze aus dem Kühlregal auf die Buttermilchschnitten geben.

KNETEIG

Apfelweinkuchen vom Blech
RAFFINIERT (ETWA 20 STÜCKE)

Zubereitungszeit:
etwa 65 Minuten
Backzeit: etwa 55 Minuten

Für das Backblech (40 x 30 cm):
etwas Fett
Backrahmen

Für den Knetteig:
300 g Weizenmehl
50 g Speisestärke
1 gestr. TL Dr. Oetker Backin
150 g Zucker
1 Pck. Dr. Oetker Vanillin-Zucker
1 Prise Salz
2 Eier (Größe M)
150 g weiche Butter oder Margarine

Für die Apfelfüllung:
2 kg säuerliche Äpfel, z. B. Elstar
Saft von 1 Zitrone
3 Pck. Dr. Oetker Pudding-Pulver Vanille-Geschmack
150 g Zucker
2 Pck. Dr. Oetker Vanillin-Zucker
500 ml (½ l) Weißwein
500 ml (½ l) klarer Apfelsaft

Für den Weinguss:
3 Pck. Tortenguss, klar
100 g Zucker
375 ml (⅜ l) Weißwein
300 ml klarer Apfelsaft

Pro Stück:
E: 3 g, F: 8 g, Kh: 54 g,
kJ: 1388, kcal: 331, BE: 4,5

1 Das Backblech fetten und den Backofen vorheizen.
Ober-/Unterhitze: etwa 200 °C
Heißluft: etwa 180 °C

2 Für den Teig Mehl mit Stärke und Backpulver in einer Rührschüssel mischen. Übrige Teigzutaten hinzufügen und alles mit einem Handrührgerät (Knethaken) zunächst kurz auf niedrigster, dann auf höchster Stufe zu einem Teig verarbeiten, dann mit den Händen zu einer Rolle formen.

3 Den Teig auf dem Backblech ausrollen (Foto 1), mit einer Gabel mehrmals einstechen und den Backrahmen in der Größe des Teigbodens darumstellen. Das Backblech auf mittlerer Einschubleiste in den vorgeheizten Backofen schieben und den Boden **etwa 15 Minuten vorbacken**.

4 Für die Füllung die Äpfel schälen, vierteln, entkernen, in kleine Würfel schneiden und mit Zitronensaft beträufeln. Pudding-Pulver mit Zucker, Vanillin-Zucker, Wein und Apfelsaft nach Packungsanleitung, aber mit den hier angegebenen Zutaten zubereiten.

5 Die Apfelwürfel sofort unterrühren. Die Füllung auf dem vorgebackenen Boden verteilen (Foto 2) und glatt streichen. Das Backblech wieder in den Backofen schieben und bei gleicher Backofentemperatur **weitere etwa 40 Minuten backen**.

6 Das Backblech auf einen Kuchenrost stellen und den Kuchen darauf erkalten lassen.

7 Für den Weinguss Tortenguss mit Zucker, Wein und Apfelsaft nach Packungsanleitung, aber mit den hier angegebenen Mengen zubereiten. Den Guss auf dem erkalteten Apfelkuchen verteilen und fest werden lassen. Den Kuchen in den Kühlschrank stellen.

8 Zum Servieren den Backrahmen mithilfe eines Messers vorsichtig lösen (Foto 3) und entfernen. Den Kuchen in Stücke schneiden.

TIPPS » Verzieren Sie den Kuchen mit Sahnerosetten und garnieren Sie ihn mit gehackten Pistazien oder Mandeln.
» Wenn Sie den Kuchen ohne Alkohol zubereiten wollen, den Weißwein durch Apfelsaft ersetzen.

KNETTEIG

Johannisbeer-Baiser-Torte
(Träublestorte)

FRUCHTIG (ETWA 12 STÜCKE)

Zubereitungszeit: etwa 45 Minuten
Backzeit: etwa 72 Minuten

Für die Springform (Ø 26 cm):
etwas Fett

Für den Knetteig:
250 g Weizenmehl
65 g Zucker
1 Pck. Dr. Oetker Vanillin-Zucker
1 Prise Salz
1 Ei (Größe M)
125 g weiche Butter oder Margarine

Außerdem:
1 EL Weizenmehl

Für den Belag:
500 g rote Johannisbeeren
5 Eiweiß (Größe M)
175 g Zucker
100 g abgezogene, gemahlene Mandeln
60 g Speisestärke

Pro Stück:
E: 6 g, F: 14 g, Kh: 44 g,
kJ: 1396, kcal: 334, BE: 3,5

1 Den Boden der Springform fetten und den Backofen vorheizen.
Ober-/Unterhitze: etwa 200 °C
Heißluft: etwa 180 °C

2 Für den Teig die Zutaten in eine Rührschüssel geben und alles mit einem Handrührgerät (Knethaken) zunächst kurz auf niedrigster, dann auf höchster Stufe zu einem Teig verarbeiten, anschließend mit den Händen zu einer Kugel formen.

3 Zwei Drittel des Teiges auf dem Boden der vorbereiteten Springform ausrollen. Den Springformrand darumlegen.

4 Unter den übrigen Teig den Esslöffel Mehl kneten und zu einer langen Rolle formen. Die Rolle als Rand auf den Teigboden legen und so an die Form drücken, dass ein etwa 4 cm hoher Rand entsteht. Den Teigboden mehrmals mit einer Gabel einstechen.

5 Die Form auf dem Rost auf unterster Einschubleiste in den vorgeheizten Backofen schieben und den Boden **etwa 12 Minuten vorbacken**.

6 Für den Belag Johannisbeeren abspülen, abtropfen lassen und die Beeren von den Rispen streifen. Eiweiß so steif schlagen, dass ein Messerschnitt sichtbar bleibt. Nach und nach Zucker unterschlagen. Mandeln und Speisestärke vorsichtig unterrühren, anschließend die Johannisbeeren unterheben.

7 **Die Backofentemperatur um 20 °C auf Ober-/Unterhitze: etwa 180 °C, Heißluft: etwa 160 °C herunterschalten.** Auf dem noch heißen Tortenboden die Johannisbeer-Baiser-Masse kuppelförmig verteilen. Die Form wieder in den Backofen schieben und die Torte **weitere etwa 60 Minuten backen** (die Baisermasse sollte goldbraun werden).

8 Die Torte 1–2 Stunden in der Form auf einem Kuchenrost erkalten lassen, erst dann vorsichtig aus der Form lösen.

SERVIERTIPP » Servieren Sie geschlagene Sahne dazu.

TIPP » Zum Steifschlagen von Eiweiß müssen Schüssel und Rührbesen absolut fettfrei sein und es darf keine Spur von Eigelb im Eiweiß sein.

KNETTEIG

Obstkuchen auf französische Art

RAFFINIERT (ETWA 12 STÜCKE)

Zubereitungszeit: etwa 40 Minuten
Backzeit: etwa 50 Minuten

Für die Springform (Ø 26 cm):
etwas Fett

Für den Knetteig:
200 g Weizenmehl
1 Pck. Dr. Oetker Vanillin-Zucker
1 Prise Salz
1 Ei (Größe M)
100 g weiche Butter oder Margarine

Für den Belag:
250 g Aprikosen
3 mittelgroße Äpfel
2 Birnen

Für den Guss:
1 Ei (Größe M)
250 g Schlagsahne
60 g Zucker
1 Pck. Dr. Oetker Vanillin-Zucker
2 gestr. EL Speisestärke

Zum Aprikotieren:
4–5 EL Aprikosenkonfitüre
1 EL Wasser

Pro Stück:
E: 4 g, F: 15 g, Kh: 35 g,
kJ: 1224, kcal: 292, BE: 3,0

1. Den Boden der Springform fetten und den Backofen vorheizen.
Ober-/Unterhitze: etwa 180 °C
Heißluft: etwa 160 °C

2. Für den Teig die Teigzutaten in eine Rührschüssel geben und alles mit einem Handrührgerät (Knethaken) zunächst kurz auf niedrigster, dann auf höchster Stufe zu einem Teig verarbeiten, anschließend mit den Händen zu einer Kugel formen.

3. Gut die Hälfte des Teiges auf dem Boden der Springform ausrollen, den Springformrand darumlegen. Den Rest des Teiges zu einer langen Rolle formen, als Rand auf den Teigboden legen und so an die Form drücken, dass ein etwa 3 cm hoher Rand entsteht (Foto 1).

4. Für den Belag Aprikosen abspülen, abtrocknen, halbieren, entsteinen und in Spalten schneiden. Äpfel und Birnen schälen, vierteln, entkernen und in Spalten schneiden. Den Teig mit dem Obst belegen (Foto 2).

5. Für den Guss Ei und Schlagsahne mit einem Schneebesen verrühren. Zucker, Vanillin-Zucker und Speisestärke unterrühren und den Guss über dem Obst verteilen (Foto 3). Die Form auf dem Rost (mit Backpapier belegt, da Fett auslaufen kann) im unteren Drittel in den vorgeheizten Backofen schieben. Den Kuchen **etwa 50 Minuten backen**.

6. Den Kuchen nach dem Backen aus der Form lösen.

7. Zum Aprikotieren Konfitüre durch ein Sieb streichen und mit Wasser unter Rühren aufkochen lassen. Den Kuchen sofort nach dem Backen mithilfe eines Backpinsels damit bestreichen. Kuchen auf einem Kuchenrost erkalten lassen.

TIPP » Statt Schlagsahne können Sie für den Guss auch 250 g Rahmjoghurt (10 % Fett) verwenden.

Linzer Torte

KLASSISCH – GUT VORZUBEREITEN (ETWA 12 STÜCKE)

Zubereitungszeit:
etwa 30 Minuten,
ohne Kühlzeit
Backzeit: etwa 30 Minuten

Für die Springform (Ø 26 cm):
etwas Fett

Für den Knetteig:
200 g Weizenmehl
1 gestr. TL Dr. Oetker Backin
100 g Zucker
1 Pck. Dr. Oetker Vanillin-Zucker
1 Msp. gemahlene Gewürznelken
1 gestr. TL gemahlener Zimt
1 Ei (Größe M)
1 Eiweiß (Größe M)
100 g weiche Butter oder Margarine
100 g nicht abgezogene, gemahlene Mandeln

Für den Belag:
100 g Himbeerkonfitüre

Zum Bestreichen:
1 Eigelb (Größe M)
1 TL Milch

Pro Stück:
E: 4 g, F: 13 g, Kh: 27 g,
kJ: 1014, kcal: 242, BE: 2,0

1 Für den Teig Mehl mit Backpulver in einer Rührschüssel mischen. Übrige Zutaten für den Teig hinzufügen und alles mit einem Handrührgerät (Knethaken) zunächst kurz auf niedrigster, dann auf höchster Stufe zu einem Teig verarbeiten, anschließend mit den Händen zu einer Kugel formen. Teig in Frischhaltefolie gewickelt etwa 30 Minuten in den Kühlschrank stellen.

2 Den Boden der Springform fetten und den Backofen vorheizen.
Ober-/Unterhitze: etwa 180 °C
Heißluft: etwa 160 °C

3 Knapp die Hälfte des Teiges zu einer Platte in der Größe der vorbereiteten Springform ausrollen und mit einem Teigrädchen 16–20 Streifen daraus schneiden (Foto 1). Den übrigen Teig auf dem Springformboden ausrollen und den Springformrand darumlegen.

4 Für den Belag den Teigboden mit Konfitüre bestreichen, dabei am Rand etwa 1 cm Teig frei lassen. Die Teigstreifen gitterförmig darüber legen (Foto 2). Eigelb mit Milch verschlagen und die Teigstreifen damit bestreichen.

5 Die Form auf dem Rost im unteren Drittel in den vorgeheizten Backofen schieben und die Torte **etwa 30 Minuten backen**.

6 Den Springformrand von der gebackenen Torte lösen und entfernen. Die Torte vom Springformboden lösen, aber darauf auf einem Kuchenrost erkalten lassen.

» **REZEPTVARIANTE:**
Linzer Schnitten (Foto 3)
Dafür verdoppeln Sie die Zutaten. Rollen Sie knapp die Hälfte des Teiges in der Größe des Backbleches aus und schneiden die Teigstreifen aus. Den übrigen Teig rollen Sie auf einem gefetteten Backblech (40 x 30 cm) aus. Bestreichen Sie die Teigplatte mit Konfitüre und legen Sie die Teigstreifen gitterförmig darauf. Den Kuchen wie im Rezept beschrieben backen und nach dem Erkalten in beliebig große Schnitten schneiden.

KNETTEIG

Friesische Streuseltorte

FÜR GÄSTE (ETWA 12 STÜCKE)

Zubereitungszeit:
etwa 50 Minuten, ohne Kühlzeit
Backzeit: etwa 15 Minuten
je Boden

Für die Springform (Ø 26 cm):
etwas Fett

Für den Knetteig:
250 g Weizenmehl
1 Msp. Dr. Oetker Backin
2 Pck. Dr. Oetker
Vanillin-Zucker
1 Becher (150 g) Crème fraîche
175 g weiche Butter
oder Margarine

Für die Streusel:
150 g Weizenmehl
75 g Zucker
1 Pck. Dr. Oetker
Vanillin-Zucker
1 Msp. gemahlener Zimt
100 g weiche Butter

Für die Füllung:
500 g gekühlte Schlagsahne
25 g Zucker
2 Pck. Dr. Oetker Sahnesteif
1 Pck. Dr. Oetker
Vanillin-Zucker
450 g Pflaumenmus

Pro Stück:
E: 5 g, F: 38 g, Kh: 56 g,
kJ: 2447, kcal: 585, BE: 4,5

1 Den Boden der Springform fetten und den Backofen vorheizen.
Ober-/Unterhitze: etwa 200 °C
Heißluft: etwa 180 °C

2 Für den Teig Mehl mit Backpulver in einer Rührschüssel mischen. Übrige Zutaten hinzufügen und alles mit einem Handrührgerät (Knethaken) zunächst kurz auf niedrigster, dann auf höchster Stufe zu einem Teig verarbeiten. Den Teig in 4 gleich große Portionen teilen und zu Kugeln formen. Eine Portion gleichmäßig auf dem Boden der Springform ausrollen, mehrmals mit einer Gabel einstechen (Foto 1) und den Springformrand darumlegen.

3 Für die Streusel Mehl mit Zucker, Vanillin-Zucker und Zimt in einer Rührschüssel mischen. Butter hinzufügen und alles mit dem Handrührgerät (Rührbesen) zu Streuseln von gewünschter Größe verarbeiten. Ein Viertel der Streusel gleichmäßig auf dem Knetteigboden verteilen. Die Springform auf dem Rost im unteren Drittel in den vorgeheizten Backofen schieben und den Boden **etwa 15 Minuten backen. Die anderen 3 Böden ebenso vorbereiten und backen.**

4 Die Böden sofort nach dem Backen vom Springformboden lösen und einzeln auf einem Kuchenrost erkalten lassen. Einen der Tortenböden noch warm in 12 Stücke schneiden.

5 Für die Füllung Schlagsahne mit Zucker, Sahnesteif und Vanillin-Zucker steif schlagen und portionsweise in einen Spritzbeutel mit Sterntülle (Ø etwa 8 mm) füllen. Die 3 unzerteilten Böden mit jeweils einem Drittel des Pflaumenmuses bestreichen, je ein Drittel der Schlagsahne daraufspritzen (Foto 2) und mit dem geschnittenen Boden zu einer Torte zusammensetzen (Foto 3). Die Torte etwa 1 Stunde in den Kühlschrank stellen. Nach Wunsch kurz vor dem Servieren mit Puderzucker bestäuben.

TIPP » Schneiden Sie die Torte vor dem Servieren am besten mit einem Sägemesser.

KNETTEIG

Kirsch-Streusel-Kuchen

FRUCHTIG (ETWA 12 STÜCKE)

Zubereitungszeit:
etwa 60 Minuten, ohne Kühlzeit
Backzeit: etwa 52 Minuten

Für die Springform (Ø 26 cm):
etwas Fett

Für den Knetteig:
150 g Weizenmehl
1 Msp. Dr. Oetker Backin
100 g Zucker
1 Pck. Dr. Oetker Vanillin-Zucker
1 Prise Salz
1 Ei (Größe M)
100 g weiche Butter oder Margarine

Für die Füllung:
1 kg Sauerkirschen
100 g Zucker
20 g Speisestärke
etwa 1 EL Zucker

Für die Streusel:
150 g Weizenmehl
100 g Zucker
1 Pck. Dr. Oetker Vanillin-Zucker
100 g weiche Butter oder Margarine

Pro Stück:
E: 4 g, F: 15 g, Kh: 55 g,
kJ: 1578, kcal: 377, BE: 4,5

1 Für den Teig Mehl mit Backpulver in einer Rührschüssel mischen. Übrige Zutaten hinzufügen und alles mit einem Handrührgerät (Knethaken) zunächst kurz auf niedrigster, dann auf höchster Stufe zu einem Teig verarbeiten. Anschließend den Teig mit den Händen zu einer Kugel formen und in Frischhaltefolie gewickelt 20–30 Minuten in den Kühlschrank stellen.

2 Den Boden der Springform fetten und den Backofen vorheizen.
Ober-/Unterhitze: etwa 200 °C
Heißluft: etwa 180 °C

3 Für die Füllung die Kirschen abspülen, abtropfen lassen, entstielen und entsteinen. Kirschen mit Zucker mischen und zum Saftziehen stehen lassen.

4 Zwei Drittel des Teiges auf dem Boden der Springform ausrollen. Den Teigboden mehrmals mit einer Gabel einstechen und den Springformrand darumlegen. Die Form auf dem Rost im unteren Drittel in den vorgeheizten Backofen schieben und den Boden **etwa 12 Minuten vorbacken**.

5 Die Form dann auf einen Kuchenrost stellen und den Boden etwas abkühlen lassen.

6 Kirschen mit Saft in einem Topf kurz aufkochen lassen, in einem Sieb abtropfen lassen, dabei den Saft auffangen und 250 ml (¼ l) davon abmessen, abkühlen lassen, evtl. mit Wasser auffüllen. Speisestärke mit 4 Esslöffeln davon anrühren. Den restlichen Saft zum Kochen bringen. Die angerührte Speisestärke einrühren und kurz aufkochen lassen. Kirschen unterrühren. Die Kirschmasse mit Zucker abschmecken.

7 Den übrigen Teig zu einer langen Rolle formen, als Rand auf den Boden legen und so an die Form drücken, dass ein etwa 2 cm hoher Rand entsteht. Die Kirschmasse auf dem Boden verteilen.

8 Für die Streusel Mehl in eine Rührschüssel geben und die übrigen Zutaten für die Streusel hinzufügen. Die Zutaten mit dem Handrührgerät (Rührbesen) zu Streuseln von gewünschter Größe verarbeiten und auf der Füllung verteilen. Die Form wieder auf dem Rost in den Backofen schieben und den Kuchen bei gleicher Backofentemperatur **weitere etwa 40 Minuten backen**.

9 Den Kuchen noch etwa 15 Minuten in der Form stehen lassen. Dann mit einem Messer den Rand des Kuchens lösen und den Springformrand entfernen. Boden vom Springformboden lösen, aber den Kuchen darauf auf einem Kuchenrost erkalten lassen.

TIPPS » Der Kuchen lässt sich gut 1 Tag vorher vorbereiten.
» Wenn Sie keine frischen Kirschen haben, nehmen Sie 2 Gläser Sauerkirschen (Abtropfgewicht je 350 g). Die Füllung dann aber ohne Zucker zubereiten.

Russischer Zupfkuchen

BELIEBT (ETWA 16 STÜCKE)

Zubereitungszeit:
etwa 90 Minuten, ohne Kühlzeit
Backzeit: etwa 60 Minuten

Für die Springform (Ø 26 cm):
etwas Fett

Für den Knetteig:
300 g Weizenmehl
30 g Kakaopulver
2 gestr. TL Dr. Oetker Backin
150 g Zucker, 1 Pck. Dr. Oetker Vanillin-Zucker
1 Ei (Größe M)
150 g weiche Butter oder Margarine

Für die Füllung:
250 g Butter oder Margarine
500 g Magerquark
200 g Zucker
1 Pck. Dr. Oetker Vanillin-Zucker
3 Eier (Größe M)
1 Pck. Dr. Oetker Pudding-Pulver Vanille-Geschmack

Pro Stück:
E: 8 g, F: 23 g, Kh: 39 g,
kJ: 1682, kcal: 402, BE: 3,5

1 Für den Teig Mehl mit Kakaopulver und Backpulver in einer Rührschüssel mischen. Übrige Zutaten für den Teig hinzufügen und alles mit einem Handrührgerät (Knethaken) zunächst kurz auf niedrigster, dann auf höchster Stufe zu einem Teig verarbeiten, anschließend mit den Händen zu einer Kugel formen. Den Teig in Frischhaltefolie gewickelt etwa 30 Minuten in den Kühlschrank stellen.

2 Für die Füllung die Butter oder Margarine in einem Topf zerlassen und dann abkühlen lassen.

3 Den Boden der Springform fetten und den Backofen vorheizen.
Ober-/Unterhitze: etwa 180 °C
Heißluft: etwa 160 °C

4 Knapp die Hälfte des Teiges auf dem Springformboden ausrollen. Den Springformrand darumlegen. Vom übrigen Teig knapp die Hälfte zu einer langen Rolle formen, als Rand auf den Teigboden legen und so an die Form drücken, dass ein etwa 2 cm hoher Rand entsteht.

5 Für die Füllung Quark mit Zucker, Vanillin-Zucker, Eiern, Pudding-Pulver und der zerlassenen Butter oder Margarine mit einem Schneebesen zu einer einheitlichen Masse verrühren, in die Form geben und glatt streichen. Den restlichen Teig in kleine Stücke zupfen und auf der Füllung verteilen.

6 Die Form auf dem Rost im unteren Drittel in den vorgeheizten Backofen schieben. Den Kuchen **etwa 60 Minuten backen**.

7 Den gebackenen Kuchen in der Form auf einem Kuchenrost erkalten lassen.

Abwandlung: Für einen leichteren Zupfkuchen reduzieren Sie die Fettmenge in der Füllung auf 150 g Butter oder Margarine.

KNETTEIG

Schokoladen-Tarte

FÜR SCHOKOLIEBHABER (ETWA 12 STÜCKE)

Zubereitungszeit: etwa 30 Minuten
Backzeit: etwa 55 Minuten

Für die Tarte- oder Springform (Ø 26 cm):
etwas Fett

Für den Knetteig:
200 g Weizenmehl
1 Msp. Dr. Oetker Backin
60 g Zucker
1 Pck. Dr. Oetker Vanillin-Zucker
1 Prise Salz
75 g weiche Butter oder Margarine
1 Ei (Größe M)

Für den Rand:
1 EL Weizenmehl

Für den Belag:
250 g Zartbitter-Kuvertüre
250 g Schlagsahne
3 Eigelb (Größe M)
3 Eiweiß (Größe M)
60 g Zucker

Zum Bestäuben:
1 EL Puderzucker
1 EL Kakaopulver

Pro Stück:
E: 6 g, F: 22 g, Kh: 36 g, kJ: 1522, kcal: 365, BE: 3,0

1 Die Tarte- oder Springform fetten und den Backofen vorheizen.
Ober-/Unterhitze: etwa 180 °C
Heißluft: etwa 160 °C

2 Für den Teig Mehl mit Backpulver in einer Rührschüssel mischen. Übrige Zutaten für den Teig hinzufügen und alles mit einem Handrührgerät (Knethaken) zunächst kurz auf niedrigster, dann auf höchster Stufe zu einem Teig verarbeiten, anschließend mit den Händen zu einer Kugel formen.

3 Etwa die Hälfte des Teiges in der Größe des Tarteformbodens ausrollen und als Teigboden in die Tarteform legen oder auf dem Springformboden ausrollen und den Springformrand darumlegen. Für den Rand den übrigen Teig mit dem Mehl verkneten und zu einer langen Rolle formen. Die Teigrolle als Rand auf den Teigboden legen und am Formenrand hochdrücken. Den Boden mit einer Gabel mehrfach einstechen.

4 Die Form auf dem Rost im unteren Drittel in den vorgeheizten Backofen schieben und den Teigboden **etwa 20 Minuten vorbacken**.

5 Die Form nach dem Vorbacken auf einen Kuchenrost stellen und den Boden abkühlen lassen.

6 Für den Belag Kuvertüre grob zerkleinern. Sahne und Kuvertüre in einen Topf geben und die Kuvertüre bei schwacher Hitze schmelzen. Die Schokosahne in eine Rührschüssel geben und etwas abkühlen lassen. Eigelb unterrühren. Eiweiß steif schlagen. Zucker einrieseln lassen und kurz unterschlagen. Eischnee unter die Schokoladenmasse heben.

7 Die Schokoladenmasse auf den vorgebackenen Boden geben und glatt streichen. Die Form wieder auf dem Rost im unteren Drittel in den vorgeheizten Backofen schieben und bei gleicher Backofentemperatur **weitere etwa 35 Minuten backen**.

8 Die Schokoladen-Tarte in der Form auf einem Kuchenrost erkalten lassen. Puderzucker mit Kakao mischen und die Tarte damit bestäuben.

TIPP » Statt Kuvertüre können Sie auch Schokolade für den Belag verwenden.

BACKZUTATENTIPP » Kuvertüre ist eine Schokoladenüberzugsmasse in weiß oder dunkel, Zartbitter- oder Vollmilch-Geschmack. Sie wird zum Überziehen von Gebäck und als Zusatz für Teige, Füllungen oder Cremes und zum Verzieren verwendet.

KNETTEIG

Käsekuchen

BELIEBT (ETWA 12 STÜCKE)

Zubereitungszeit:
etwa 40 Minuten, ohne Kühlzeit
Backzeit: etwa 85 Minuten

Für die Springform (Ø 26 cm):
etwas Fett

Für den Knetteig:
150 g Weizenmehl
½ gestr. TL Dr. Oetker Backin
75 g Zucker
1 Pck. Dr. Oetker
Vanillin-Zucker
1 Prise Salz
1 Ei (Größe M)
75 g weiche Butter
oder Margarine

Für die Füllung:
2 Eiweiß (Größe M)
200 g gekühlte Schlagsahne
500 g Magerquark
100 g Zucker
2 EL Zitronensaft
35 g Speisestärke
2 Eigelb (Größe M)

Pro Stück:
E: 9 g, F: 12 g, Kh: 28 g,
kJ: 1109, kcal: 265, BE: 2,5

1 Den Boden der Springform fetten und den Backofen vorheizen.
Ober-/Unterhitze: etwa 200 °C
Heißluft: etwa 180 °C

2 Für den Teig Mehl mit Backpulver in einer Rührschüssel mischen. Übrige Zutaten für den Teig hinzufügen und alles mit einem Handrührgerät (Knethaken) zunächst kurz auf niedrigster, dann auf höchster Stufe zu einem Teig verarbeiten, anschließend mit den Händen zu einer Kugel formen.

3 Gut zwei Drittel des Teiges auf dem Boden der Springform ausrollen und den Springformrand darumstellen. Den Teigboden mehrmals mit einer Gabel einstechen. Die Form auf dem Rost im unteren Drittel in den vorgeheizten Backofen schieben und den Boden **etwa 10 Minuten vorbacken**.

4 Die Springform nach dem Vorbacken auf einen Kuchenrost stellen und den Boden abkühlen lassen. **Die Backofentemperatur um 40 °C auf Ober-/Unterhitze: etwa 160 °C/Heißluft: etwa 140 °C herunterschalten.** Übrigen Teig zu einer langen Rolle formen. Die Teigrolle als Rand auf den Kuchenboden legen und so an die Form drücken, dass ein etwa 3 cm hoher Rand entsteht.

5 Für die Füllung zuerst Eiweiß, dann Schlagsahne steif schlagen. Quark mit Zucker, Zitronensaft, Speisestärke und Eigelb verrühren. Eischnee und Sahne unter die Quarkmasse heben. Die Masse gleichmäßig auf den vorgebackenen Boden streichen.

6 Die Form wieder in den Backofen schieben und den Kuchen **weitere etwa 75 Minuten backen**.

7 Den Kuchen nach der Backzeit noch 15 Minuten bei leicht geöffneter Backofentür im ausgeschalteten Backofen stehen lassen, damit die Oberfläche nicht reißt. Anschließend den Kuchen auf einen Kuchenrost stellen und in der Form erkalten lassen.

TIPP » Streuen Sie zusätzlich 50 g Rosinen auf den Boden und geben Sie dann die Füllung darauf.

» REZEPTVARIANTE:
Käsekuchen mit Streuseln
Bereiten Sie aus 100 g Weizenmehl, 75 g Zucker, 1 Päckchen Dr. Oetker Vanillin-Zucker und 75 g weicher Butter mit einem Handrührgerät (Rührbesen) Streusel zu. Die Streusel gleichmäßig auf der Füllung verteilen und den Kuchen wie unter Punkt 6 angegeben backen.

KNETTEIG

Schlesische Mohntorte

KLASSISCH (ETWA 16 STÜCKE)

Zubereitungszeit:
etwa 45 Minuten, ohne Kühlzeit
Backzeit: etwa 60 Minuten

Für die Springform (Ø 26 cm):
etwas Fett

Für den Knetteig:
200 g Weizenmehl
1 gestr. TL Dr. Oetker Backin
100 g Zucker
1 Pck. Dr. Oetker Vanillin-Zucker
1 Prise Salz
1 Ei (Größe M)
1 EL kaltes Wasser
100 g weiche Butter oder Margarine

Für den Belag:
750 ml (¾ l) Milch
125 g Butter
150 g Weizengrieß
150 g frisch gemahlener Mohn
150 g Zucker
1 Pck. Dr. Oetker Vanillin-Zucker
125 g Magerquark
1 Ei (Größe M)
50 g abgezogene, gemahlene Mandeln
50 g Rosinen
2 EL Rum

Zum Bestäuben:
etwas Puderzucker

Pro Stück:
E: 8 g, F: 20 g, Kh: 38 g,
kJ: 1561, kcal: 373, BE: 3,0

1 Für den Teig Mehl mit Backpulver in einer Rührschüssel mischen. Übrige Zutaten für den Teig hinzufügen und alles mit einem Handrührgerät (Knethaken) zunächst kurz auf niedrigster, dann auf höchster Stufe zu einem Teig verarbeiten, anschließend mit den Händen zu einer Kugel formen. Wenn der Teig klebt, ihn in Frischhaltefolie gewickelt etwa 30 Minuten in den Kühlschrank stellen.

2 Für den Belag Milch mit Butter in einem Topf zum Kochen bringen. Grieß mit Mohn mischen, Topf von der Kochstelle nehmen, Mischung unter Rühren einstreuen und ausquellen lassen. Mohnmasse etwa 10 Minuten abkühlen lassen.

3 Den Boden der Springform fetten und den Backofen vorheizen.
Ober-/Unterhitze: etwa 180 °C
Heißluft: etwa 160 °C

4 Gut die Hälfte des Teiges auf dem Boden der vorbereiteten Springform ausrollen, den Rest des Teiges zu einer langen Rolle formen, als Rand auf den Teigboden legen und so an die Form drücken, dass ein etwa 3 cm hoher Rand entsteht.

5 Zucker, Vanillin-Zucker, Quark, Ei, Mandeln, Rosinen und Rum unter die Mohnmasse rühren. Die Mohnmasse in die Form geben und glatt streichen. Die Form auf dem Rost (mit Backpapier belegt, da Fett auslaufen kann) im unteren Drittel in den vorgeheizten Backofen schieben. Die Torte **etwa 60 Minuten backen.**

6 Die Torte in der Form auf einem Kuchenrost erkalten lassen.

7 Zum Servieren die Springform lösen und entfernen, die Torte mit Puderzucker bestäuben (nach Belieben das Muster mithilfe eines Kuchenrostes aufstäuben).

TIPPS » Die Torte schmeckt auch leicht warm.
» Statt gemahlenem Mohn können Sie auch ungemahlenen Mohn verwenden.
» Verfeinern Sie die Füllung mit einer Birne: Birne schälen, vierteln, entkernen, raspeln und unterrühren.

KNETTEIG

Engadiner Nusstorte

GUT VORZUBEREITEN (ETWA 12 STÜCKE)

Zubereitungszeit:
etwa 55 Minuten, ohne Kühlzeit
Backzeit: etwa 45 Minuten

Für die Springform (Ø 26 cm):
etwas Fett

Für den Knetteig:
275 g Weizenmehl
1 gestr. TL Dr. Oetker Backin
100 g Zucker
1 Pck. Dr. Oetker Vanillin-Zucker
1 Prise Salz
1 Ei (Größe M)
150 g weiche Butter oder Margarine

Für die Füllung:
250 g Walnusskerne
225 g Zucker
200 g Schlagsahne
1–2 EL flüssiger Honig
1 Eiweiß (Größe M)

Zum Bestreichen:
1 Eigelb (Größe M)
1 EL Wasser

Zum Bestäuben:
Puderzucker

Pro Stück:
E: 7 g, F: 30 g, Kh: 50 g,
kJ: 2093, kcal: 500, BE: 4,0

1 Für den Teig Mehl mit Backpulver in einer Rührschüssel mischen. Übrige Teigzutaten hinzufügen und alles mit einem Handrührgerät (Knethaken) zunächst kurz auf niedrigster, dann auf höchster Stufe zu einem Teig verarbeiten, dann mit den Händen zu einer Kugel formen. Teig in Frischhaltefolie gewickelt bis zur Weiterverarbeitung in den Kühlschrank stellen.

2 Den Boden der Springform fetten und den Backofen vorheizen.
Ober-/Unterhitze: etwa 200 °C
Heißluft: etwa 180 °C

3 Für die Füllung Nusskerne grob hacken. Zucker in einer Pfanne bei mittlerer Hitze auflösen und karamellisieren lassen (erst mit einem Holz- oder Metalllöffel umrühren, wenn der Zucker beginnt sich aufzulösen). So lange rühren, bis der Zucker hellbraun ist. Nusskerne und Sahne nacheinander unterrühren und aufkochen lassen. Honig zugeben. Die Masse etwas abkühlen lassen. Dann das Eiweiß unterrühren.

4 Die Hälfte des Teiges auf dem Springformboden ausrollen. Den Springformrand darumlegen. Zwei Drittel des übrigen Teiges zwischen einem aufgeschnittenen Gefrierbeutel oder Frischhaltefolie rund ausrollen. Den Boden der Springform als Schablone für die Teigdecke auf den ausgerollten Teig legen und mit einem Teigrädchen oder Messer ausschneiden.

5 Den übrigen Teig zu einer langen Rolle formen, als Rand auf den Boden legen und so an die Form drücken, dass ein etwa 2 cm hoher Rand entsteht.

6 Die Füllung gleichmäßig auf den Teigboden streichen. Die obere Folie von der Teigplatte abziehen und die Teigplatte mit der unteren Folie auf die Füllung stürzen, dann die Folie abziehen. Die Teigplatte am Rand etwas andrücken und mit einer Gabel mehrmals einstechen. Eigelb mit Wasser verquirlen und die Teigplatte mithilfe eines Backpinsels damit bestreichen. Die Form auf dem Rost im unteren Drittel in den vorgeheizten Backofen schieben und die Torte **etwa 45 Minuten backen**.

7 Den Springformrand lösen und entfernen. Die Torte nur vom Springformboden lösen, aber darauf auf einem Kuchenrost erkalten lassen. Die Torte mindestens 1 Tag durchziehen lassen.

8 Vor dem Servieren die Torte mit Puderzucker bestäuben (nach Belieben mithilfe einer Papierschablone ein Muster aufstäuben).

TIPPS » Die Torte hält sich gut verpackt 1 Woche lang.
» Verwenden Sie statt Walnusskernen Pekannusskerne.

KNETTEIG

Quiche Lorraine

PIKANT (ETWA 12 STÜCKE) FOTO

Zubereitungszeit:
etwa 40 Minuten
Backzeit: etwa 40 Minuten

Für die Tarte- oder Springform (Ø 26 cm):
etwas Fett

Für den Knetteig:
250 g Weizenmehl
1 Msp. Dr. Oetker Backin
1 Ei (Größe M)
1 Prise Salz
2 EL Wasser
125 g weiche Butter

Für den Belag:
120 g durchwachsener Speck
100 g Gouda-Käse
4 Eier (Größe M)
200 g Schlagsahne
Salz
frisch gemahlener Pfeffer
frisch geriebene Muskatnuss

Pro Stück:
E: 9 g, F: 22 g, Kh: 15 g,
kJ: 1255, kcal: 300, BE: 1,5

1 Die Tarte- oder Springform fetten und den Backofen vorheizen.
Ober-/Unterhitze: etwa 200 °C
Heißluft: etwa 180 °C

2 Für den Teig Mehl mit Backpulver in einer Rührschüssel mischen. Übrige Zutaten für den Teig hinzufügen und alles mit einem Handrührgerät (Knethaken) zunächst kurz auf niedrigster, dann auf höchster Stufe zu einem Teig verarbeiten, anschließend mit den Händen zu einer Kugel formen.

3 Zwei Drittel des Teiges in der Größe des Tarteformbodens ausrollen und als Teigboden in die Tarteform legen oder auf dem Springformboden ausrollen und den Springformrand darumstellen.

4 Den übrigen Teig zu einer langen Rolle formen, als Rand auf den Teigboden legen und so an die Form drücken, dass ein etwa 2 cm hoher Rand entsteht. Den Boden mehrmals mit einer Gabel einstechen. Die Form auf dem Rost auf mittlerer Einschubleiste in den vorgeheizten Backofen schieben und den Boden **etwa 15 Minuten vorbacken**.

5 Für den Belag den Speck fein würfeln, in einem Topf andünsten und etwas abkühlen lassen. Käse in feine Streifen schneiden. Speck mit Käse, Eiern und Schlagsahne verrühren und mit Salz, Pfeffer und Muskatnuss würzen. Den Belag auf dem vorgebackenen Boden verteilen. Die Form wieder auf dem Rost in den vorgeheizten Backofen schieben und bei gleicher Backofentemperatur **weitere etwa 25 Minuten backen**.

6 Die Quiche noch warm und nach Belieben mit Kräuterblättchen garniert servieren.

» REZEPTVARIANTE:
Rucola-Quiche
Dafür einen Knetteig wie im Rezept beschrieben zubereiten und vorbacken. Für den Belag 100 g rote, fein gewürfelte Zwiebeln, in 1–2 Esslöffeln Speiseöl andünsten und dann abkühlen lassen.
100 g Rucola abspülen, trocken tupfen und evtl. lange Stiele abschneiden. 75 g von dem Rucola fein hacken und mit den Zwiebelwürfeln, 200 g geriebenem Gouda-Käse, 4 Eiern (Größe M), 150 g Crème fraîche und 4 Esslöffeln Milch verrühren. Die Rucola-Masse mit Salz und Pfeffer würzen und auf dem vorgebackenen Boden verteilen. Die Rucola-Quiche wie im Rezept angegeben weitere etwa 25 Minuten backen.
Zum Servieren die Quiche mit dem restlichen Rucola, 1 Esslöffel geschälten Kürbiskernen und Tomatenwürfeln von 2 Tomaten bestreuen. Zusätzlich können Sie die Quiche nach Belieben mit etwas Knoblauchöl beträufeln.

Käsegebäck

PIKANT (1 BACKBLECH)

Zubereitungszeit:
etwa 30 Minuten
Backzeit: etwa 10 Minuten

Für das Backblech (40 x 30 cm):
Backpapier

Für den Knetteig:
400 g Weizenmehl
3 gestr. TL Dr. Oetker Backin
½ gestr. TL Salz
250 g Magerquark
250 g weiche Butter

Zum Bestreichen und Bestreuen:
3 EL Kondensmilch
50 g geriebener Parmesan-Käse
2 EL Kümmelsamen

Insgesamt:
E: 95 g, F: 235 g, Kh: 305 g,
kJ: 15757, kcal: 3767, BE: 25,5

1 Das Backblech mit Backpapier belegen. Den Backofen vorheizen.
Ober-/Unterhitze: etwa 200 °C
Heißluft: etwa 180 °C

2 Für den Teig Mehl mit Backpulver in einer Rührschüssel mischen. Übrige Zutaten für den Teig hinzufügen und alles mit einem Handrührgerät (Knethaken) zunächst kurz auf niedrigster, dann auf höchster Stufe zu einem Teig verarbeiten, anschließend mit den Händen zu einer Rolle formen. Sollte der Teig kleben, ihn in Frischhaltefolie gewickelt etwa 30 Minuten in den Kühlschrank stellen.

3 Den Teig portionsweise knapp ½ cm dick ausrollen (Foto 1). Streifen und Vierecke ausrädeln (Foto 2), mit Kondensmilch bestreichen, mit Parmesan und Kümmel bestreuen (Foto 3) und auf das Backblech legen. Das Backblech auf mittlerer Einschubleiste in den vorgeheizten Backofen schieben und das Gebäck **etwa 10 Minuten backen.**

4 Das Gebäck mit dem Backpapier auf einen Kuchenrost ziehen und erkalten lassen.

» REZEPTVARIANTE:
Schnecken mit roter Frischkäsefüllung
(50 Stück/2 Backbleche)
Bereiten Sie dafür aus 200 g Weizenmehl (Type 550), ½ Teelöffel Dr. Oetker Backin, ½ gestrichenen Teelöffel Salz, 1 Ei (Größe M), 80 g weicher Butter oder Margarine und 3 Esslöffeln kaltem Wasser einen Knetteig zu.
Den Teig in Frischhaltefolie wickeln und etwa 1 Stunde in den Kühlschrank stellen.
Für die Frischkäsefüllung 40 g getrocknete Tomaten in Öl abtropfen lassen, fein hacken und mit 100 g Doppelrahm-Frischkäse, 2 Teelöffeln Tomatenmark und 20 g geriebenem Parmesan-Käse vermengen, mit Pfeffer würzen.
Den Teig auf einer bemehlten Arbeitsfläche zu einem Rechteck (etwa 50 x 30 cm) ausrollen. Die Füllung darauf verstreichen, dabei rundherum einen etwa 1 cm breiten Rand frei lassen.
Rollen Sie den Teig von der langen Seite aus auf. Die Teigrolle halbieren, sodass 2 Rollen entstehen. Die Rollen in Frischhaltefolie wickeln und mindestens 3 Stunden in den Kühlschrank stellen.
Danach belegen Sie die Backbleche mit Backpapier. Heizen Sie den Backofen vor. Ober-/Unterhitze: etwa 180 °C, Heißluft: etwa 160 °C
Die Rollen mit einem Sägemesser in etwa 1 cm breite Scheiben schneiden und auf die Backbleche legen. Die Backbleche nacheinander (bei Heißluft zusammen) auf mittlerer Einschubleiste in den vorgeheizten Backofen schieben. Die Schnecken etwa 20 Minuten je Backblech backen.

RATGEBER

Hefeteig

Hefeteig ist ein ganz besonderer Teig, denn er „lebt". Winzige Organismen sorgen dafür, dass der Teig elastisch und das Gebäck locker wird. Hefeteig besteht aus Mehl, Hefe, evtl. Fett, Zucker, evtl. Ei und (meist lauwarmer) Flüssigkeit. Für Blechkuchen, Kleingebäck und Gebäckstücke wie Striezel oder Zöpfe, für Brot und Brötchen eignet sich Hefeteig besonders gut.

So bereiten Sie Hefeteig zu

Schritt 1: Teigzubereitung mit Trockenbackhefe oder frischer Hefe
Ob Trockenbackhefe oder frische Hefe – richtig zubereitet gelingt Ihr Gebäck mit beidem.
Das Backen mit Trockenbackhefe erfordert keine besonderen Vorarbeiten.
Ganz „klassisch" ist die Hefeteigherstellung mit frischer Hefe. Dazu ist die Zubereitung eines Vorteigs erforderlich, was bei Trockenbackhefe nicht nötig ist.
Trockenbackhefe finden Sie im Handel bei den Backzutaten, frische Hefe im Kühlregal.

» Zubereitung mit Trockenbackhefe
Geben Sie das Mehl in eine Rührschüssel und rühren die Trockenbackhefe gleichmäßig mit einer Gabel unter (Foto 1). Fügen Sie nun die im Rezept angegebenen Zutaten dazu. Flüssigkeiten sollten mit etwa 37 °C handwarm sein, denn nur dann entfaltet Hefe ihre optimale Triebkraft. Mit einem Handrührgerät mit Knethaken können Sie nun alles kurz auf niedrigster, dann auf höchster Stufe etwa in 5 Minuten zu einem glatten Teig verarbeiten (Foto 2). Zum Schluss vorsichtig schwere Zutaten wie Früchte und Nüsse unterkneten.

» Zubereitung mit frischer Hefe
Bei der Zubereitung mit Frischhefe muss die Hefe zum so genannten „Vorteig" angerührt werden und „gehen". Dafür wird die zerbröckelte Hefe zusammen mit etwas Zucker und handwarmer Flüssigkeit angerührt (Foto 3) und bleibt 15 Minuten bei Zimmertemperatur stehen. Weil die übrigen Zutaten erst bei der Teigbereitung selbst mit der Hefe in Berührung kommen dürfen – vor allem Salz und Fett hemmen die Tätigkeit der Hefe – sollten sie an den Rand der Schüssel gegeben werden und erst, nachdem die Hefe mit dem Mehl vermischt ist, untergeknetet werden. Gehen Sie dabei so vor wie beim Hefeteig mit Trockenbackhefe und kneten Sie zum Schluss evtl. Früchte oder Nusskerne unter.

Schritt 2: Teig gehen lassen (1. Teiggehzeit)
Damit die Hefekulturen ihre Arbeit tun können, darf der Teig nicht sofort gebacken werden. Stellen Sie ihn mit einem Geschirrtuch zugedeckt an einen warmen Ort, wo er gehen kann, bis er sich nach 20–30 Minuten sichtbar vergrößert hat (Foto 4 und 5).
Gut geeignet dafür ist z. B. ein Platz an der Heizung oder der Backofen bei Ober-/Unterhitze: maximal 50 °C – dabei die Backofentür mit einem Holzlöffel geöffnet halten. Auch in der Mikrowelle kann der Teig „gehen". Bedecken Sie dazu die Rührschüssel mit einem feuchten Geschirrtuch, stellen die Mikrowelle auf 80–90 Watt und lassen den Teig etwa 8 Minuten gehen.

RATGEBER

Bei Mikrowellengeräten ohne Drehteller drehen Sie den Teig nach 4 Minuten.

Sie können den Teig auch im Kühlschrank „gehen" lassen. Bereiten Sie ihn dann aus kalten Zutaten zu, bepinseln ihn anschließend in der Rührschüssel mit etwas Speiseöl, bedecken ihn mit einem feuchten Geschirrtuch und lassen ihn über Nacht im Kühlschrank gehen.

Schritt 3: Backform oder Backblech vorbereiten

Während der Teig geht, fetten Sie Backform oder Backblech mit streichfähiger Margarine oder Butter gut und gleichmäßig mit einem Pinsel ein. Verwenden Sie kein Öl – es würde am Rand der Form herunterlaufen.

Für Teigstücke oder Kleingebäck belegen Sie das Backblech mit Backpapier – einfetten ist nicht unbedingt nötig.

Schritt 4: Teig nochmals gehen lassen (2. Teiggehzeit)

Nach der ersten Teiggehzeit muss der Hefeteig noch ein zweites Mal gehen. In der Zwischenzeit heizen Sie den Backofen vor. Für die zweite Teiggehzeit bestäuben Sie den Teig leicht mit Mehl, nehmen ihn aus der Rührschüssel und kneten ihn auf der leicht bemehlten Arbeitsfläche mit den Händen nochmals kurz durch (Foto 6). Anschließend verarbeiten Sie ihn je nach Rezept weiter. Geben Sie dann den Hefeteig in die Form bzw. auf das Backblech, decken ihn mit dem Geschirrtuch zu und lassen ihn nochmals an einem warmen Ort gehen, bis er sich sichtbar vergrößert hat.

Schritt 5: Das Backen von Hefeteig

Nach der zweiten Gehzeit muss der Hefeteig sofort in den vorgeheizten Backofen geschoben und gebacken werden.

Das gebackene Hefeteiggebäck lassen Sie noch 10 Minuten in der Form stehen. Stürzen Sie es aus der Form auf einen Kuchenrost und lassen es erkalten. Blechkuchen stellen Sie zum Erkalten mit dem Backblech auf einen Kuchenrost. Kleingebäck, Striezel usw. nehmen Sie vom Backblech herunter und lassen es auf dem Kuchenrost erkalten.

Die richtige Aufbewahrung

Gebackene Hefeteiggebäcke schmecken frisch am besten. Sie können aber auch eingefroren werden und sollten dann bei Zimmertemperatur in der Verpackung auftauen und anschließend bei Backtemperatur kurz aufgebacken werden.

> Zubereiteter Hefeteig lässt sich gut einfrieren und ist dann 6–8 Monate haltbar. Bereiten Sie dazu den Teig ohne Teiggehzeit zu, formen ihn auf der bemehlten Arbeitsfläche zu einem flachen Rechteck, verpacken ihn in einem Gefrierbeutel und frieren ihn ein. Zur Verarbeitung lassen Sie den Teig verpackt über Nacht im Kühlschrank auftauen und verarbeiten ihn nach Rezept weiter – der nächste Arbeitsschritt ist dann die 1. Teiggehzeit.

4

5

6

HEFETEIG

Feiner Gugelhupf
KLASSISCH (ETWA 16 STÜCKE)

Zubereitungszeit:
etwa 35 Minuten,
ohne Teiggehzeit
Backzeit: etwa 50 Minuten

Für die Gugelhupfform (Ø 22 cm):
etwas Fett

Für den Hefeteig:
200 g Schlagsahne
100 g Butter oder Margarine
400 g Weizenmehl
1 Pck. Dr. Oetker Trockenbackhefe
125 g Zucker
1 Pck. Dr. Oetker Vanillin-Zucker
6 Tropfen Zitronen-Aroma (aus dem Röhrchen)
1 Prise Salz
3 Eier (Größe M)
150 g Rosinen
100 g Korinthen
100 g gehackte Mandeln

Außerdem:
etwas Puderzucker

Pro Stück:
E: 6 g, F: 14 g, Kh: 38 g,
kJ: 1298, kcal: 310, BE: 3,0

1 Für den Teig Sahne in einem kleinen Topf erwärmen und die Butter oder Margarine darin zerlassen.

2 Für den Teig Mehl in einer Rührschüssel mit Trockenbackhefe sorgfältig vermischen. Übrige Zutaten (außer Rosinen, Korinthen und Mandeln) und die warme Sahne-Fett-Mischung hinzufügen. Die Zutaten mit einem Handrührgerät (Knethaken) kurz auf niedrigster, dann auf höchster Stufe in etwa 5 Minuten zu einem glatten Teig verarbeiten.

3 Rosinen, Korinthen und Mandeln kurz unterarbeiten. Den Teig zugedeckt so lange an einem warmen Ort gehen lassen, bis er sich sichtbar vergrößert hat.

4 Die Gugelhupfform fetten. Den Backofen vorheizen.
Ober-/Unterhitze: etwa 180 °C
Heißluft: etwa 160 °C

5 Den Teig mit dem Handrührgerät (Knethaken) auf höchster Stufe kurz durchkneten, in die Gugelhupfform füllen und nochmals so lange an einem warmen Ort gehen lassen, bis er sich sichtbar vergrößert hat. Form auf dem Rost im unteren Drittel in den vorgeheizten Backofen schieben und den Kuchen **etwa 50 Minuten backen**.

6 Den Kuchen etwa 10 Minuten in der Form stehen lassen, dann stürzen und auf einem Kuchenrost erkalten lassen. Den Gugelhupf mit Puderzucker bestäuben.

Abwandlung: Statt mit Mandeln, Rosinen und Korinthen können Sie den Gugelhupf mit 100 g bunten, fein gewürfelten Belegkirschen, 200 g getrockneten, gewürfelten Aprikosen und 50 g gehackten Pistazienkernen zubereiten.

HEFETEIG

Apfeltaschen
FÜR KINDER (ETWA 14 STÜCK/2 BACKBLECHE)

Zubereitungszeit:
etwa 65 Minuten,
ohne Teiggehzeit
Backzeit: etwa 20 Minuten
je Backblech

Für das Backblech:
Backpapier

Für den Hefeteig:
200 ml Milch
50 g Butter oder Margarine
375 g Weizenmehl
1 Pck. Dr. Oetker
Trockenbackhefe
50 g Zucker
1 Pck. Dr. Oetker
Vanillin-Zucker
1 Prise Salz
1 Ei (Größe M)

Für die Füllung:
500 g Äpfel,
z. B. Jonagold, Elstar
50 g Rosinen
40 g Zucker
20 g Butter

**Zum Bestreichen
und Bestreuen:**
Milch
gehobelte Mandeln

Für den Guss:
100 g Puderzucker
1 EL Zitronensaft
10 g Butter

Pro Stück:
E: 5 g, F: 8 g, Kh: 41 g,
kJ: 1085, kcal: 259, BE: 3,5

1 Für den Teig die Milch in einem kleinen Topf erwärmen und die Butter oder Margarine darin zerlassen.

2 Mehl in einer Rührschüssel mit Trockenbackhefe sorgfältig vermischen. Übrige Teigzutaten und die warme Milch-Fett-Mischung hinzufügen und mit einem Handrührgerät (Knethaken) kurz auf niedrigster, dann auf höchster Stufe in etwa 5 Minuten zu einem glatten Teig verarbeiten.

3 Den Teig zugedeckt so lange an einem warmen Ort gehen lassen, bis er sich sichtbar vergrößert hat.

4 Für die Füllung Äpfel schälen, vierteln, entkernen und in kleine Stücke schneiden. Apfelstücke mit Rosinen, Zucker und Butter unter Rühren in einem Topf andünsten und dann erkalten lassen.

5 Den Teig leicht mit Mehl bestäuben und auf der leicht bemehlten Arbeitsfläche nochmals kurz durchkneten. Teig dünn ausrollen und 14 Kreise (Ø etwa 12 cm) ausstechen (Foto 1). Die Füllung auf einer Hälfte jeder Teigplatte verteilen.

6 Den Rand jeder Teigplatte mit Milch bestreichen (Foto 2) und die andere Teighälfte daraufklappen. Die Ränder mit einer Gabel oder einer Teigkarte gut andrücken (Foto 3).

7 Das Backblech mit Backpapier belegen und den Backofen vorheizen.
Ober-/Unterhitze: etwa 200 °C
Heißluft: etwa 180 °C

8 Die Apfeltaschen mit Milch bestreichen, nach Belieben mit Mandeln bestreuen und die Hälfte der Apfeltaschen auf das Backblech legen. Alle Apfeltaschen nochmals so lange an einem warmen Ort gehen lassen, bis sie sich sichtbar vergrößert haben.

9 Das Backblech auf mittlerer Einschubleiste in den vorgeheizten Backofen schieben. Die Apfeltaschen **etwa 20 Minuten backen**.

10 Die Apfeltaschen mit dem Backpapier vom Backblech auf einen Kuchenrost ziehen. Die übrigen Apfeltaschen **wie angegeben backen**.

11 Für den Guss Puderzucker sieben und mit Zitronensaft zu einer dickflüssigen Masse verrühren. Butter zerlassen und unterrühren. Das heiße Gebäck sofort damit bestreichen und erkalten lassen.

TIPP » Bei Heißluft können Sie auch 2 Backbleche auf einmal in den Backofen schieben.

1

2

3

Puddingschnecken

GEFRIERGEEIGNET (ETWA 30 STÜCK/3–4 BACKBLECHE)

Zubereitungszeit:
etwa 50 Minuten,
ohne Teiggehzeit
Backzeit: etwa 15 Minuten
je Backblech

Für das Backblech:
Backpapier

Für den Hefeteig:
125 ml (⅛ l) Milch
100 g Butter oder Margarine
500 g Weizenmehl
1 Pck. Dr. Oetker
Trockenbackhefe
50 g Zucker
1 Pck. Dr. Oetker
Vanillin-Zucker
2 Eier (Größe M)

Für die Füllung:
2 Pck. Dr. Oetker Pudding-
Pulver Vanille-Geschmack
750 ml (¾ l) Milch
80 g Zucker
100 g Rosinen

Zum Aprikotieren:
4 EL Aprikosenkonfitüre
2 EL Wasser

Pro Stück:
E: 3 g, F: 4 g, Kh: 25 g,
kJ: 655 kcal: 156, BE: 2,0

1 Für den Teig die Milch in einem kleinen Topf erwärmen. Butter oder Margarine darin zerlassen.

2 Mehl in einer Rührschüssel mit Trockenbackhefe sorgfältig vermischen. Übrige Zutaten und die warme Milch-Fett-Mischung hinzufügen und mit einem Handrührgerät (Knethaken) kurz auf niedrigster, dann auf höchster Stufe in etwa 5 Minuten zu einem glatten Teig verarbeiten. Den Teig zugedeckt so lange an einem warmen Ort gehen lassen, bis er sich sichtbar vergrößert hat.

3 Für die Füllung aus Pudding-Pulver, Milch und Zucker nach Packungsanleitung, aber nur mit 750 ml (¾ l) Milch einen Pudding zubereiten und erkalten lassen, dabei ab und zu umrühren. Anschließend die Rosinen unterrühren.

4 Das Backblech mit Backpapier belegen und den Backofen vorheizen.
Ober-/Unterhitze: etwa 200 °C
Heißluft: etwa 180 °C

5 Den Teig leicht mit Mehl bestäuben, aus der Schüssel nehmen und auf der leicht bemehlten Arbeitsfläche nochmals kurz durchkneten.

6 Den Teig zu einem Rechteck (etwa 60 x 40 cm) ausrollen und mit dem Pudding bestreichen. Den Teig von der längeren Seite aus aufrollen (Foto 1), in etwa 2 cm dicke Scheiben schneiden. 6–8 Scheiben mit Abstand auf das Backblech legen (Foto 2) und die übrigen auf Backpapier legen.

7 Die Scheiben nochmals so lange an einem warmen Ort gehen lassen, bis sie sich sichtbar vergrößert haben. Das Backblech auf mittlerer Einschubleiste in den vorgeheizten Backofen schieben. Die Puddingschnecken **etwa 15 Minuten backen.**

8 Zum Aprikotieren Konfitüre durch ein Sieb streichen, mit Wasser unter Rühren etwas einkochen lassen und das Gebäck sofort nach dem Backen damit bestreichen (Foto 3). Die übrigen Puddingschnecken **wie angegeben backen** und aprikotieren.

9 Die Puddingschnecken auf einem Kuchenrost erkalten lassen.

TIPP » Bei Heißluft können Sie auch 2–3 Backbleche auf einmal in den Backofen schieben.

HEFETEIG

Hefezopf

KLASSISCH – FÜR GÄSTE (ETWA 12 STÜCKE)

Zubereitungszeit:
etwa 35 Minuten,
ohne Teiggehzeit
Backzeit: etwa 30 Minuten

Für das Backblech:
Backpapier

Für den Hefeteig:
250 g Schlagsahne
500 g Weizenmehl
1 Pck. Dr. Oetker
Trockenbackhefe
80 g Zucker, 1 Pck. Dr. Oetker
Vanillin-Zucker
1 Pck. Dr. Oetker Finesse
Geriebene Zitronenschale
1 Prise Salz, 2 Eier (Größe M)
1 Eiweiß (Größe M)

Zum Bestreichen:
1 Eigelb (Größe M), 1 EL Milch

Pro Stück:
E: 7 g, F: 9 g, Kh: 39 g,
kJ: 1108, kcal: 265, BE: 3,5

1 Für den Teig Sahne erwärmen. Mehl in einer Rührschüssel mit Trockenbackhefe sorgfältig vermischen. Übrige Zutaten und die warme Sahne hinzufügen, alles mit einem Handrührgerät (Knethaken) kurz auf niedrigster, dann auf höchster Stufe in etwa 5 Minuten zu einem glatten Teig verarbeiten. Den Teig zugedeckt so lange an einem warmen Ort gehen lassen, bis er sich sichtbar vergrößert hat.

2 Den Teig leicht mit Mehl bestäuben und auf der leicht bemehlten Arbeitsfläche kurz durchkneten. Aus dem Teig 4 etwa 30 cm lange Rollen formen.

3 Die Rollen zu einem Zopf flechten (Foto 1 und Skizze). Dazu die 4 Rollen nebeneinander legen. Die oberen Teigenden der Rollen etwas zusammendrücken. Teigrolle 4 über Rolle 3, unter Rolle 2 und über Rolle 1 legen. Alle Teigrollen ein wenig nach rechts rücken, dann die äußerste rechte Rolle (3) aufnehmen, über Rolle 2, unter Rolle 1 und über Rolle 4 legen. Dies so oft wiederholen, bis der Zopf fertig geflochten ist, dabei immer von rechts beginnen. Die Teigenden gut zusammendrücken.

4 Das Backblech mit Backpapier belegen, den Zopf darauflegen und den Backofen vorheizen.
Ober-/Unterhitze: etwa 180 °C
Heißluft: etwa 160 °C

5 Eigelb mit Milch verschlagen und den Zopf damit bestreichen. Den Zopf nochmals so lange an einem warmen Ort gehen lassen, bis er sich sichtbar vergrößert hat.

6 Das Backblech auf der mittleren Einschubleiste in den vorgeheizten Backofen schieben. Den Hefezopf **etwa 30 Minuten backen.**

7 Den Hefezopf mit dem Backpapier auf einen Kuchenrost ziehen und erkalten lassen.

» **REZEPTVARIANTEN:**

Rosinenzopf
Kneten Sie nach der ersten Teiggehzeit 200 g Rosinen kurz unter den Teig.

Hefezopf mit exotischen Trockenfrüchten (Foto links)
Kneten Sie auch 200 g exotische Trockenfrüchte, grob gehackt, nach der ersten Teiggehzeit kurz unter den Teig.

HEFETEIG

Mohnstriezel

BELIEBT – GEFRIERGEEIGNET (ETWA 20 STÜCKE)

Zubereitungszeit:
etwa 60 Minuten,
ohne Teiggehzeit
Backzeit: etwa 60 Minuten

Für das Backblech:
Backpapier

Für den Hefeteig:
200 ml Wasser
150 g Butter oder Margarine
500 g Weizenmehl
1 Pck. Dr. Oetker
Trockenbackhefe
75 g Zucker, 1 Pck. Dr. Oetker
Vanillin-Zucker

Für die Füllung:
300 g Mohnsamen
400 ml Milch
1 Pck. Dr. Oetker Pudding-
Pulver Vanille-Geschmack
100 ml Milch
2 Eier (Größe M)
75 g Zucker, 75 g Zwieback

Für die Streusel:
100 g Weizenmehl
100 g gehobelte Mandeln
100 g Zucker
100 g weiche Butter

Zum Aprikotieren:
4 EL Aprikosenkonfitüre
1 EL Wasser

Für den Guss:
100 g Puderzucker
2–3 EL Wasser

Pro Stück:
E: 9 g, F: 20 g, Kh: 50 g,
kJ: 1808, kcal: 432, BE: 4,0

1 Für den Teig das Wasser in einem kleinen Topf erwärmen. Die Butter oder Margarine darin zerlassen.

2 Mehl in einer Rührschüssel mit Trockenbackhefe sorgfältig vermischen. Übrige Zutaten und die Wasser-Fett-Mischung hinzufügen und die Zutaten mit einem Handrührgerät (Knethaken) kurz auf niedrigster, dann auf höchster Stufe in etwa 5 Minuten zu einem glatten Teig verarbeiten. Den Teig zugedeckt so lange an einem warmen Ort gehen lassen, bis er sich sichtbar vergrößert hat.

3 Für die Füllung Mohn mit Milch in einem Topf kurz aufkochen, den Topf von der Kochstelle nehmen und den Mohn etwa 10 Minuten quellen lassen. Pudding-Pulver mit Milch anrühren, mit Eiern und Zucker unter die Mohnmasse geben, nochmals kurz unter Rühren aufkochen und dann abkühlen lassen. Zwieback in einen Gefrierbeutel geben, ihn verschließen und den Zwieback mit einer Teigrolle zerbröseln. Die feinen Brösel unter die Mohnmasse heben.

4 Das Backblech mit Backpapier belegen und den Backofen vorheizen.
Ober-/Unterhitze: etwa 180 °C
Heißluft: etwa 160 °C

5 Den Teig leicht mit Mehl bestäuben, aus der Schüssel nehmen, auf der leicht bemehlten Arbeitsfläche nochmals kurz durchkneten und zu einem Rechteck (etwa 40 x 30 cm) ausrollen.

6 Die Mohnfüllung darauf verstreichen, dabei an den Rändern 1 cm frei lassen. Den Teig von der längeren Seite aus locker aufrollen und mit der Naht nach oben auf das Backblech legen.

7 Für die Streusel Mehl in eine Rührschüssel geben und mit Mandeln, Zucker und weicher Butter mit dem Handrührgerät (Rührbesen) zu Streuseln von gewünschter Größe verarbeiten.

8 Striezel mit etwas Wasser bestreichen, mit Streuseln bestreuen und die Streusel andrücken. Den Striezel nochmals gehen lassen, bis er sich sichtbar vergrößert hat. Das Backblech im unteren Drittel in den vorgeheizten Backofen schieben und den Mohnstriezel etwa **60 Minuten backen**.

9 Zum Aprikotieren Konfitüre mit Wasser unter Rühren etwas einkochen lassen. Den Striezel nach dem Backen sofort damit bestreichen und auf einem Kuchenrost erkalten lassen.

10 Für den Guss Puderzucker sieben, mit Wasser zu einem dickflüssigen Guss verrühren und den Striezel damit bestreichen.

HEFETEIG

Apfel-, Streusel- oder Pflaumenkuchen

BELIEBT – TRADITIONELL (ETWA 20 STÜCKE)

Zubereitungszeit:
etwa 35 Minuten,
ohne Teiggehzeit
Backzeit: etwa 25 Minuten

Für das Backblech (40 x 30 cm):
etwas Fett

Für den Hefeteig:
200 ml Milch
50 g Butter oder Margarine
375 g Weizenmehl
1 Pck. Dr. Oetker Trockenbackhefe
50 g Zucker, 1 Pck. Dr. Oetker Vanillin-Zucker
1 Prise Salz, 1 Ei (Größe M)

Für den Apfelkuchen:
etwa 1 ½ kg säuerliche Äpfel,
20 g gestiftelte Mandeln
20 g Rosinen
Zum Aprikotieren:
gut 3 EL Aprikosenkonfitüre
1 EL Wasser

oder

Für den Streuselkuchen:
300 g Weizenmehl
150 g Zucker, 1 Pck. Dr. Oetker Vanillin-Zucker
175 g weiche Butter oder Margarine
Außerdem:
25 g Butter

oder

Für den Pflaumenkuchen:
2 ½ kg Pflaumen
etwas Zucker

1 Für den Teig die Milch in einem kleinen Topf erwärmen. Butter oder Margarine darin zerlassen.

2 Mehl in einer Rührschüssel mit Trockenbackhefe sorgfältig vermischen. Übrige Zutaten und die warme Milch-Fett-Mischung hinzufügen und die Zutaten mit einem Handrührgerät (Knethaken) kurz auf niedrigster, dann auf höchster Stufe in etwa 5 Minuten zu einem glatten Teig verarbeiten.

3 Den Teig zugedeckt so lange an einem warmen Ort gehen lassen, bis er sich sichtbar vergrößert hat. Das Backblech fetten.

4 Den Teig leicht mit Mehl bestäuben, aus der Schüssel nehmen, auf der leicht bemehlten Arbeitsfläche nochmals kurz durchkneten und zu einer Rolle formen. Den Teig auf dem Backblech ausrollen und zu Apfel-, Streusel- oder Pflaumenkuchen weiterverarbeiten.

5 Den Backofen vorheizen.
Ober-/Unterhitze: etwa 200 °C
Heißluft: etwa 180 °C

a Für den **Apfelkuchen** Äpfel schälen, vierteln, entkernen und in dicke Spalten schneiden. Die Apfelspalten auf dem Teig verteilen, mit Mandeln und Rosinen bestreuen. Den Teig nochmals so lange an einem warmen Ort gehen lassen, bis er sich sichtbar vergrößert hat. Das Backblech auf mittlerer Einschubleiste in den vorgeheizten Backofen schieben.

Den Kuchen **etwa 25 Minuten backen**. Zum Aprikotieren Konfitüre durch ein Sieb streichen und mit Wasser unter Rühren aufkochen. Den Apfelkuchen sofort nach dem Backen damit bestreichen und auf dem Backblech auf einem Kuchenrost erkalten lassen.

b Für den **Streuselkuchen** Mehl mit Zucker, Vanillin-Zucker und weicher Butter oder Margarine mit Handrührgerät (Rührbesen) zu Streuseln von gewünschter Größe verarbeiten. Butter zerlassen und den Hefeteig damit bestreichen. Die Streusel darauf verteilen. Den Teig nochmals so lange an einem warmen Ort gehen lassen, bis er sich sichtbar vergrößert hat. Das Backblech auf mittlerer Einschubleiste in den vorgeheizten Backofen schieben und **etwa 15 Minuten** backen. Das Backblech auf einen Kuchenrost stellen. Den Kuchen darauf erkalten lassen.

c Für den **Pflaumenkuchen** Pflaumen abspülen, gut abtropfen lassen, abtrocknen, entsteinen, evtl. einschneiden und dachziegelartig mit der Innenseite nach oben auf den Teig legen. Den Teig nochmals so lange an einem warmen Ort gehen lassen, bis er sich sichtbar vergrößert hat. Das Backblech auf mittlerer Einschubleiste in den vorgeheizten Backofen schieben, **etwa 25 Minuten backen**. Kuchen auf dem Backblech auf einem Kuchenrost erkalten lassen. Den leicht abgekühlten Pflaumenkuchen mit etwas Zucker bestreuen.

HEFETEIG

Pro Stück Apfelkuchen:
E: 3 g, F: 4 g, Kh: 28 g,
kJ: 690, kcal: 165, BE: 2,5

Pro Stück Streuselkuchen:
E: 4 g, F: 12 g, Kh: 36 g,
kJ: 1129, kcal: 270, BE: 3,0

Pro Stück Pflaumenkuchen:
E: 3 g, F: 3 g, Kh: 30 g,
kJ: 725, kcal: 174, BE: 2,5

HEFETEIG

Vanille-Kirsch-Kuchen

ETWAS AUFWÄNDIGER (ETWA 20 STÜCKE)

Zubereitungszeit:
etwa 60 Minuten,
ohne Teiggehzeit
Backzeit: etwa 35 Minuten

Für das Backblech (40 x 30 cm):
etwas Fett

Für die Füllung:
2 Gläser Sauerkirschen
(Abtropfgewicht je 350 g)
2 Pck. Dr. Oetker Pudding-
Pulver Vanille-Geschmack
50 g Zucker
2 Eigelb (Größe M)
750 ml (¾ l) Milch
3 Eiweiß (Größe M)
2 Becher (je 125 g)
Crème double

Für den Hefeteig:
375 g Weizenmehl
1 Pck. Dr. Oetker
Trockenbackhefe
50 g Zucker
1 Pck. Dr. Oetker
Vanillin-Zucker
1 Prise Salz
50 g weiche Butter
oder Margarine
1 Becher (150 g) Crème fraîche
2 Eier (Größe M)

Außerdem:
1 Eigelb (Größe M)
1 EL Milch
etwas Zimt-Zucker
50 g gehobelte Mandeln

Pro Stück:
E: 6 g, F: 15 g, Kh: 32 g,
kJ: 1217, kcal: 292, BE: 2,5

1 Für die Füllung Kirschen in einem Sieb gut abtropfen lassen. Für den Pudding die beiden Päckchen Pudding-Pulver mit Zucker, Eigelb und etwa 100 ml von der Milch glatt rühren. Übrige Milch zum Kochen bringen, von der Kochstelle nehmen, angerührtes Pudding-Pulver einrühren. Pudding unter Rühren mindestens 1 Minute kochen lassen. Eiweiß steif schlagen, sofort unter den heißen Pudding rühren und etwas abkühlen lassen. Crème double unterrühren und den Pudding erkalten lassen, dabei gelegentlich umrühren.

2 Für den Teig Mehl in einer Rührschüssel mit Trockenbackhefe sorgfältig vermischen. Übrige Zutaten für den Teig hinzufügen und alles mit einem Handrührgerät (Knethaken) kurz auf niedrigster, dann auf höchster Stufe in etwa 5 Minuten zu einem glatten Teig verarbeiten. Den Teig zugedeckt an einem warmen Ort so lange gehen lassen, bis er sich sichtbar vergrößert hat.

3 Das Backblech fetten und den Backofen vorheizen.
Ober-/Unterhitze: etwa 180 °C
Heißluft: etwa 160 °C

4 Den Teig leicht mit Mehl bestäuben, aus der Schüssel nehmen und auf der Arbeitsfläche nochmals kurz durchkneten.

5 Die Hälfte des Teiges auf dem Backblech ausrollen und mit dem Pudding bestreichen.

6 Kirschen darauf verteilen (Foto 1), den übrigen Teig in Größe des Backblechs ausrollen, auf die Kirschen legen (Foto 2) und an den Rändern mithilfe einer Teigkarte andrücken.

7 Eigelb mit Milch verschlagen, die Teigdecke mithilfe eines Backpinsels mit der Eiermilch bestreichen, mit Zimt-Zucker und Mandeln bestreuen. Den Teig nochmals so lange an einem warmen Ort gehen lassen, bis er sich sichtbar vergrößert hat.

8 Das Backblech im unteren Drittel in den vorgeheizten Backofen schieben. Den Kuchen etwa **35 Minuten backen**.

9 Den Kuchen auf dem Backblech auf einem Kuchenrost erkalten lassen.

» REZEPTVARIANTE:

Schoko-Kirsch-Kuchen (Foto 3)
Schokoladen-Fans können die Füllung statt mit Pudding-Pulver Vanille-Geschmack mit 2 Päckchen Dr. Oetker Pudding-Pulver Schokoladen-Geschmack zubereiten.

HEFETEIG

Streuselkuchen aus Thüringen

RAFFINIERT (ETWA 20 STÜCKE) IM FOTO VORN

Zubereitungszeit:
etwa 35 Minuten,
ohne Teiggeh- und Kühlzeit
Backzeit: etwa 20 Minuten

Für das Backblech (40 x 30 cm):
etwas Fett

Für den Hefeteig:
200 ml Milch
50 g Butter oder Margarine
375 g Weizenmehl
1 Pck. Dr. Oetker Trockenbackhefe
50 g Zucker
1 Pck. Dr. Oetker Vanillin-Zucker
1 Ei (Größe M)

Zum Bestreichen:
20 g Butter

Für die Streusel:
300 g Weizenmehl
150 g Zucker, 1 Pck. Dr. Oetker Vanillin-Zucker
200 g weiche Butter oder Margarine
10 g Kakaopulver

Zum Beträufeln:
125 ml (⅛ l) Milch
60 g Butter

Zum Bestreichen und Bestäuben:
100 g Butter
50 g Puderzucker

Pro Stück:
E: 5 g, F: 20 g, Kh: 39 g,
kJ: 1477, kcal: 353, BE: 3,0

1. Für den Teig die Milch in einem kleinen Topf erwärmen. Butter oder Margarine darin zerlassen.

2. Mehl in einer Rührschüssel mit Trockenbackhefe sorgfältig vermischen. Übrige Zutaten und die warme Milch-Fett-Mischung hinzufügen und die Zutaten mit einem Handrührgerät (Knethaken) kurz auf niedrigster, dann auf höchster Stufe in etwa 5 Minuten zu einem glatten Teig verarbeiten. Den Teig zugedeckt so lange an einem warmen Ort gehen lassen, bis er sich sichtbar vergrößert hat.

3. Das Backblech fetten und den Backofen vorheizen.
Ober-/Unterhitze: etwa 200 °C
Heißluft: etwa 180 °C

4. Den Teig leicht mit Mehl bestäuben, aus der Schüssel nehmen, auf der leicht bemehlten Arbeitsfläche nochmals kurz durchkneten und zu einer Rolle formen. Teig auf dem Backblech ausrollen. Butter zerlassen, den Teig damit bestreichen.

5. Für die Streusel Mehl mit Zucker, Vanillin-Zucker und weicher Butter oder Margarine in eine Rührschüssel geben. Die Zutaten mit einem Handrührgerät (Rührbesen) zu Streuseln von gewünschter Größe verarbeiten. Die Hälfte der Streusel großzügig auf dem Teig verteilen. Unter die restlichen Streusel Kakaopulver arbeiten und die Lücken damit füllen, sodass ein schwarz-weißes Muster entsteht.

6. Den Teig nochmals an einem warmen Ort gehen lassen, bis er sich sichtbar vergrößert hat. Das Backblech auf mittlerer Einschubleiste in den vorgeheizten Backofen schieben und den Kuchen **etwa 20 Minuten backen**.

7. Zum Beträufeln die Milch erhitzen. Butter darin zerlassen. Den noch heißen Kuchen damit beträufeln. Den Kuchen auf dem Backblech auf einem Kuchenrost erkalten lassen.

8. Zum Bestreichen Butter zerlassen, den Kuchen damit bestreichen und mit Puderzucker bestäuben.

» **REZEPTVARIANTE:**
Kokoskuchen aus Thüringen
(im Foto hinten)
Bereiten Sie wie im Rezept angegeben (bis einschließlich Punkt 4), den Hefeteig vor. Für den Kokosbelag zerlassen Sie in einem Topf 200 g Butter. Geben 150 g Zucker und 1 Päckchen Dr. Oetker Vanillin-Zucker hinzu und lassen alles kurz aufkochen. Dann 200 g Kokosraspel hinzufügen, unter Rühren leicht bräunen lassen. Den Kokosbelag erkalten lassen, dann 3 Eier (Größe M) unterrühren. Kokosbelag auf dem Hefeteig verstreichen. Backen Sie den Kuchen bei der angegebenen Backofentemperatur etwa 25 Minuten. Bestreichen Sie den noch heißen Kuchen mit 150 ml erhitzter Milch. Kuchen erkalten lassen. Nach Belieben den Kuchen mit 50 g geschmolzener Schokolade besprenkeln.

HEFETEIG

Bienenstich

BELIEBT (ETWA 20 STÜCKE)

Zubereitungszeit:
etwa 50 Minuten,
ohne Teiggehzeit
Backzeit: etwa 15 Minuten

Für das Backblech (40 x 30 cm)
mit hohem Rand (etwa 2 cm):
etwas Fett

Für den Hefeteig:
200 ml Milch
50 g Butter oder Margarine
375 g Weizenmehl
1 Pck. Dr. Oetker
Trockenbackhefe
50 g Zucker
1 Pck. Dr. Oetker
Vanillin-Zucker
1 Prise Salz
1 Ei (Größe M)

Für den Belag:
150 g Butter
100 g Zucker
1 Pck. Dr. Oetker
Vanillin-Zucker
1–2 EL Honig
4 EL Schlagsahne
200 g gehobelte Mandeln

Für die Füllung:
2 Pck. Dr. Oetker Pudding-
Pulver Vanille-Geschmack
750 ml (¾ l) Milch
100 g Zucker
100 g Butter

Pro Stück:
E: 6 g, F: 21 g, Kh: 34 g,
kJ: 1477, kcal: 353, BE: 3,0

1 Für den Teig die Milch in einem kleinen Topf erwärmen. Butter oder Margarine darin zerlassen.

2 Mehl in einer Rührschüssel mit Trockenbackhefe sorgfältig vermischen. Übrige Teigzutaten und die warme Milch-Fett-Mischung hinzufügen und die Zutaten mit einem Handrührgerät (Knethaken) kurz auf niedrigster, dann auf höchster Stufe in etwa 5 Minuten zu einem glatten Teig verarbeiten. Den Teig zugedeckt an einem warmen Ort so lange gehen lassen, bis er sich sichtbar vergrößert hat.

3 Für den Belag Butter mit Zucker, Vanillin-Zucker, Honig und Sahne unter Rühren langsam erhitzen, kurz aufkochen lassen. Mandeln unterrühren. Masse abkühlen lassen, dabei ab und zu umrühren.

4 Das Backblech fetten und den Backofen vorheizen.
Ober-/Unterhitze: etwa 200 °C
Heißluft: etwa 180 °C

5 Den Teig leicht mit Mehl bestäuben, auf der leicht bemehlten Arbeitsfläche nochmals kurz durchkneten, zu einer Rolle formen und auf dem Backblech ausrollen. Belag auf dem Teig verstreichen. Teig nochmals so lange gehen lassen, bis er sich sichtbar vergrößert hat.

6 Das Backblech auf mittlerer Einschubleiste in den vorgeheizten Backofen schieben. Gebäckplatte **etwa 15 Minuten backen**.

7 Die Gebäckplatte auf dem Backblech auf einem Kuchenrost erkalten lassen. Dann die Gebäckplatte vom Backblech auf die Arbeitsfläche rutschen lassen. Die Platte senkrecht vierteln (Foto 1) und jedes Viertel einmal waagerecht durchschneiden (Foto 2).

8 Für die Füllung aus Pudding-Pulver, Milch und Zucker nach Packungsanleitung, aber mit nur 750 ml (¾ l) Milch einen Pudding zubereiten. Butter im heißen Pudding verrühren. Die Creme kalt stellen, dabei gelegentlich durchrühren. Die Gebäckhälften mit der erkalteten Creme füllen (Foto 3).

» **REZEPTVARIANTE:**
Kokosbienenstich mit Karamellcreme
Ersetzen Sie die Mandeln für den Belag durch 200 g Kokosraspel. Die Füllung bereiten Sie wie folgt zu: 3 Päckchen Gala Karamell-Pudding-Pulver mit 125 g Zucker mischen. Nach und nach mit mindestens 100 ml von 750 ml (¾ l) Milch und 250 g Schlagsahne glatt rühren. Die übrige Milch-Sahne-Mischung aufkochen, von der Kochstelle nehmen, angerührtes Pulver einrühren. Den Pudding unter Rühren mindestens 1 Minute kochen lassen. Den Pudding in eine Rührschüssel geben, mit Frischhaltefolie bedecken und erkalten lassen.
Erkalteten Pudding mit dem Handrührgerät (Rührbesen) gut durchrühren und den Kuchen, wie beschrieben, damit füllen.

HEFETEIG

Holzfäller-Schnitten

FÜR KINDER (ETWA 20 STÜCKE)

Zubereitungszeit:
etwa 40 Minuten,
ohne Teiggehzeit
Backzeit: etwa 50 Minuten

**Für das Backblech (40 x 30 cm)
mit hohem Rand (etwa 2 cm):**
etwas Fett

Für den Hefeteig:
175 ml Milch
75 g Butter oder Margarine
375 g Weizenmehl
1 Pck. Dr. Oetker
Trockenbackhefe
100 g Zucker
1 Prise Salz

Für den Belag:
1 Pck. Dr. Oetker Pudding-
Pulver Vanille-Geschmack
100 g Zucker
500 ml (½ l) Milch
4 Eigelb (Größe M)
750 g Magerquark
50 g Speisestärke
4 Eiweiß (Größe M)
100 g gestiftelte Mandeln

Zum Bestäuben:
2 EL Puderzucker

Pro Stück:
E: 10 g, F: 9 g, Kh: 31 g,
kJ: 1058, kcal: 253, BE: 2,5

1 Für den Teig die Milch in einem kleinen Topf erwärmen. Butter oder Margarine darin zerlassen.

2 Mehl in einer Rührschüssel mit Trockenbackhefe sorgfältig vermischen. Übrige Zutaten und die warme Milch-Fett-Mischung hinzufügen und die Zutaten mit einem Handrührgerät (Knethaken) kurz auf niedrigster, dann auf höchster Stufe in etwa 5 Minuten zu einem glatten Teig verarbeiten. Den Teig zugedeckt so lange an einem warmen Ort gehen lassen, bis er sich sichtbar vergrößert hat.

3 Das Backblech fetten und den Backofen vorheizen.
Ober-/Unterhitze: etwa 180 °C
Heißluft: etwa 160 °C

4 Den Teig leicht mit Mehl bestäuben, aus der Schüssel nehmen, auf der leicht bemehlten Arbeitsfläche nochmals kurz durchkneten, zu einer Rolle formen und auf dem Backblech ausrollen.

5 Für den Belag aus Pudding-Pulver, Zucker und Milch nach Packungsanleitung einen Pudding zubereiten und etwas abkühlen lassen. Eigelb, Quark und Speisestärke unterrühren. Eiweiß sehr steif schlagen und vorsichtig unterheben. Die Masse auf dem Teig verstreichen und mit den Mandeln bestreuen.

6 Das Backblech im unteren Drittel in den vorgeheizten Backofen schieben und den Kuchen **etwa 50 Minuten backen.**

7 Den gebackenen Kuchen auf dem Backblech auf einem Kuchenrost erkalten lassen und anschließend mit Puderzucker bestäuben.

TIPP » Wenn Sie kein Backblech mit einem hohen Rand zur Verfügung haben, können Sie den Kuchen auch in einer Fettpfanne (40 x 30 cm) zubereiten oder Sie können auch einen Backrahmen in der Größe des Backbleches auf ein normales Backblech stellen.

HEFETEIG

Butterkuchen

EINFACH (ETWA 20 STÜCKE)

Zubereitungszeit: etwa 20 Minuten, ohne Teiggehzeit
Backzeit: etwa 15 Minuten

Für das Backblech (40 x 30 cm):
etwas Fett

Für den Hefeteig:
200 ml Milch
50 g Butter
375 g Weizenmehl
1 Pck. Dr. Oetker Trockenbackhefe
50 g Zucker
1 Pck. Dr. Oetker Vanillin-Zucker
1 Prise Salz
1 Ei (Größe M)

Für den Belag:
100 g kalte Butter
75 g Zucker
1 Pck. Dr. Oetker Vanillin-Zucker
100 g gehobelte Mandeln

Pro Stück:
E: 4 g, F: 10 g, Kh: 22 g,
kJ: 817, kcal: 195, BE: 2,0

1 Für den Teig die Milch in einem kleinen Topf erwärmen und die Butter darin zerlassen.

2 Mehl in einer Rührschüssel mit Trockenbackhefe sorgfältig vermischen. Übrige Zutaten für den Teig und die warme Milch-Butter-Mischung hinzufügen und alles mit einem Handrührgerät (Knethaken) kurz auf niedrigster, dann auf höchster Stufe in etwa 5 Minuten zu einem glatten Teig verarbeiten. Den Teig zugedeckt so lange an einem warmen Ort gehen lassen, bis er sich sichtbar vergrößert hat.

3 Das Backblech fetten und den Backofen vorheizen.
Ober-/Unterhitze: etwa 200 °C
Heißluft: etwa 180 °C

4 Den Teig leicht mit Mehl bestäuben, aus der Schüssel nehmen und auf der leicht bemehlten Arbeitsfläche nochmals kurz durchkneten. Den Teig auf dem Backblech ausrollen.

5 Für den Belag mithilfe eines Kochlöffelstiels leichte Vertiefungen in den Teig drücken und Butter in Flöckchen gleichmäßig auf den Teig setzen. Zucker mit Vanillin-Zucker mischen, daraufstreuen und die Mandeln gleichmäßig darauf verteilen. Den Teig nochmals so lange an einem warmen Ort gehen lassen, bis er sich sichtbar vergrößert hat.

6 Das Backblech auf der mittleren Einschubleiste in den vorgeheizten Backofen schieben und den Kuchen **etwa 15 Minuten backen**.

7 Das Backblech auf einen Kuchenrost stellen und den Kuchen darauf erkalten lassen.

» **REZEPTVARIANTEN:**
Butterkuchen mit Nusskruste
(Foto 1)
Dafür 100 g gehackte Haselnuss- oder Walnusskerne auf dem Hefeteig verteilen. Dann erst Butterflöckchen und Zucker darauf verteilen. Zuletzt träufeln Sie 8 Esslöffel Schlagsahne auf den Teig. Den Teig dann nochmals so lange an einem warmen Ort gehen lassen, bis er sich sichtbar vergrößert hat und wie im Rezept angegeben backen.

Butterkuchen mit Äpfeln (Foto 2)
Schälen, vierteln und entkernen Sie 1½ kg Äpfel (z. B. Elstar). Die Äpfel klein schneiden, mit 4 Esslöffeln Zitronensaft, 2 Esslöffeln Wasser, 75 g Zucker und 1 Päckchen Dr. Oetker Bourbon-Vanille-Zucker zum Kochen bringen, bei schwacher Hitze etwa 15 Minuten dünsten. Die Apfelmasse etwas abkühlen lassen, dann auf dem ausgerollten Teig verteilen. Nach Wunsch noch 100 g Butterflöckchen darauf verteilen. 50 g Zucker mit 1–2 Teelöffeln gemahlenem Zimt mischen und daraufstreuen. Den Teig nochmals so lange an einem warmen Ort gehen lassen, bis er sich sichtbar vergrößert hat. Den Kuchen wie angegeben etwa 25 Minuten backen.

HEFETEIG

Eierschecke

KLASSISCH (ETWA 20 STÜCKE)

Zubereitungszeit:
etwa 40 Minuten, ohne Gehzeit
Backzeit: etwa 30 Minuten

**Für das Backblech (40 x 30 cm)
mit hohem Rand (etwa 2 cm):**
etwas Fett

Für den Hefeteig:
125 ml (⅛ l) Milch
100 g Butter oder Margarine
300 g Weizenmehl
1 Pck. Dr. Oetker Trockenbackhefe
50 g Zucker
1 Pck. Dr. Oetker Vanillin-Zucker
4 Tropfen Zitronen-Aroma (aus dem Röhrchen)
1 Prise Salz
1 Ei (Größe M)

Für den Quarkbelag:
1 Pck. Dr. Oetker Pudding-Pulver Vanille-Geschmack
40 g Zucker
500 ml (½ l) Milch
500 g Magerquark
50 g Rosinen

Für die Eiercreme:
4 Eiweiß (Größe M)
125 g weiche Butter
125 g Zucker
4 Eigelb (Größe M)
15 g Speisestärke

Pro Stück:
E: 8 g, F: 13 g, Kh: 28 g,
kJ: 1106, kcal: 264, BE: 2,5

1 Für den Teig die Milch in einem kleinen Topf erwärmen und die Butter oder Margarine darin zerlassen.

2 Mehl in einer Rührschüssel mit Trockenbackhefe sorgfältig vermischen. Übrige Zutaten und die warme Milch-Fett-Mischung hinzufügen. Die Zutaten für den Teig mit einem Handrührgerät (Knethaken) kurz auf niedrigster, dann auf höchster Stufe in etwa 5 Minuten zu einem glatten Teig verarbeiten. Den Teig zugedeckt so lange an einem warmen Ort gehen lassen, bis er sich sichtbar vergrößert hat.

3 Für den Quarkbelag aus Pudding-Pulver, Zucker und Milch nach Packungsanleitung einen Pudding kochen. Den Pudding in eine Schüssel geben, Frischhaltefolie direkt auf die Oberfläche des Puddings legen und den Pudding erkalten lassen.

4 Das Backblech fetten und den Backofen vorheizen.
Ober-/Unterhitze: etwa 180 °C
Heißluft: etwa 160 °C

5 Quark und Rosinen unter den erkalteten Pudding rühren. Den Teig leicht mit Mehl bestäuben, aus der Schüssel nehmen, auf der leicht bemehlten Arbeitsfläche nochmals kurz durchkneten, zu einer Rolle formen und auf dem Backblech ausrollen. Den Quarkbelag auf den Teig streichen.

6 Für die Eiercreme Eiweiß steif schlagen. Weiche Butter mit Handrührgerät (Rührbesen) geschmeidig rühren. Nach und nach Zucker unterrühren. So lange rühren, bis eine gebundene Masse entsteht. Eigelb nach und nach unterrühren.

7 Den Eischnee auf die Eigelbmasse geben, Speisestärke daraufsieben und beides vorsichtig unterheben. Die Eiercreme auf dem Quarkbelag verteilen und glatt streichen.

8 Das Backblech im unteren Drittel in den vorgeheizten Backofen schieben und den Kuchen **etwa 30 Minuten backen**.

9 Das Backblech auf einen Kuchenrost stellen und den Kuchen darauf erkalten lassen.

TIPPS » Weichen Sie die Rosinen für den Quarkbelag vorher in 2 Esslöffeln Rum ein.
» Wenn Sie kein Backblech mit einem hohen Rand zur Verfügung haben, können Sie den Kuchen auch in einer Fettpfanne (40 x 30 cm) zubereiten oder Sie können auch einen Backrahmen in der Größe des Backbleches auf ein normales Backblech stellen.

HEFETEIG

Zwiebelkuchen vom Blech

PIKANT (ETWA 8 STÜCKE)

Zubereitungszeit: etwa 70 Minuten, ohne Teiggehzeit
Backzeit: etwa 35 Minuten

Für das Backblech (40 x 30 cm) mit hohem Rand (etwa 2 cm):
etwas Fett

Für den Hefeteig:
250 ml (¼ l) Milch
400 g Weizenmehl
1 Pck. Dr. Oetker Trockenbackhefe
1 TL Zucker
1 gestr. TL Salz
6 EL Speiseöl, z. B. Sonnenblumenöl

Für den Belag:
1 ½ kg Gemüsezwiebeln
300 g durchwachsener Speck
4 EL Speiseöl, z. B. Sonnenblumenöl
etwas Salz
frisch gemahlener Pfeffer
1 gestr. TL gemahlener Kümmel
200 g mittelalter Gouda-Käse
4 Eier (Größe M)
1 Becher (150 g) Crème fraîche

Pro Stück:
E: 20 g, F: 36 g, Kh: 40 g,
kJ: 2322, kcal: 566, BE: 3,0

1 Für den Teig Milch in einem kleinen Topf erwärmen. Mehl in einer Rührschüssel mit Trockenbackhefe sorgfältig vermischen. Übrige Zutaten für den Teig und die warme Milch hinzufügen und alles mit einem Handrührgerät (Knethaken) kurz auf niedrigster, dann auf höchster Stufe in etwa 5 Minuten zu einem glatten Teig verarbeiten. Den Teig zugedeckt so lange an einem warmen Ort gehen lassen, bis er sich sichtbar vergrößert hat.

2 Für den Belag Zwiebeln abziehen, vierteln und in dünne Scheiben schneiden. Speck fein würfeln. Speiseöl in einem großen Topf erhitzen, die Zwiebelscheiben hinzufügen, unter Rühren dünsten, die Speckwürfel hinzufügen und kurz mitdünsten, dann mit Salz, Pfeffer und Kümmel würzen. Die Zwiebelmasse etwas abkühlen lassen.

3 Das Backblech fetten und den Backofen vorheizen.
Ober-/Unterhitze: etwa 200 °C
Heißluft: etwa 180 °C

4 Den Teig leicht mit Mehl bestäuben, aus der Schüssel nehmen und auf der leicht bemehlten Arbeitsfläche nochmals kurz durchkneten. Den Teig auf dem Backblech ausrollen und an den Rändern etwas hochdrücken.

5 Käse reiben und mit Eiern und Crème fraîche unter die Zwiebelmasse rühren. Die Zwiebelmasse auf dem Teig verteilen und den Teig nochmals so lange an einem warmen Ort gehen lassen, bis er sich sichtbar vergrößert hat. Das Backblech im unteren Drittel in den vorgeheizten Backofen schieben. Den Zwiebelkuchen **etwa 35 Minuten backen**.

SERVIERTIPP » Den Zwiebelkuchen warm oder kalt servieren.

TIPPS » Der Zwiebelkuchen lässt sich gut am Vortag vorbereiten. Dafür den Hefeteig mit kalten Zutaten zubereiten, Teig dünn mit Öl bestreichen, damit er nicht austrocknet und in der Schüssel mit Frischhaltefolie zugedeckt im Kühlschrank über Nacht gehen lassen. Am nächsten Tag wie unter Punkt 2 beschrieben weiterverarbeiten.
» Sie können den Zwiebelkuchen vor dem Backen mit Kümmelsamen bestreuen.

» REZEPTVARIANTE:
Porreekuchen
Ersetzen Sie die Zwiebeln durch 1 ½ kg Porree (Lauch). Porree putzen, abspülen, abtropfen lassen und in feine Ringe schneiden. Die Porreeringe wie die Zwiebeln mit den Speckwürfeln dünsten und mit Salz, Pfeffer und geriebener Muskatnuss würzen.

HEFETEIG

Mini-Pizza

FÜR GÄSTE (ETWA 4 STÜCK/2 BACKBLECHE)

Zubereitungszeit: etwa 65 Minuten, ohne Teiggehzeit
Backzeit: etwa 20 Minuten je Backblech

Für das Backblech:
Backpapier

Für den Hefeteig:
300 g Weizenmehl
1 Pck. Dr. Oetker Trockenbackhefe
1 TL Zucker
½ TL Salz
2 EL Speiseöl, z. B. Sonnenblumenöl
200 ml warmes Wasser

Für den Belag:
150 g TK-Brokkoliröschen
Salz
200 g kleine Tomaten
4 EL Tomatenketchup
80 g Salami in Scheiben
frisch gemahlener Pfeffer
gerebelter Oregano
200 g geriebener Mozzarella- oder Gouda-Käse

Zum Bestreuen:
einige Basilikumblättchen

Pro Stück:
E: 26 g, F: 24 g, Kh: 66 g,
kJ: 2478, kcal: 592, BE: 5,5

1 Für den Teig Mehl in einer Rührschüssel mit Trockenbackhefe sorgfältig vermischen. Übrige Teigzutaten hinzufügen, alles mit einem Handrührgerät (Knethaken) kurz auf niedrigster, dann auf höchster Stufe in etwa 5 Minuten zu einem glatten Teig verarbeiten. Den Teig zugedeckt so lange an einem warmen Ort gehen lassen, bis er sich sichtbar vergrößert hat.

2 Für den Belag Brokkoliröschen in Salzwasser nach Packungsanleitung garen und abtropfen lassen. Tomaten abspülen, abtrocknen und in Scheiben schneiden, dabei die Stängelansätze herausschneiden.

3 Das Backblech mit Backpapier belegen und den Backofen vorheizen.
Ober-/Unterhitze: etwa 200 °C
Heißluft: etwa 180 °C

4 Den Teig leicht mit Mehl bestäuben, aus der Schüssel nehmen und auf der leicht bemehlten Arbeitsfläche nochmals kurz durchkneten. Den Teig in 4 gleich große Stücke teilen. Die Teigstücke zu Kugeln formen und jeweils zu einer runden Platte (Ø etwa 14 cm) ausrollen.

5 Zwei der Teigplatten auf das Backblech legen und mit der Hälfte des Ketchups bestreichen, dabei am Rand etwa 1 cm frei lassen. Die Hälfte der Salami- und Tomatenscheiben und der Brokkoliröschen auf den beiden Teigplatten verteilen und mit Salz, Pfeffer und Oregano bestreuen.

6 Die Hälfte des geriebenen Käses darauf verteilen und das Backblech im unteren Drittel in den vorgeheizten Backofen schieben. Die Pizzen **etwa 20 Minuten backen**.

7 Die anderen Teigplatten ebenso auf Backpapier vorbereiten. Zum Backen die Pizzen mit dem Backpapier auf das Backblech ziehen (Foto 1) und backen.

8 Zum Bestreuen Basilikum abspülen, trocken tupfen und die Blättchen von den Stängeln zupfen. Blättchen in Streifen schneiden, die Pizzen vor dem Servieren damit bestreuen.

TIPPS » Sie können den Teig auch mit halb Weizenmehl und halb Weizenvollkornmehl zubereiten.
» Bei Heißluft können Sie auch 2 Backbleche auf einmal in den Backofen schieben.

» **REZEPTVARIANTE:**
Mini-Pizza mit vegetarischem Belag (Foto 2)
200 g Doppelrahm-Frischkäse mit 1 gehäuften Teelöffel Senf, etwas Salz und 1 Esslöffel fein gehackten Basilikumblättchen verrühren. 3 Tomaten abspülen, abtrocknen und würfeln, dabei die Stängelansätze herausschneiden. 1 Glas Champignonscheiben (Abtropfgewicht 170 g) abtropfen lassen. 150 g Blauschimmelkäse fein würfeln. Die Teigplatten mit Frischkäsemasse bestreichen, Tomaten, Pilze und Käse darauf verteilen. Pizzen wie angegeben backen.

HEFETEIG

Kräuter-Flammkuchen
HERZHAFTER SNACK (4 SNACKPORTIONEN)

Zubereitungszeit:
etwa 20 Minuten
Backzeit: 10–12 Minuten

Für das Backblech:
Backpapier

Für den Teig:
250 g Weizenmehl
125 ml (⅛ l) Bier
50 ml Wasser
1 TL Salz
1 Msp. Zucker

Für den Belag:
1 Bund gemischte Kräuter
(z. B. Schnittlauch, Petersilie,
Kerbel, Dill, Basilikum)
200 g Cocktailtomaten
1 Becher (150 g) Crème fraîche
Salz
frisch gemahlener Pfeffer

Pro Portion:
E: 8 g, F: 12 g, Kh: 50 g,
kJ: 1480, kcal: 355, BE: 4,0

1 Das Backblech mit Backpapier belegen und den Backofen vorheizen.
Ober-/Unterhitze: etwa 240 °C
Heißluft: etwa 220 °C

2 Für den Teig Mehl in eine Rührschüssel geben. Übrige Zutaten hinzufügen. Die Zutaten mit einem Handrührgerät (Knethaken) kurz auf niedrigster, dann auf höchster Stufe zu einem Teig verarbeiten. Den Teig auf einer leicht bemehlten Arbeitsfläche zu einem großen Oval ausrollen. Teigstück auf das Backblech legen (Foto 1).

3 Das Backblech im unteren Drittel in den vorgeheizten Backofen schieben und den Flammkuchen **10–12 Minuten backen.**

4 Für den Belag Kräuter abspülen und trocken tupfen. Die Spitzen bzw. Blättchen von den Stängeln zupfen. Tomaten abspülen, trocken tupfen, halbieren und die Stängelansätze herausschneiden. Tomaten nach Belieben in Scheiben schneiden.

5 Den Flammkuchen vom Backblech nehmen und noch warm mit Crème fraîche bestreichen (Foto 2). Vorbereitete Kräuter und Tomatenhälften oder -scheiben darauf verteilen (Foto 3), mit Salz und Pfeffer bestreuen. Flammkuchen in Streifen schneiden und lauwarm servieren.

TIPPS » Legen Sie zusätzlich noch abgezogene, halbierte Knoblauchzehen und rote Zwiebelringe auf den Flammkuchen.
» Die im Bier enthaltene Hefe und die Kohlensäure bewirken das Aufgehen des Flammkuchenteiges.

Biskuitteig

Der Biskuitteig mit seiner luftigen Krume eignet sich besonders für Torten und Rollen mit Tortencremes und Früchten. Er wird aus einer locker aufgeschlagenen Eier-Zucker-Masse zubereitet, unter die Mehl kurz untergerührt wird.

> **Backofeneinstellung**
> Am besten gelingt Ihr Biskuitteig, wenn er mit Ober- und Unterhitze gebacken wird – bei Heißluft trocknet der Biskuit stärker aus, sodass Biskuitrollen brechen können.

So bereiten Sie den Biskuitteig zu

Schritt 1: Backform vorbereiten
Fetten Sie mit einem Pinsel Backformboden oder das Backblech an mehreren Stellen mit streichfähiger Margarine oder Butter leicht ein. Bei Springformen fetten Sie nur den Boden (Foto 1), damit der Teig beim Backen am Rand Halt findet und sich keine Kuppel bildet. Belegen Sie dann Backblech oder Backformboden mit Backpapier. Knicken Sie das Papier dann an der schrägen Seite des Backblechs zu einer Falte – die Kante, die so entsteht, verhindert, dass der Teig ausläuft oder der Biskuit am Rand zu dünn wird.

Für den Springformboden stellen Sie die Form auf Backpapier, zeichnen die Form rundherum nach und schneiden den Kreis aus. Diesen auf den Springformboden legen und glatt streichen. Oder legen Sie einen Bogen Backpapier auf den Springformboden und spannen Sie diesen mit dem Springformrand straff ein.

Schritt 2: Eier schaumig schlagen
Geben Sie nach Rezept Eier und evtl. heißes Wasser in eine Rührschüssel und schlagen Sie die Masse mit einem Handrührgerät mit Rührbesen auf höchster Stufe 1 Minute schaumig. Die Zugabe von heißem Wasser, wie in einigen Rezepten angegeben, erhöht das Volumen der aufgeschlagenen Masse.

Schritt 3: Zucker und Vanillin-Zucker mischen und hinzufügen
Mischen Sie Vanillin-Zucker und Zucker, streuen beides in 1 Minute unter Rühren in die Masse ein und schlagen das Gemisch weitere 2 Minuten. Wichtig ist, die angegebene Rührzeit einzuhalten, ist die Rührzeit zu kurz, fehlt das nötige Volumen, rühren Sie zu lang, bekommt die Eiercreme zwar viel Volumen, fällt aber beim Backen wieder zusammen.

Anschließend geben Sie die Aromen oder Gewürze unter die Creme.

Schritt 4: Mehl und Backpulver mischen
Ist zusätzlich zu Mehl und Backpulver Stärke oder Kakaopulver angegeben, mischen Sie die Zutaten gut miteinander und rühren alles auf niedrigster Stufe unter die Eiercreme. Nun können Sie nach Rezept Nusskerne und andere schwere Zutaten kurz unterrühren. Wichtig ist, Mehl und andere schwere Zutaten nur so kurz wie möglich unterzurühren, damit das aufgeschlagene Volumen der Eier-Zucker-Masse nicht verloren geht. Bei Wiener Massen wird zuletzt noch etwas abgekühlte, flüssige Butter untergehoben, dadurch wird der Biskuit noch etwas saftiger und feinporiger.

RATGEBER

Schritt 5: Teig in die Form füllen
Der fertige Biskuitteig sollte gleich nach der Zubereitung in die vorbereitete Form oder auf das Backblech gegeben werden. Am besten nehmen Sie dazu einen Teigschaber. Mit einer Teigkarte oder einem Tortenheber können Sie die Teigoberfläche glatt streichen.

Schritt 6: Biskuitteig backen
Biskuitteig muss sofort nach der Zubereitung gebacken werden, sonst fällt der luftige Teig zusammen. Bevor das Gebäck aus dem Backofen genommen wird, prüfen Sie, ob es gar ist. Dazu brauchen Sie nichts anderes als Ihre flache Hand: Legen Sie sie kurz leicht auf das Gebäck – wenn der Biskuit sich nicht mehr feucht anfühlt und die Krume weich und watteähnlich ist, ist Ihr Biskuit gar. Bei leichtem Drücken kommt die elastische Oberfläche wieder hoch. Bereits zu lange im Ofen war der Biskuit, wenn er trocken und fest ist.

Nach dem Backen lösen Sie den Biskuitboden mit einem Messer vorsichtig vom Springformrand und entfernen den Rand. Stürzen Sie den Boden (Foto 2) auf einen mit Backpapier belegten Kuchenrost, entfernen den Springformboden und lassen das Gebäck mit dem mitgebackenen Backpapier erkalten.
Wenn Sie eine Biskuitplatte auf einem Backblech gebacken haben, stürzen Sie die Platte meist auf einen mit Zucker bestreuten Backpapierbogen und lassen ihn darauf erkalten. Danach ziehen Sie das mitgebackene Backpapier vorsichtig ab.
Übrigens: Eigelbhaltige Teige, wie in diesem Buch, brauchen Sie nicht sofort aufzurollen, denn die erkaltete Biskuitplatte bricht nicht.

Füllen und Verzieren

Schritt 1: Tortenböden waagerecht durchschneiden
Gleichmäßige Tortenböden aus dem Biskuit zu schneiden, ist gar nicht so schwer. Legen Sie den Biskuitboden so auf einen Bogen Papier oder eine Tortenscheibe, dass die Unterseite, die besonders schön glatt ist, nach oben kommt. Ob Sie sich für die Zwirnsfaden-Methode oder den Einsatz eines großen Messers entscheiden, wichtig ist, den Tortenrand vorher mit einem spitzen Messer ringsherum etwa 1 cm tief einzuschneiden (Foto 3), damit die Schichten gleichmäßig dick werden.

Wenn Sie einen Zwirnsfaden verwenden, legen Sie ihn um den Biskuit herum in den Einschnitt, fassen die Enden über Kreuz und ziehen fest an – dabei schneidet der Faden das Gebäck durch (Foto 4).
Übrigens: Am besten lässt sich der Boden teilen, wenn er am Vortag gebacken wurde.
Damit die Tortenbodenschicht nicht bricht, wenn Sie sie abheben, nehmen Sie einen Backpapierbogen oder eine Tortenscheibe zu Hilfe (Foto 5). Knicken Sie dazu das Papier an der vorderen Kante nach unten, damit es fester wird, und schieben es vorsichtig unter die obere Schicht. Das Papier lässt sich leichter unterziehen, wenn Sie mit dem Zeigefinger ab und zu leicht an der oberen Schicht anfassen.
Wenn das Papier untergezogen ist, heben Sie die obere Schicht ab – halten Sie dabei das Papier möglichst waagerecht, damit der Biskuitboden nicht durchbrechen kann.

Wenn Sie zum Schneiden des Biskuits lieber ein Messer nehmen, sollte es länger als der Boden sein. Führen Sie das Messer waagrecht in den Einschnitt und schneiden weiter zur Mitte, während Sie den Boden drehen.

167

BISKUITTEIG

Schritt 2: Tortenböden füllen, zusammensetzen und bestreichen
Zum Füllen eignet sich Konfitüre und/oder Butter- und Sahnecreme. Zum Bestreichen nehmen Sie am besten ein Messer, eine Teigkarte oder einen Tortenheber.
Nachdem Sie den untersten Boden mit Ihrer Füllung bestrichen haben, legen Sie mithilfe des Papiers oder der Tortenscheibe den mittleren Boden darauf. Setzen Sie dabei die einzelnen Böden „Kante auf Kante". Bestreichen Sie nun auch den oberen Boden mit Füllung und legen den nächsten Boden darauf. Wenn alle Böden aufeinander liegen, bestreichen Sie den obersten und den Rand der Torte zunächst dünn mit etwas Füllung, damit die Brösel gebunden werden, und erst dann mit der übrigen Creme. Für das Verteilen der Creme am Rand nehmen Sie am besten ein Messer mit einer breiten Klinge oder eine Palette (Foto 1).

Schritt 3: Tortenrand und Tortenoberfläche verzieren
Ihr verführerisches Aussehen bekommt die Torte durch die Verzierung. Bestreuen Sie den Rand mit Raspelschokolade, gehobelten und gebräunten Mandeln, gemahlenen Nusskernen oder Kokosraspeln. Damit die Raspel am Tortenrand und nicht auf dem Küchenboden landen, geben Sie sie erst ganz dicht an die Torte und schieben sie dann am Rand mit einer Teigkarte oder einem Messer vorsichtig hoch. Teilen Sie die Torte mit einem Tortenteiler oder Messer in die einzelnen Stücke ein. Torteneinteiler gibt es üblicherweise mit 16 und 18 Einteilungen, wenn Sie es lieber „dicker" mögen, teilen Sie mit dem Messer 12 Stücke ein.

Der letzte Schliff
Eine Krönung jeder Torte kann die Verzierung mit dem Spritzbeutel sein. Dazu den Spritzbeutelrand etwa 5 cm nach außen umschlagen. Den Spritzbeutel in einen Rührbecher stellen und etwa zur Hälfte mit Creme füllen. Den Rand wieder hochklappen. Mithilfe einer Teigkarte die Creme vorsichtig nach unten schieben (Foto 2) – so kann die Luft entweichen und der Spritzbeutel lässt sich über der Creme leichter zusammendrehen.
Wird mehr Creme benötigt, können Sie portionsweise nachfüllen. Nehmen Sie den Spritzbeutel senkrecht und halten ihn mit der rechten Hand oben zu. Drücken Sie nun die Creme vorsichtig heraus und führen den Spritzbeutel dabei mit der linken Hand (Foto 3).

> **TIPPS** » Umfassen Sie den Spritzbeutel nicht mit der ganzen Hand, damit die Creme nicht durch die Handwärme flüssig wird.
> » Führen Sie die Tülle bzw. den Tüllenansatz nur mit Daumen und Zeigefinger – so können Sie die Verzierung auch mit mehr Fingerspitzengefühl aufbringen.

Die richtige Aufbewahrung
Sahne- und Cremetorten können 1–2 Tage im Kühlschrank aufbewahrt werden. Soll eine mit Schlagsahne oder Creme verzierte Torte eingefroren werden, empfiehlt es sich, sie erst vorzufrieren und dann zu verpacken, damit die Verzierungen nicht beschädigt werden. Wenn Sie nur hin und wieder von der Torte naschen wollen, frieren Sie das Gebäck portionsweise ein. Es darf einmal aufgetaut, nicht wieder eingefroren werden.

Lagerzeiten: Auch eine tiefgefrorene Torte sollte nach 3, spätestens nach 6 Monaten verzehrt werden. Lassen Sie die Torte oder das Biskuitgebäck im Kühlschrank in der Verpackung auftauen.

BISKUITTEIG

Grundrezept Biskuitteig für die Springform

EINFACH

1 Den Boden der Springform fetten und mit Backpapier belegen. Den Backofen vorheizen.
Ober-/Unterhitze: etwa 180 °C
Heißluft: etwa 160 °C

2 Für den Biskuitteig Eier in einer Rührschüssel mit einem Handrührgerät (Rührbesen) auf höchster Stufe in 1 Minute schaumig schlagen. Zucker mit Vanillin-Zucker mischen, in 1 Minute unter Rühren einstreuen und die Masse weitere 2 Minuten schlagen.

3 Mehl mit Backpulver und Stärke (und evtl. Kakao) mischen und kurz auf niedrigster Stufe unterrühren. Den Teig in der Springform glatt streichen und die Form auf dem Rost im unteren Drittel in den vorgeheizten Backofen schieben. Den Biskuitboden **etwa 25 Minuten backen**.

4 Den Tortenboden aus der Form lösen, auf einen mit Backpapier belegten Kuchenrost stürzen und erkalten lassen. Anschließend das Backpapier vom Tortenboden vorsichtig abziehen.

TIPP » Schneiden Sie den Boden einmal waagerecht durch und füllen Sie ihn mit einer Sahne- oder Buttercreme.

Rezeptvariante: Für einen Nussbiskuit bereiten Sie einen Teig aus 3 Eiern (Größe M), 2 Esslöffeln Wasser, 100 g Zucker, 1 Päckchen Dr. Oetker Vanillin-Zucker, 100 g Weizenmehl, 1 gestrichenen Teelöffel Dr. Oetker Backin und 50 g gemahlenen Haselnusskernen (oder Mandeln) zu und backen Sie den Nussbiskuit wie im Rezept angegeben etwa 30 Minuten.

Zubereitungszeit: etwa 20 Minuten
Backzeit: etwa 25 Minuten

Für die Springform (Ø 26 cm):
etwas Fett, Backpapier

Für den Biskuitteig:
3 Eier (Größe M)
100 g Zucker
1 Pck. Dr. Oetker Vanillin-Zucker
80 g Weizenmehl
1 gestr. TL Dr. Oetker Backin
25 g Speisestärke

Für einen dunklen Teig zusätzlich:
1 EL Kakaopulver

Insgesamt (heller Biskuitboden):
E: 29 g, F: 22 g, Kh: 187 g,
kJ: 4470, kcal: 1067, BE: 15,5

BISKUITTEIG

Schokoladen-Sahne-Torte
GUT VORZUBEREITEN (ETWA 16 STÜCKE)

Zubereitungszeit:
etwa 60 Minuten, ohne Kühlzeit
Backzeit: etwa 22 Minuten

Für die Springform (Ø 26 cm):
etwas Fett, Backpapier

Zum Vorbereiten:
100 g Vollmilchschokolade
100 g Zartbitterschokolade
(45–50 % Kakaobestandteil)
600 g Schlagsahne

Für den Knetteig:
150 g Weizenmehl
40 g Zucker
1 TL Kakaopulver
100 g weiche Butter
oder Margarine

Für den Biskuitteig:
1 Ei (Größe M)
2 EL heißes Wasser
50 g Zucker
1 Pck. Dr. Oetker
Vanillin-Zucker
75 g Weizenmehl
1 Msp. Dr. Oetker Backin

Außerdem:
3 EL Himbeer- oder
Preiselbeerkonfitüre
3 Pck. Dr. Oetker Sahnesteif

Zum Garnieren:
je etwa 30 g geraspelte
Zartbitter- und Vollmilchschokolade oder geschabte
Schokoladenlocken
evtl. etwas Kakaopulver

1 Zum Vorbereiten **am Vortag** für die Schokosahne die Schokolade in Stücke brechen. Die Schlagsahne in einem Topf zum Kochen bringen. Dann den Topf von der Kochstelle nehmen und die Schokoladenstücke unter Rühren in der heißen Sahne schmelzen. Die Schokosahne in eine Rührschüssel gießen. Frischhaltefolie direkt darauflegen, erkalten lassen und über Nacht in den Kühlschrank stellen.

2 Am nächsten Tag für den Knetteig Mehl in einer Rührschüssel mit Zucker und Kakao mischen, Butter oder Margarine hinzufügen. Zutaten mit einem Handrührgerät (Knethaken) zunächst auf niedrigster, dann auf höchster Stufe gut durcharbeiten. Dann den Teig auf der leicht bemehlten Arbeitsfläche zu einer Teigkugel verkneten. Sollte der Teig kleben, ihn in Frischhaltefolie gewickelt eine Zeit lang in den Kühlschrank stellen.

3 Den Boden der Springform fetten. Den Backofen vorheizen.
Ober-/Unterhitze: etwa 180 °C
Heißluft: etwa 160 °C

4 Den Teig auf dem Springformboden ausrollen, mehrmals mit einer Gabel einstechen. Springformrand darumlegen. Die Form auf dem Rost auf mittlerer Einschubleiste in den vorgeheizten Backofen schieben und den Boden **etwa 12 Minuten backen.**

5 Sofort nach dem Backen den Knetteigboden vom Springformboden lösen, aber darauf auf einem Kuchenrost erkalten lassen.

6 Den Knetteigboden auf eine Tortenplatte legen. Den Boden der Springform säubern, fetten und mit Backpapier belegen.

7 Für den Biskuitteig Ei und Wasser in einer Rührschüssel mit einem Handrührgerät (Rührbesen) auf höchster Stufe in 1 Minute schaumig schlagen. Zucker mit Vanillin-Zucker mischen, in 1 Minute unter Rühren einstreuen und die Masse weitere 2 Minuten schlagen. Mehl mit Backpulver mischen und kurz auf niedrigster Stufe unterrühren.

8 Den Teig in der Springform glatt streichen und die Form auf dem Rost in den vorgeheizten Backofen schieben und **bei gleicher Temperatur etwa 10 Minuten backen.**

9 Den Biskuitboden aus der Form lösen, auf einen mit Backpapier belegten Kuchenrost stürzen. Biskuitboden erkalten lassen, mitgebackenes Backpapier abziehen.

10 Den Knetteigboden mit Konfitüre bestreichen. Biskuitboden darauflegen. Schokosahne mit Sahnesteif steif schlagen und kuppelförmig daraufstreichen, dabei auch den Rand mit der Sahne einstreichen. Den Tortenrand und die Mitte der

BISKUITTEIG

Tortenoberfläche mit geraspelter Schokolade oder Schokoladenlocken bestreuen. Die Torte bis zum Servieren in den Kühlschrank stellen. Die Torte evtl. mit etwas Kakaopulver bestäuben.

Pro Stück:
E: 4 g, F: 23 g, Kh: 31 g,
kJ: 1459, kcal: 348, BE: 2,5

BISKUITTEIG

Schwarzwälder Kirschtorte

KLASSISCH – MIT ALKOHOL (ETWA 12 STÜCKE)

Zubereitungszeit:
etwa 75 Minuten, ohne Kühlzeit
Backzeit: etwa 40 Minuten

Für die Springform (Ø 26 cm):
etwas Fett, Backpapier

Für den Biskuitteig:
3 Eier (Größe M)
100 g Zucker, 1 Pck. Dr. Oetker
Vanillin-Zucker
80 g Weizenmehl
1 gestr. TL Dr. Oetker Backin
25 g Speisestärke
10 g Kakaopulver
gut 1 Msp. gemahlener Zimt

Für den Knetteig:
125 g Weizenmehl
10 g Kakaopulver
1 Msp. Dr. Oetker Backin
50 g Zucker, 1 Pck. Dr. Oetker
Vanillin-Zucker
1 Ei (Größe M)
50 g weiche Butter
oder Margarine

Für die Füllung:
1 Glas Sauerkirschen
(Abtropfgewicht 350 g)
250 ml (¼ l) Kirschsaft
(aus dem Glas)
oder
500 g Sauerkirschen
und 75 g Zucker
30 g Speisestärke
etwa 25 g Zucker
etwa 3 EL Kirschwasser

1 Pck. gemahlene Gelatine,
weiß
5 EL kaltes Wasser

1 Den Boden der Springform fetten und mit Backpapier belegen. Den Backofen vorheizen.
Ober-/Unterhitze: etwa 180 °C
Heißluft: etwa 160 °C

2 Für den Teig Eier in einer Rührschüssel mit einem Handrührgerät (Rührbesen) auf höchster Stufe 1 Minute schaumig schlagen. Zucker mit Vanillin-Zucker mischen, unter Rühren in 1 Minute einstreuen, Masse weitere 2 Minuten schlagen. Mehl mit Backpulver, Stärke, Kakao und Zimt mischen, kurz auf niedrigster Stufe unterrühren. Den Teig in der Springform verstreichen, auf dem Rost im unteren Drittel in den vorgeheizten Backofen schieben. Biskuitboden **etwa 25 Minuten backen.**

3 Biskuitboden aus der Form lösen, auf einen mit Backpapier belegten Kuchenrost stürzen, erkalten lassen. Springform säubern, Springformboden fetten.

4 Für den Knetteig Mehl mit Kakaopulver und Backpulver in einer Rührschüssel mischen. Übrige Zutaten für den Knetteig hinzufügen und alles mit einem Handrührgerät (Knethaken) zunächst kurz auf niedrigster, dann auf höchster Stufe zu einem Teig verarbeiten. Den Teig mit den Händen zu einer Kugel formen. Den Teig auf dem Springformboden ausrollen, mehrmals mit einer Gabel in den Teigboden stechen. Springformrand darumlegen.

5 Die Form auf dem Rost im unteren Drittel in den vorgeheizten Backofen schieben und **bei gleicher Temperatur wie den Biskuitteig etwa 15 Minuten backen.**

6 Sofort nach dem Backen den Knetteigboden vom Springformboden lösen, aber darauf auf einem Kuchenrost erkalten lassen. Von dem Biskuitboden das mitgebackene Backpapier vorsichtig abziehen. Den Biskuitboden einmal waagerecht durchschneiden.

7 Für die Füllung Kirschen gut abtropfen lassen, Saft auffangen. 250 ml (¼ l) abmessen oder frische Sauerkirschen abspülen, abtropfen lassen, entstielen, entsteinen, mit Zucker mischen und einige Minuten zum Saftziehen stehen lassen. Frische Kirschen in einem Topf zum Kochen bringen, in einem Sieb abtropfen lassen, den Saft auffangen und erkalten lassen. 250 ml (¼ l) davon abmessen, evtl. mit Wasser ergänzen. Zum Garnieren 12 Kirschen auf Küchenpapier beiseitelegen.

8 Stärke mit Zucker und 4 Esslöffeln von dem Saft anrühren. Übrigen Saft zum Kochen bringen, die angerührte Stärke in den von der Kochstelle genommenen Saft einrühren, kurz aufkochen, Kirschen unterrühren und kalt stellen, mit Kirschwasser abschmecken.

9 Gelatine mit Wasser in einem kleinen Topf anrühren, 5 Minuten

BISKUITTEIG

zum Quellen stehen lassen und unter Rühren erwärmen, bis sie gelöst ist. Sahne fast steif schlagen. Erst etwa 2 Esslöffel der Sahne mit der aufgelösten Gelatine verrühren, dann sofort die Gelatinemasse unter die Sahne schlagen, Sahne steif schlagen. Puderzucker mit Vanillin-Zucker mischen und unterrühren.

10 Knetteigboden auf eine Tortenplatte legen. Kirschmasse daraufstreichen, dabei 1 cm am Rand frei lassen (Foto 1). Ein Drittel der Sahnecreme daraufstreichen. Unteren Biskuitboden darauflegen, leicht andrücken und mit der Hälfte der übrigen Creme bestreichen (Foto 2). Oberen Boden auflegen und leicht andrücken. 3 Esslöffel der Sahnecreme in einen Spritzbeutel mit Sterntülle füllen und beiseitelegen. Tortenoberfläche und -rand mit der übrigen Creme einstreichen, mit der Creme aus dem Spritzbeutel verzieren (Foto 3) und mit Schokolade und beiseite gelegten Kirschen garnieren. Die Torte mindestens 2 Stunden in den Kühlschrank stellen.

800 g gekühlte Schlagsahne
40 g gesiebter Puderzucker
1 Pck. Dr. Oetker Vanillin-Zucker

Zum Verzieren:
geschabte Schokoladenlocken oder geraspelte Schokolade

Pro Stück:
E: 7 g, F: 28 g, Kh: 48 g,
kJ: 2039, kcal: 487, BE: 4,0

BISKUITTEIG

Orangen-Möhren-Torte

ZUM VERSCHENKEN – ZU OSTERN (16 STÜCKE)

Zubereitungszeit:
etwa 60 Minuten, ohne Kühlzeit
Backzeit: etwa 40 Minuten

Für die Springform (Ø 26 cm):
etwas Fett
Backpapier

Für den Biskuitteig:
4 Eier (Größe M)
3 EL heißes Wasser
150 g Zucker
1 Pck. Dr. Oetker Vanillin-Zucker
½ Pck. Dr. Oetker Finesse Orangenschalen-Aroma
100 g Weizenmehl
1 gestr. TL Dr. Oetker Backin
250 g geraspelte Möhren
150 g abgezogene, gemahlene Mandeln

Für die Orangencreme:
4 Blatt weiße Gelatine
1 Pck. Dr. Oetker Pudding-Pulver Vanille-Geschmack
40 g Zucker
250 ml (¼ l) Orangensaft
125 ml (⅛ l) Möhrensaft
400 g gekühlte Schlagsahne
½ Pck. Dr. Oetker Finesse Orangenschalen-Aroma

Zum Garnieren:
30 g Zartbitterschokolade

Pro Stück:
E: 5 g, F: 15 g, Kh: 23 g,
kJ: 1066, kcal: 255, BE: 2,0

1 Den Boden der Springform fetten und mit Backpapier belegen. Den Backofen vorheizen.
Ober-/Unterhitze: etwa 180 °C
Heißluft: etwa 160 °C

2 Für den Teig Eier und Wasser in einer Rührschüssel mit einem Handrührgerät (Rührbesen) auf höchster Stufe in 1 Minute schaumig schlagen. Zucker und Vanillin-Zucker mischen, in 1 Minute einstreuen, dann noch etwa 2 Minuten schlagen. Aroma unterrühren. Mehl mit Backpulver mischen, kurz auf niedrigster Stufe unterrühren. Zuletzt Möhren und Mandeln unterrühren.

3 Den Teig in die Springform füllen. Die Form auf dem Rost auf mittlerer Einschubleiste in den vorgeheizten Backofen schieben. Biskuit **etwa 40 Minuten backen.**

4 Biskuitboden aus der Form lösen, auf einen mit Backpapier belegten Kuchenrost stürzen und erkalten lassen. Mitgebackenes Backpapier abziehen. Biskuitboden einmal waagerecht durchschneiden.

5 Für die Creme Gelatine nach Packungsanleitung einweichen. Pudding nach Packungsanleitung mit Zucker, aber nur mit Orangen- und Möhrensaft zubereiten. Gelatine leicht ausdrücken und in dem heißen Pudding unter Rühren auflösen. Pudding mit Frischhaltefolie bedecken und erkalten lassen.

6 Von der Orangencreme 2 Esslöffel in einen Spritzbeutel mit kleiner Lochtülle geben und beiseitestellen. Sahne steif schlagen, Aroma unterheben. Pudding gut durchrühren, Sahnemasse unterheben.

7 Den unteren Biskuitboden auf eine Platte legen, mit der Hälfte der Orangencreme bestreichen, oberen Biskuitboden darauflegen. Tortenoberfläche und -rand mit der restlichen Orangencreme bestreichen und mit einem Teelöffel Vertiefungen in die Creme drücken (Foto 1). Mit der beiseite gestellten Orangencreme kleine Tuffs aufspritzen.

8 Zum Garnieren Zartbitterschokolade in kleine Stücke brechen, im Wasserbad bei schwacher Hitze schmelzen und dann in einen kleinen Gefrierbeutel geben. Den Beutel verschließen, eine kleine Ecke abschneiden und die Torte am Tortenrand besprenkeln (Foto 2). Die Torte vorsichtig auf eine Tortenplatte umsetzen und 2–3 Stunden in den Kühlschrank stellen.

TIPP » Als „Möhrengrün" Pistazienkerne in Stifte schneiden und in die Orangencreme-Tuffs stecken (Foto 3).

BISKUITTEIG

Cappuccino-Sahne-Torte

FÜR GÄSTE – MIT ALKOHOL (ETWA 16 STÜCKE)

Zubereitungszeit:
etwa 45 Minuten, ohne Kühlzeit
Backzeit: etwa 25 Minuten

Für die Springform (Ø 26 cm):
etwas Fett
Backpapier

Für den Biskuitteig:
3 Eier (Größe M)
100 g Zucker
1 Pck. Dr. Oetker Vanillin-Zucker
80 g Weizenmehl
1 gestr. TL Dr. Oetker Backin
25 g Speisestärke

Für die Füllung:
6 Blatt weiße Gelatine
800 g gekühlte Schlagsahne
2 Portionsbeutel (6 geh. TL) Instant-Cappuccino-Pulver, ungesüßt
3 EL lauwarmes Wasser
50 g Zucker
1 Pck. Dr. Oetker Vanillin-Zucker
gut 1 EL Orangenlikör
2 EL Aprikosenkonfitüre

Zum Garnieren:
50 g Zartbitter-Kuvertüre
etwas Kakaopulver

Pro Stück:
E: 4 g, F: 18 g, Kh: 22 g,
kJ: 1133, kcal: 271, BE: 2,0

1 Den Boden der Springform fetten und mit Backpapier belegen. Den Backofen vorheizen.
Ober-/Unterhitze: etwa 180 °C
Heißluft: etwa 160 °C

2 Für den Teig Eier in einer Rührschüssel mit einem Handrührgerät (Rührbesen) auf höchster Stufe in 1 Minute schaumig schlagen. Zucker mit Vanillin-Zucker mischen, in 1 Minute unter Rühren einstreuen und die Masse weitere 2 Minuten schlagen.

3 Mehl mit Backpulver und Speisestärke mischen und kurz auf niedrigster Stufe unterrühren. Den Teig in der Springform glatt streichen und die Form auf dem Rost im unteren Drittel in den vorgeheizten Backofen schieben. Den Biskuitboden **etwa 25 Minuten backen**.

4 Den Biskuitboden aus der Form lösen, auf einen mit Backpapier belegten Kuchenrost stürzen und erkalten lassen. Anschließend das mitgebackene Backpapier abziehen. Den Biskuitboden einmal waagerecht durchschneiden.

5 Für die Füllung Gelatine nach Packungsanleitung einweichen. Schlagsahne steif schlagen. Cappuccino-Pulver mit Wasser in einem kleinen Topf verrühren. Gelatine leicht ausdrücken und in der Cappuccino-Lösung bei schwacher Hitze unter Rühren auflösen. Zucker und Vanillin-Zucker mischen und unter die Gelatinemischung rühren. Erst etwa 4 Esslöffel der Sahne mit der Gelatinemischung verrühren, dann mit der übrigen Sahne verrühren.

6 Den unteren Biskuitboden auf eine Tortenplatte legen, mit dem Orangenlikör beträufeln und mit Aprikosenkonfitüre bestreichen. Zwei Drittel der Sahnemasse kuppelförmig daraufstreichen (Foto 1). Den oberen Boden auf die Sahnemasse legen und leicht andrücken (Foto 2). Die Torte mit der übrigen Sahnemasse bestreichen und mithilfe eines Esslöffels Vertiefungen in die Sahneoberfläche eindrücken. Die Torte mindestens 2 Stunden in den Kühlschrank stellen.

7 Zum Garnieren Kuvertüre grob hacken, im Wasserbad bei schwacher Hitze unter Rühren schmelzen und in ein Papierspritztütchen oder einen kleinen Gefrierbeutel füllen. Eine kleine Ecke abschneiden und Motive auf Backpapier spritzen. Die Motive fest werden lassen, die Torte damit garnieren und mit Kakaopulver bestäuben.

Abwandlung: Backen Sie den Biskuitteig zusätzlich mit 10 g Kakaopulver. Die Füllung bereiten Sie nach Rezept zu und geben ein Drittel auf den unteren vorbereiteten Boden, den oberen Boden auflegen, darauf ein Drittel der Sahnemasse verstreichen und mit der übrigen Masse die Torte nach Belieben mithilfe eines Spritzbeutels verzieren. Schokolierte Kaffeebohnen auf die Torte setzen und mit Kakaopulver bestäuben.

Buttercremetorte

TRADITIONELL – GEFRIERGEEIGNET (ETWA 16 STÜCKE)

Zubereitungszeit:
etwa 70 Minuten, ohne Kühlzeit
Backzeit: etwa 25 Minuten

Für die Springform (Ø 26 cm):
etwas Fett
Backpapier

Für den Biskuitteig:
4 Eier (Größe M)
125 g Zucker
1 Pck. Dr. Oetker Vanillin-Zucker
100 g Weizenmehl
1 gestr. TL Dr. Oetker Backin
50 g Speisestärke

Für die Schokobuttercreme:
100 g Edelbitterschokolade (etwa 72 % Kakaobestandteil)
1 Pck. Gala Schokoladen-Pudding-Pulver
80 g Zucker, 500 ml (½ l) Milch
300 g weiche Butter
oder

Für die helle Buttercreme:
1 Pck. Dr. Oetker Pudding-Pulver Vanille-, Mandel-, Sahne- oder Karamell-Geschmack
80 g Zucker, 500 ml (½ l) Milch
250 g weiche Butter
oder

Für die Mokkabuttercreme:
1 Pck. Dr. Oetker Pudding-Pulver Schokoladen-Geschmack
80 g Zucker
2 EL Instant-Espresso-Pulver
500 ml (½ l) Milch
250 g weiche Butter

1 Den Boden der Springform fetten und mit Backpapier belegen. Den Backofen vorheizen.
Ober-/Unterhitze: etwa 180 °C
Heißluft: etwa 160 °C

2 Für den Teig Eier in einer Rührschüssel mit einem Handrührgerät (Rührbesen) auf höchster Stufe in 1 Minute schaumig schlagen. Zucker und Vanillin-Zucker mischen, in 1 Minute unter Rühren einstreuen und die Masse weitere 2 Minuten schlagen.

3 Mehl mit Backpulver und Speisestärke mischen und kurz auf niedrigster Stufe unterrühren. Den Teig in der Springform glatt streichen (Foto 1). Die Form auf dem Rost im unteren Drittel in den vorgeheizten Backofen schieben und den Boden **etwa 25 Minuten backen.**

4 Den Boden aus der Form lösen, auf einen mit Backpapier belegten Kuchenrost stürzen und erkalten lassen. Anschließend das mitgebackene Backpapier abziehen (Foto 2) und den Boden zweimal waagerecht durchschneiden.

5 Für die Schokobuttercreme Schokolade in kleine Stücke brechen. Aus Pudding-Pulver, Zucker und Milch nach Packungsanleitung, aber mit 80 g Zucker einen Pudding zubereiten. Schokoladenstückchen unter den heißen Pudding rühren, bis sie geschmolzen sind. Dann den Pudding erkalten lassen (nicht kalt stellen) und gelegentlich umrühren.

Oder für die helle Buttercreme aus Pudding-Pulver, Zucker und Milch nach Packungsanleitung, aber mit 80 g Zucker einen Pudding zubereiten. Den Pudding erkalten lassen (nicht kalt stellen) und gelegentlich umrühren.

Oder für die Mokkabuttercreme aus Pudding-Pulver, Zucker, Instant-Espresso-Pulver und Milch nach Packungsanleitung, aber mit 80 g Zucker einen Pudding zubereiten. Den Pudding erkalten lassen (nicht kalt stellen) und gelegentlich umrühren.

6 Butter mit dem Handrührgerät (Rührbesen) geschmeidig rühren. Den erkalteten Pudding esslöffelweise darunter geben, dabei darauf achten, dass Butter und Pudding Zimmertemperatur haben, da die Buttercreme sonst gerinnt.

7 Unteren Boden auf eine Tortenplatte legen, mit Konfitüre bestreichen, dann mit gut einem Viertel der Buttercreme bestreichen. Zweiten Boden darauflegen, leicht andrücken, mit knapp der Hälfte der restlichen Creme bestreichen, mit dem dritten Boden bedecken und leicht andrücken.

8 Rand und Oberfläche der Torte dünn und gleichmäßig mit einem Teil der zurückgelassenen Creme bestreichen. Die Torte mit der übrigen Creme mithilfe eines Spritzbeutels mit Sterntülle verzieren und nach Belieben evtl. mit Zuckerperlen und Schokolade garnieren.

BISKUITTEIG

TIPPS » Legen Sie zum Abkühlen des Puddings Frischhaltefolie direkt auf die Oberfläche (Foto 3). Es bildet sich keine Haut und der Pudding muss zwischendurch nicht umgerührt werden.

» Den Tortenrand mit gehobelten, gebräunten Mandeln garnieren.
» Wenn Sie die helle Buttercreme mit Karamellpudding zubereiten, können Sie statt weißen Zucker braunen Zucker verwenden.

Zum Bestreichen:
etwa 3 EL Aprikosenkonfitüre

Außerdem:
evtl. einige Zuckerperlen
etwa 30 g geschabte Schokoladenlocken oder geraspelte Schokolade

Pro Stück:
E: 4 g, F: 21 g, Kh: 32 g,
kJ: 1427, kcal: 341, BE: 2,5

BISKUITTEIG

Himbeerschnitten

FRUCHTIG (ETWA 10 STÜCKE)

Zubereitungszeit:
etwa 30 Minuten, ohne Kühlzeit
Backzeit: etwa 10 Minuten

Für das Backblech (40 x 30 cm):
etwas Fett
Backpapier

Zum Vorbereiten:
400 g TK-Himbeeren

Für den Biskuitteig:
3 Eier (Größe M)
100 g Zucker
1 Pck. Dr. Oetker Vanillin-Zucker
80 g Weizenmehl
1 gestr. TL Dr. Oetker Backin
20 g Speisestärke

Für die Füllung:
6 Blatt weiße Gelatine
600 g gekühlte Schlagsahne
75 g gesiebter Puderzucker
1 Pck. Dr. Oetker Vanillin-Zucker

Zum Garnieren:
100 g TK-Himbeeren
50 g geschabte Schokoladenlocken oder Schokoladenröllchen

Pro Stück:
E: 6 g, F: 22 g, Kh: 35 g,
kJ: 1568, kcal: 375, BE: 3,0

1 Zum Vorbereiten die Himbeeren in einem Sieb auftauen lassen. Das Backblech fetten und mit Backpapier belegen. Das Backpapier an der schrägen Seite des Backblechs so zu einer Falte knicken, dass ein Rand entsteht. Backofen vorheizen.
Ober-/Unterhitze: etwa 200 °C
Heißluft: etwa 180 °C

2 Für den Teig Eier in einer Rührschüssel mit einem Handrührgerät (Rührbesen) auf höchster Stufe in 1 Minute schaumig schlagen. Zucker mit Vanillin-Zucker mischen, unter Rühren in 1 Minute einstreuen und die Masse weitere 2 Minuten schlagen. Mehl mit Backpulver und Speisestärke mischen und kurz auf niedrigster Stufe unterrühren.

3 Den Teig auf das Backblech streichen und auf mittlerer Einschubleiste in den vorgeheizten Backofen schieben. Die Biskuitplatte **etwa 10 Minuten backen.**

4 Den Biskuit sofort nach dem Backen am Rand lösen (Foto 1), auf ein mit Zucker bestreutes Backpapier stürzen und erkalten lassen. Dann das mitgebackene Backpapier vorsichtig abziehen (Foto 2).

5 Für die Füllung Gelatine nach Packungsanleitung einweichen. Sahne steif schlagen, Puderzucker und Vanillin-Zucker unterrühren. Gelatine leicht ausdrücken und in einem kleinen Topf bei schwacher Hitze unter Rühren auflösen.

6 Erst 2 Esslöffel der Sahne mit dem Schneebesen mit der aufgelösten Gelatine verrühren, dann unter die übrige Sahne heben. Ein Drittel der Sahne in den Kühlschrank stellen. Unter die übrige Sahne die Früchte heben.

7 Den Biskuit senkrecht halbieren, sodass 2 Platten (etwa 30 x 20 cm) entstehen. Eine Biskuithälfte mit der Himbeersahne bestreichen, die andere darauflegen und mit der kalt gestellten hellen Sahne gleichmäßig bestreichen. Die Seiten glatt streichen und die Kuchenoberfläche nach Belieben mit einem Tortengarnierkamm verzieren. Den Kuchen etwa 2 Stunden in den Kühlschrank stellen.

8 Zum Garnieren die Himbeeren auf Küchenpapier auftauen lassen. Den Kuchen in Schnitten einteilen und jede Schnitte mit Schokoladenlocken oder -röllchen garnieren. Erst kurz vor dem Servieren die Himbeerschnitten mit den Himbeeren garnieren.

TIPPS » Die Schnitten maximal 1 Tag vor dem Verzehr zubereiten.
» Sie können die Himbeercreme mit 2–3 Esslöffeln Cassis-Likör abschmecken.
» Die Himbeerschnitten lassen sich auch mit TK-Johannisbeeren (etwa 350 g) zubereiten.

BISKUITTEIG

Mandarinen-Quark-Schnitten
FÜR KINDER (ETWA 10 STÜCKE)

Zubereitungszeit:
etwa 45 Minuten, ohne Kühlzeit
Backzeit: etwa 10 Minuten

Für das Backblech (40 x 30 cm):
etwas Fett
Backpapier

Für den Biskuitteig:
3 Eier (Größe M)
3 EL heißes Wasser
150 g Zucker
1 Pck. Dr. Oetker
Vanillin-Zucker
100 g Weizenmehl
1 gestr. TL Dr. Oetker Backin
50 g Speisestärke

Für die Füllung:
2 Dosen Mandarinen
(Abtropfgewicht je 175 g)
100 ml Mandarinensaft
(aus der Dose)
6 Blatt weiße Gelatine
500 g Magerquark
150 g Zucker
1 Pck. Dr. Oetker
Vanillin-Zucker
1 Pck. Dr. Oetker Finesse
Geriebene Zitronenschale
2 EL Zitronensaft
200 g gekühlte Schlagsahne

Zum Bestäuben:
etwas Puderzucker

Pro Stück:
E: 11 g, F: 8 g, Kh: 57 g,
kJ: 1488, kcal: 355, BE: 5,0

1 Das Backblech fetten, mit Backpapier belegen. Das Backpapier an der schrägen Seite des Backblechs so zu einer Falte knicken, dass ein Rand entsteht. Backofen vorheizen.
Ober-/Unterhitze: etwa 200 °C
Heißluft: etwa 180 °C

2 Für den Teig Eier und heißes Wasser in einer Rührschüssel mit einem Handrührgerät (Rührbesen) auf höchster Stufe 1 Minute schaumig schlagen. Zucker mit Vanillin-Zucker mischen, unter Rühren in 1 Minute einstreuen und die Masse weitere 2 Minuten schlagen. Mehl mit Backpulver und Speisestärke mischen, kurz auf niedrigster Stufe unterrühren.

3 Den Teig auf das Backblech streichen und auf mittlerer Einschubleiste in den vorgeheizten Backofen schieben. Die Biskuitplatte **etwa 10 Minuten backen**.

4 Die Biskuitplatte sofort nach dem Backen vorsichtig am Rand lösen und auf ein mit Zucker bestreutes Backpapier stürzen, mitgebackenes Backpapier vorsichtig abziehen. Den Biskuit erkalten lassen und anschließend senkrecht halbieren, sodass 2 Platten (etwa 30 x 20 cm) entstehen.

5 Für die Füllung Mandarinen in einem Sieb abtropfen lassen, den Saft dabei auffangen und 100 ml davon abmessen. Gelatine nach Packungsanleitung einweichen.

6 Quark mit Zucker, Vanillin-Zucker, Zitronenschale und Zitronensaft verrühren. Den abgemessenen Mandarinensaft erwärmen. Gelatine leicht ausdrücken und unter Rühren darin auflösen. Erst etwa 4 Esslöffel der Quarkmasse mithilfe eines Schneebesens mit der aufgelösten Gelatine verrühren, dann mit der übrigen Quarkmasse verrühren.

7 Sahne steif schlagen. Wenn die Quarkmasse beginnt dicklich zu werden, Sahne mit den Mandarinen unterheben. Die Füllung auf eine der Biskuithälften streichen, mit der anderen Hälfte bedecken (die Unterseite sollte nach oben zeigen) und leicht andrücken. Die Seiten glatt streichen und das Gebäck etwa 2 Stunden in den Kühlschrank stellen.

8 Vor dem Servieren das Gebäck mit Puderzucker bestäuben.

» **REZEPTVARIANTE:**
Ananas-Quark-Schnitten
Nehmen Sie statt Mandarinen 1 Dose Ananasstücke (Abtropfgewicht 340 g). Die Ananas abtropfen lassen und in kleinere Stücke schneiden. Verwenden Sie keine frische Ananas. Frische Ananas darf nicht zusammen mit Gelatine oder auch Götterspeise verwendet werden, da ein in den rohen Früchten enthaltenes Enzym die Gelierfähigkeit der Gelatine beeinträchtigt bzw. unwirksam macht.

BISKUITTEIG

Joghurtschnitten

ERFRISCHEND (ETWA 20 STÜCKE)

Zubereitungszeit:
etwa 60 Minuten, ohne Kühlzeit
Backzeit: etwa 10 Minuten

Für das Backblech (40 x 30 cm):
etwas Fett
Backrahmen

Für den Biskuitteig:
4 Eier (Größe M)
150 g Zucker
1 Pck. Dr. Oetker
Vanillin-Zucker
150 g Weizenmehl
1 gestr. TL Dr. Oetker Backin

Für den Belag:
etwa 500 g frisches Obst,
z. B. Erdbeeren, Himbeeren,
Weintrauben oder Kirschen
12 Blatt weiße Gelatine
500 g Joghurt
150–200 g gesiebter
Puderzucker (je nach
Süße der Früchte)
1 Pck. Dr. Oetker
Vanillin-Zucker
Saft von 1 ½ Zitronen
400 g gekühlte Schlagsahne
2 Pck. Dr. Oetker Sahnesteif

Zum Bestreichen:
4 EL Aprikosenkonfitüre

Pro Stück:
E: 4 g, F: 9 g, Kh: 31 g,
kJ: 968, kcal: 231, BE: 2,5

1 Das Backblech fetten und den Backofen vorheizen.
Ober-/Unterhitze: etwa 200 °C
Heißluft: etwa 180 °C

2 Für den Teig Eier in einer Rührschüssel mit dem Handrührgerät (Rührbesen) auf höchster Stufe in 1 Minute schaumig schlagen. Zucker mit Vanillin-Zucker mischen, unter Rühren in 1 Minute einstreuen und die Masse weitere 2 Minuten schlagen. Mehl mit Backpulver mischen und kurz auf niedrigster Stufe unterrühren.

3 Den Teig auf das Backblech streichen und das Backblech auf mittlerer Einschubleiste in den vorgeheizten Backofen schieben. Den Kuchenboden **etwa 10 Minuten backen.**

4 Das Backblech auf einen Kuchenrost stellen und den Boden darauf erkalten lassen.

5 Für den Belag Obst evtl. verlesen, abspülen, gut abtropfen lassen, entstielen, evtl. entkernen und klein schneiden. Nach Belieben einige Beeren zum Garnieren beiseitelegen.

6 Gelatine nach Packungsanleitung einweichen. Joghurt mit Puderzucker, Vanillin-Zucker und Zitronensaft verrühren. Gelatine leicht ausdrücken und in einem kleinen Topf bei schwacher Hitze unter Rühren auflösen.

7 Erst etwa 4 Esslöffel von der Joghurtmasse mithilfe eines Schneebesens mit der aufgelösten Gelatine verrühren, dann mit der übrigen Masse verrühren. Sahne mit Sahnesteif steif schlagen. Wenn die Masse beginnt dicklich zu werden, Sahne und Obststücke unterheben.

8 Zum Bestreichen Konfitüre glatt rühren. Biskuitboden mit der Konfitüre bestreichen und den Backrahmen darumstellen. Die Joghurtfruchtmasse auf dem Boden verstreichen und etwa 2 Stunden in den Kühlschrank stellen.

9 Vor dem Servieren den Backrahmen mit einem Messer vorsichtig lösen und entfernen. Den Kuchen in Schnitten schneiden und nach Belieben mit den beiseite gelegten Beeren garnieren.

TIPPS » Die Schnitten maximal 1 Tag vor dem Verzehr zubereiten. » Sie können auch Obst aus der Dose (Abtropfgewicht etwa 480 g) verwenden.

BISKUITTEIG

Zitronen-Sahne-Rolle

ERFRISCHEND (ETWA 16 STÜCKE)

Zubereitungszeit:
etwa 45 Minuten, ohne Kühlzeit
Backzeit: etwa 10 Minuten

Für das Backblech (40 x 30 cm):
etwas Fett
Backpapier

Für den Biskuitteig:
4 Eier (Größe M)
1 Eigelb (Größe M)
80 g Zucker
1 Pck. Dr. Oetker Vanillin-Zucker
80 g Weizenmehl
½ gestr. TL Dr. Oetker Backin

Für die Füllung:
4 Blatt weiße Gelatine
400 g gekühlte Schlagsahne
4 EL Zitronensaft
70 g gesiebter Puderzucker
1 Pck. Dr. Oetker Finesse Geriebene Zitronenschale

Außerdem:
Puderzucker

Pro Stück:
E: 3 g, F: 10 g, Kh: 17 g,
kJ: 720, kcal: 172, BE: 1,5

1 Das Backblech fetten, mit Backpapier belegen. Das Backpapier an der schrägen Seite des Backblechs so zu einer Falte knicken, dass ein Rand entsteht. Backofen vorheizen.
Ober-/Unterhitze: etwa 200 °C

2 Für den Teig Eier und Eigelb in einer Rührschüssel mit einem Handrührgerät (Rührbesen) auf höchster Stufe in 1 Minute schaumig schlagen. Zucker mit Vanillin-Zucker mischen, in 1 Minute unter Rühren einstreuen und die Masse weitere 2 Minuten schlagen.

3 Mehl mit Backpulver mischen und kurz auf niedrigster Stufe unterrühren. Den Teig gleichmäßig auf das Backblech streichen. Das Backblech auf mittlerer Einschubleiste in den vorgeheizten Backofen schieben. Die Biskuitplatte **etwa 10 Minuten backen**.

4 Den Biskuit sofort nach dem Backen vom Rand lösen, auf ein mit Zucker bestreutes Backpapier stürzen und mit dem Backpapier erkalten lassen.

5 Für die Füllung Gelatine nach Packungsanleitung einweichen. Schlagsahne fast steif schlagen. Gelatine leicht ausdrücken und in einem kleinen Topf unter Rühren bei schwacher Hitze auflösen. Zitronensaft, Puderzucker und Zitronenschale unter die aufgelöste Gelatine rühren.

6 Erst etwa 2 Esslöffel der Sahne mithilfe eines Schneebesens mit der Gelatinemischung verrühren, dann sofort die Gelatinemasse unter die Sahne schlagen und die Sahne vollständig steif schlagen.

7 Mitgebackenes Backpapier vorsichtig von der Biskuitplatte abziehen. Biskuitplatte mit Zitronensahne bestreichen, von der längeren Seite aus aufrollen, mindestens 2 Stunden in den Kühlschrank stellen.

8 Vor dem Servieren die Rolle mit Puderzucker bestäuben.

» REZEPTVARIANTE:
Einfache Biskuitrolle
Aus 5 Eiern (Größe M), 1 Eigelb (Größe M), 75 g Zucker, 1 Päckchen Dr. Oetker Vanillin-Zucker, 90 g Weizenmehl und ½ Teelöffel Dr. Oetker Backin wie im Rezept beschrieben einen Biskuitteig zubereiten, backen, stürzen und erkalten lassen.
Etwa 375 g Konfitüre pürieren oder durch ein Sieb streichen. Das mitgebackene Backpapier von der Biskuitplatte vorsichtig abziehen (Foto 1) und die Biskuitplatte mit der Konfitüre bestreichen (Foto 2). Die Biskuitplatte von der längeren Seite aus aufrollen (Foto 3) und mit Puderzucker bestäuben.

BISKUITTEIG

Erdbeer-Schokoladen-Rolle

ERFRISCHEND (ETWA 16 STÜCKE)

Zubereitungszeit:
etwa 45 Minuten, ohne Kühlzeit
Backzeit: etwa 10 Minuten

Für das Backblech (40 x 30 cm):
etwas Fett
Backpapier

Für den Biskuitteig:
4 Eier (Größe M)
1 Eigelb (Größe M)
80 g Zucker
1 Pck. Dr. Oetker
Vanillin-Zucker
80 g Weizenmehl
½ gestr. TL Dr. Oetker Backin
10 g Kakaopulver

Für die Füllung:
250 g Erdbeeren
400 g gekühlte Schlagsahne
2 Pck. Dr. Oetker Sahnesteif
40 g Puderzucker

Pro Stück:
E: 3 g, F: 10 g, Kh: 15 g,
kJ: 700, kcal: 167, BE: 1,5

1 Das Backblech fetten, mit Backpapier belegen. Das Backpapier an der schrägen Seite des Backblechs so zu einer Falte knicken, dass ein Rand entsteht. Backofen vorheizen. Ober-/Unterhitze: etwa 200 °C

2 Für den Teig Eier und Eigelb in einer Rührschüssel mit einem Handrührgerät (Rührbesen) auf höchster Stufe in 1 Minute schaumig schlagen. Zucker mit Vanillin-Zucker mischen, in 1 Minute unter Rühren einstreuen und die Masse weitere 2 Minuten schlagen.

3 Mehl mit Backpulver und Kakao mischen und kurz auf niedrigster Stufe unterrühren. Den Teig gleichmäßig auf das Backblech streichen und das Backblech auf mittlerer Einschubleiste in den vorgeheizten Backofen schieben. Die Biskuitplatte **etwa 10 Minuten backen**.

4 Den Biskuit sofort nach dem Backen vom Rand lösen, auf ein mit Zucker bestreutes Backpapier stürzen und mit dem Backpapier erkalten lassen.

5 Für die Füllung Erdbeeren waschen, abtropfen lassen, putzen und würfeln. Sahne mit Sahnesteif und Puderzucker steif schlagen. Erdbeerwürfel unterheben.

6 Mitgebackenes Backpapier vorsichtig von der Biskuitplatte abziehen. Die Biskuitplatte mit der Erdbeersahne bestreichen, von der längeren Seite aus aufrollen und mindestens 1 Stunde in den Kühlschrank stellen.

7 Die Rolle vor dem Servieren mit Puderzucker bestäuben.

» REZEPTVARIANTE:
Himbeer-Sahne-Rolle
Wie im Rezept beschrieben, aber ohne Kakaopulver, einen Biskuitteig zubereiten, backen, stürzen und erkalten lassen.
Für die Füllung 100 g Himbeeren auftauen lassen. 1 Beutel Götterspeise Himbeer-Geschmack mit 50 ml kaltem Wasser und 1 Esslöffel Zitronensaft verrühren. Himbeeren mit 50 g Puderzucker pürieren. Angerührte Götterspeise unter Rühren erhitzen, bis alles gelöst ist (nicht kochen lassen) und unter die Himbeermasse rühren. 400 g gekühlte Schlagsahne steif schlagen. Wenn die Himbeermasse beginnt dicklich zu werden, die Sahne unterheben.
Mitgebackenes Backpapier vorsichtig von der Biskuitplatte abziehen. Die Biskuitplatte mit der Himbeersahne bestreichen, von der längeren Seite aus aufrollen und mindestens 2 Stunden in den Kühlschrank stellen.

Quark-Öl-Teig

Der Quark-Öl-Teig ist von der Konsistenz dem Hefeteig sehr ähnlich und schmeckt auch fast genauso – aber er ist leichter und schneller zuzubereiten, weil er nicht gehen muss. Als Zutaten für den Teig brauchen Sie Mehl, Backpulver, Speisequark, Öl, evtl. Zucker, Milch und evtl. Ei.

Wie gut Ihr Gebäck schmeckt, hängt ganz entscheidend von der Qualität des Öls ab, das Sie für den Quark-Öl-Teig verwenden. Am besten geeignet ist ein geschmacklich neutrales, reines Pflanzenöl wie zum Beispiel Sonnenblumenöl, Maiskeim- oder Sojaöl, welches auch nicht durch festes Fett ersetzt werden sollte.

Quark-Öl-Teig eignet sich wie Hefeteig sehr gut für Blechkuchen, aber auch für süßes oder pikantes Kleingebäck. Frisch gebacken schmeckt das Gebäck am besten.

So bereiten Sie den Quark-Öl-Teig zu

Schritt 1: Backform oder Backblech vorbereiten

Fetten Sie Backform oder Backblech für Blechkuchen zunächst mit einem Pinsel gleichmäßig ein – am besten mit streichfähiger Margarine oder Butter. Öl eignet sich zum Einfetten nicht, denn es würde am Rand der Form herunterlaufen. Wenn Sie Kleingebäck backen, brauchen Sie das Backblech nicht unbedingt zu fetten, sondern belegen es nur mit Backpapier.

Schritt 2: Teig zubereiten

Vermischen Sie das Mehl mit dem Backpulver (Foto 1). Anschließend fügen Sie je nach Rezept Zucker, Vanillin-Zucker, Salz, Quark, Milch und/oder Ei und Öl hinzu und verarbeiten alles mit einem Handrührgerät mit Knethaken (Foto 2) zuerst kurz auf niedrigster, dann auf höchster Stufe zu einem glatten Teig. Kneten Sie nicht zu lange, weil der Teig sonst klebt.
Den fertigen Teig bestäuben Sie etwas mit Mehl, nehmen ihn aus der Rührschüssel und formen ihn auf der leicht bemehlten Arbeitsfläche zu einer Rolle (Foto 3).

Schritt 3: Quark-Öl-Teig-Gebäck backen

Backen Sie den Quark-Öl-Teig wie im Rezept beschrieben. Wenn das Gebäck fertig ist, lösen Sie es gleich aus der Form oder nehmen es vom Backblech und legen es zum Auskühlen auf einen Kuchenrost.

Die richtige Aufbewahrung

Wenn Sie Quark-Öl-Teig-Gebäcke doch einmal länger aufbewahren wollen – frisch schmecken sie am besten – können Sie sie einfrieren und vor Verzehr bei Zimmertemperatur in der Verpackung auftauen.

QUARK-ÖL-TEIG

Pizza mit Quark-Öl-Teig
FÜR GÄSTE (ETWA 8 STÜCKE/1 BACKBLECH)

1 Das Backblech fetten und den Backofen vorheizen.
Ober-/Unterhitze: etwa 200 °C
Heißluft: etwa 180 °C

2 Für den Teig Mehl mit Backpulver in einer Rührschüssel mischen. Übrige Zutaten für den Teig hinzufügen und alles mit einem Handrührgerät (Knethaken) erst kurz auf niedrigster, dann auf höchster Stufe zu einem glatten Teig verarbeiten (nicht zu lange kneten, da der Teig sonst klebt).

3 Anschließend den Teig auf der bemehlten Arbeitsfläche zu einer Rolle formen. Den Teig auf dem Backblech ausrollen.

4 Für den Belag Tomatenstücke mit den Gewürzen verrühren, mit Salz und Pfeffer abschmecken. Mozzarella in Scheiben schneiden. Tunfisch abtropfen lassen, Zwiebel abziehen, halbieren und in feine Ringe schneiden. Schinken in Würfel schneiden. Salamischeiben evtl. halbieren. Oliven halbieren.

5 Die Tomatenmischung gleichmäßig auf dem Teig verstreichen, am Rand etwa 1 cm frei lassen. Etwa ein Drittel des geriebenen Käses daraufstreuen.

6 Ein Viertel der Pizza mit Mozzarella-Scheiben und Pesto, ein Viertel mit Tunfisch und Zwiebelscheiben, ein Viertel mit gekochtem Schinken und ein Viertel mit Salami und Oliven belegen. Übrigen geriebenen Käse darauf verteilen, den Mozzarella-Belag dabei aussparen.

7 Das Backblech im unteren Drittel in den vorgeheizten Backofen schieben und die Pizza **etwa 25 Minuten backen**.

TIPP » Die Pizza warm mit Basilikumblättchen bestreut servieren.

Zubereitungszeit: etwa 40 Minuten
Backzeit: etwa 25 Minuten

Für das Backblech (40 x 30 cm):
etwas Fett

Für den Quark-Öl-Teig:
300 g Weizenmehl
3 gestr. TL Dr. Oetker Backin
1 Prise Salz
150 g Magerquark
100 ml Milch
100 ml Speiseöl, z. B. Sonnenblumenöl

Für den Belag:
1 Dose Tomatenstücke (Einwaage 400 g)
½ TL Paprikapulver rosenscharf
½ TL gerebelter Oregano
1 TL gerebeltes Basilikum
Salz
frisch gemahlener Pfeffer

200 g Mozzarella-Käse
1 Dose Tunfisch in Öl (Abtropfgewicht 135 g)
1 kleine Zwiebel
100 g gekochter Schinken
40 g Salami in Scheiben
50 g entsteinte schwarze Oliven
200 g geriebener Gouda-Käse
6 TL grünes Pesto

Pro Stück:
E: 26 g, F: 36 g, Kh: 31 g,
kJ: 2319, kcal: 552, BE: 2,5

QUARK-ÖL-TEIG

Kolatschen

TRADITIONELL (ETWA 20 STÜCK/3 BACKBLECHE)

Zubereitungszeit:
etwa 50 Minuten, ohne Kühlzeit
Backzeit: etwa 20 Minuten
je Backblech

Für das Backblech:
evtl. etwas Fett, Backpapier

Für den Quark-Öl-Teig:
400 g Weizenmehl
1 Pck. Dr. Oetker Backin
75 g Zucker, 1 Pck. Dr. Oetker
Vanillin-Zucker
1 Prise Salz
200 g Magerquark
100 ml Milch
100 ml Speiseöl,
z. B. Sonnenblumenöl

Für den Quarkbelag:
550 g Magerquark
75 g weiche Margarine
oder Butter
75 g Zucker, 50 g Speisestärke
3 EL Zitronensaft
2 Eier (Größe M)

Für den Pflaumenmusbelag:
2 EL Pflaumenmus

Für den Mohnbelag:
250 g backfertige
Mohnfüllung
1 Becher (150 g) Crème fraîche

Außerdem:
50 g gehobelte Mandeln
5 EL Aprikosenkonfitüre

Pro Stück:
E: 9 g, F: 14 g, Kh: 37 g,
kJ: 1339, kcal: 320, BE: 3,0

1 Das Backblech evtl. fetten, mit Backpapier belegen. Backofen vorheizen.
Ober-/Unterhitze: etwa 180 °C
Heißluft: etwa 160 °C

2 Für den Teig Mehl mit Backpulver in einer Rührschüssel mischen. Übrige Zutaten für den Teig hinzufügen und alles mit einem Handrührgerät (Knethaken) erst kurz auf niedrigster, dann auf höchster Stufe zu einem glatten Teig verarbeiten (nicht zu lange kneten, da der Teig sonst klebt). Anschließend den Teig auf der bemehlten Arbeitsfläche zu einer Rolle formen.

3 Für den Quarkbelag Quark mit weicher Margarine oder Butter, Zucker, Stärke, Zitronensaft und Eiern verrühren. Für den Pflaumenmusbelag Pflaumenmus glatt rühren. Für den Mohnbelag Mohn mit Crème fraîche verrühren. Den Teig in 20 gleich große Stücke schneiden und zu Kugeln rollen. Die Kugeln von der Mitte ausgehend so flach drücken, dass am Rand ein kleiner Wulst entsteht (Kolatschen-Durchmesser gut 10 cm, Foto 1).

4 Einen Teil der Teigstücke (6–7 Stück) auf das Backblech legen. Quark-, Mohn- und Pflaumenmusbelag wie folgt auf den Teigstücken verteilen: zunächst jeweils 1 Esslöffel Quarkmasse auf den Teig geben, darauf in die Mitte einen Klecks Pflaumenmus. Mohnmasse in einen Gefrierbeutel füllen, gut verschließen und eine kleine Ecke abschneiden. An den Rand einen großen Ring Mohnmasse spritzen (Foto 2). Das Backblech auf mittlerer Einschubleiste in den vorgeheizten Backofen schieben. Die Kolatschen **etwa 20 Minuten backen.**

5 Die übrigen Kolatschen ebenso vorbereiten und backen. Die Kolatschen auf einem Kuchenrost erkalten lassen. Mandeln in einer Pfanne ohne Fett leicht bräunen und abkühlen lassen. Konfitüre durch ein Sieb streichen und unter Rühren aufkochen lassen. Die erkalteten Kolatschen damit bestreichen und mit Mandeln bestreuen.

TIPP » Sie können das Gebäck gut einfrieren.

» REZEPTVARIANTE:
Kolatschenkuchen vom Blech
(Foto 3)
Das Backblech (40 x 30 cm) fetten. Rollen Sie den Teig auf dem Blech aus und verteilen die Quarkmasse darauf. Geben Sie etwa 4 Esslöffel Pflaumenmus in Klecksen auf die Quarkmasse. Die Mohnmasse in den Zwischenräumen verteilen. Das Backblech im unteren Drittel in den vorgeheizten Backofen schieben und etwa 25 Minuten backen. Den erkalteten Kuchen wie oben beschrieben aprikotieren und mit Mandeln bestreuen.

QUARK-ÖL-TEIG

Mandarinen-Schmand-Kuchen

FÜR KINDER (ETWA 20 STÜCKE)

Zubereitungszeit: etwa 45 Minuten, ohne Kühlzeit
Backzeit: etwa 40 Minuten

Für das Backblech (40 x 30 cm):
etwas Fett, Backrahmen

Für den Quark-Öl-Teig:
300 g Weizenmehl
3 gestr. TL Dr. Oetker Backin
75 g Zucker, 1 Pck. Dr. Oetker Vanillin-Zucker
1 Prise Salz
125 g Magerquark
100 ml Milch
100 ml Speiseöl, z. B. Sonnenblumenöl

Für den Belag:
4 Dosen Mandarinen (Abtropfgewicht je 175 g)
2 Pck. Dr. Oetker Pudding-Pulver Vanille-Geschmack
100 g Zucker
750 ml (¾ l) Milch
500 g Schmand (Sauerrahm)
50 g gestiftelte Mandeln

Für den Guss:
200 g Puderzucker
3 EL Zitronensaft

Pro Stück:
E: 5 g, F: 14 g, Kh: 43 g,
kJ: 1365, kcal: 326, BE: 3,5

1 Das Backblech fetten und den Backofen vorheizen.
Ober-/Unterhitze: etwa 180 °C
Heißluft: etwa 160 °C

2 Für den Teig Mehl mit Backpulver in einer Rührschüssel mischen. Übrige Zutaten für den Teig hinzufügen und alles mit einem Handrührgerät (Knethaken) erst kurz auf niedrigster, dann auf höchster Stufe zu einem glatten Teig verarbeiten (nicht zu lange kneten, da der Teig sonst klebt). Anschließend den Teig auf der bemehlten Arbeitsfläche zu einer Rolle formen. Den Teig auf dem Backblech ausrollen und einen Backrahmen in der Größe des Backbleches darumstellen.

3 Für den Belag Mandarinen in einem Sieb gut abtropfen lassen. Aus Pudding-Pulver, Zucker und Milch nach Packungsanleitung, aber mit den hier angegebenen Mengen, einen Pudding kochen. Schmand unterrühren und die warme Masse auf den Teig streichen. Mandarinen auf der Pudding-Schmand-Masse verteilen und Mandeln daraufstreuen. Das Backblech im unteren Drittel in den vorgeheizten Backofen schieben. Den Kuchen **etwa 40 Minuten backen.**

4 Das Backblech auf einen Kuchenrost stellen und den Kuchen darauf erkalten lassen. Anschließend den Backrahmen vorsichtig mithilfe eines Messers lösen und entfernen.

5 Für den Guss Puderzucker sieben und mit so viel Zitronensaft anrühren, dass ein dickflüssiger Guss entsteht. Den Guss mit einem Teelöffel auf den Kuchen sprenkeln.

TIPP » Wenn Sie keinen Backrahmen haben, können Sie den Kuchen auch in einer Fettpfanne oder einem Backblech mit hohem Rand backen.

Abwandlung: Nach Belieben 4 Esslöffel Aprikosenkonfitüre durch ein Sieb streichen, mit 2 Esslöffeln Wasser in einem kleinen Topf etwas einkochen lassen und den noch warmen Kuchen damit bestreichen. Dann die Mandeln nicht mitbacken, sondern in einer Pfanne ohne Fett bräunen, auf einem Teller erkalten lassen und zum Schluss auf dem Kuchen verteilen.

QUARK-ÖL-TEIG

Käse-Schinken-Hörnchen

RAFFINIERT – GEFRIERGEEIGNET (8 STÜCK)

Zubereitungszeit:
etwa 30 Minuten
Backzeit: etwa 25 Minuten

Für das Backblech:
Backpapier

Für den Quark-Öl-Teig:
250 g Weizenmehl
3 gestr. TL Dr. Oetker Backin
125 g Magerquark
50 ml Milch
50 ml Speiseöl,
z. B. Sonnenblumenöl
1 Eiweiß (Größe M)
½ gestr. TL Salz

Für die Füllung:
100 g gekochter Schinken
100 g geriebener Gouda-Käse

**Zum Bestreichen
und Bestreuen:**
1 Eigelb (Größe M)
1 EL Milch
grob gemahlener Pfeffer
Sesamsamen

Pro Stück:
E: 13 g, F: 14 g, Kh: 26 g,
kJ: 1197, kcal: 286, BE: 2,0

1 Das Backblech mit Backpapier belegen und den Backofen vorheizen.
Ober-/Unterhitze: etwa 180 °C
Heißluft: etwa 160 °C

2 Für den Teig Mehl mit Backpulver in einer Rührschüssel mischen. Übrige Zutaten für den Teig hinzufügen und alles mit einem Handrührgerät (Knethaken) erst kurz auf niedrigster, dann auf höchster Stufe zu einem glatten Teig verarbeiten (nicht zu lange kneten, da der Teig sonst klebt).

3 Anschließend den Teig auf der bemehlten Arbeitsfläche zu einer Kugel formen. Die Teigkugel auf der bemehlten Arbeitsfläche zu einem Kreis (Ø etwa 35 cm) ausrollen und in 8 „Tortenstücke" schneiden (Foto 1).

4 Schinken in kleine, feine Streifen scheiden und gleichmäßig auf den Teigstücken verteilen (Foto 2). Käse ebenfalls gleichmäßig daraufstreuen. Die Füllung leicht andrücken. Die Teigstücke von der breiten Seite aus zu Hörnchen aufrollen (Foto 3) und auf das Backblech legen.

5 Eigelb mit Milch verrühren, die Hörnchen damit bestreichen, mit Pfeffer und Sesam bestreuen. Das Backblech auf mittlerer Einschubleiste in den vorgeheizten Backofen schieben. Die Hörnchen **etwa 25 Minuten backen**.

» **REZEPTVARIANTE:**
Gemüseröllchen
Schneiden Sie von 1 Zucchini (150 g) die Enden ab. Zucchini abspülen, abtrocknen und fein würfeln. 1 Zwiebel abziehen, fein würfeln und in 1 Esslöffel Speiseöl glasig dünsten. Zucchiniwürfel hinzufügen, mitdünsten und mit Salz und Pfeffer würzen. 150 g Appenzeller Käse fein würfeln, mit der Zucchinimasse vermengen und die Masse abkühlen lassen. Den Teig wie im Rezept zubereiten, zu einem Rechteck (etwa 40 x 30 cm) ausrollen und in Rechtecke (etwa 15 x 10 cm) schneiden. Die Füllung auf den Rechtecken verteilen, den Teig von der kurzen Seite aus aufrollen und mit der Naht nach unten auf ein mit Backpapier belegtes Backblech legen. Verrühren Sie 1 Eigelb mit 1 Esslöffel Milch. Die Teigröllchen mit der Eigelbmilch bestreichen und mit Sesamsamen bestreuen. Die Röllchen bei der im Rezept angegebenen Temperatur etwa 25 Minuten backen.

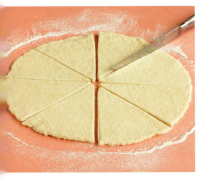

Brandteig

Der Brandteig hat seinen Namen, weil er nicht erst beim Backen, sondern schon während der Zubereitung erhitzt wird. Dabei wird der Teig so lange in einem Topf gerührt, bis er sich vom Topfboden löst – ein Vorgang, der „abbrennen" genannt wird.

Gebäck aus Brandteig ist nicht nur sehr luftig und in frischem Zustand auch etwas knusprig, beim Backen entstehen im Gebäck auch große Hohlräume – wie etwa beim Windbeutel, dem bekanntesten Brandteiggebäck – die sich dann später sehr gut mit einer süßen oder pikanten Masse füllen lassen. Tortenböden aus Brandteig sind ebenfalls sehr lecker. Die Grundzutaten für Brandteig sind Wasser oder Milch, Fett, Mehl, evtl. Speisestärke, Backpulver und Eier.

So bereiten Sie den Brandteig zu

Schritt 1: Backblech oder Springformboden vorbereiten
Das Backblech oder den Springformboden evtl. fetten und mit Backpapier belegen. Alternativ können Sie aber auch mit einem Pinsel das Backblech oder den Springformboden mit streichfähiger Margarine oder Butter gut und gleichmäßig einfetten. Anschließend das Backblech bzw. den Springformboden leicht bemehlen. Sieben Sie dazu etwas (nicht zu viel!) Mehl auf die eine Seite des Backblechs bzw. des Springformbodens und klopfen nun mit der anderen, nicht bemehlten Seite auf die Arbeitsfläche. Auf diese Weise kann sich das Mehl gleichmäßig verteilen. Überflüssiges Mehl wird entfernt.

Schritt 2: Flüssigkeit und Fett aufkochen
Geben Sie je nach Rezept Wasser oder Milch und Fett in einen kleinen Topf – am besten einen Stieltopf, den Sie beim Einrühren des Mehls später besser halten können – und lassen das Gemisch aufkochen. Nehmen Sie den Topf dann von der Kochstelle.

Schritt 3: Mehl unterrühren
Geben Sie nun das Mehl, das Sie, wenn im Rezept so vorgesehen, mit Speisestärke gemischt haben, auf einmal in die heiße Flüssigkeit (Foto 1) und rühren die Zutaten mit einem Rührlöffel zu einem glatten Teigkloß (Foto 2). Stellen Sie dann den Stieltopf wieder zurück auf die Kochstelle und erhitzen unter ständigem Rühren die Masse für etwa 1 Minute. Durch dieses „Abbrennen" bei großer Hitze wird der Teig fester. Sowie sich auf dem Boden des Topfes eine dünne weiße Haut bildet – ein Zeichen für genügend langes Abbrennen – nehmen Sie den Topf mit dem Teigkloß von der Kochstelle und geben den Kloß in eine Rührschüssel.

Schritt 4: Eier unterarbeiten
Rühren Sie bis auf ein Ei alle Eier nacheinander mit einem Handrührgerät mit Knethaken auf höchster Stufe unter den heißen Teig. Das letzte Ei verquirlen Sie und arbeiten nur so viel davon unter den Teig, bis er stark glänzt und in langen Spitzen an einem Löffel hängen bleibt (Foto 3). Der Teig sollte nicht zu

RATGEBER

weich sein, damit das Gebäck nicht breit läuft.

Schritt 5: Backpulver in den Teig geben

Erst wenn der Teig erkaltet ist, können Sie das Backpulver unterrühren und den Teig wie im Rezept weiterverarbeiten.

„Verpufft!"
Der Brandteig ist etwas Besonderes: Er wird schon während der Zubereitung erhitzt. Das ist auch der Grund, warum das Backpulver erst ganz zuletzt, wenn der Teig schon kalt geworden ist, zugegeben werden kann: In der noch warmen Masse würde seine Triebkraft zu früh ausgelöst und vor dem Backen bereits „verpufft" sein. Das Resultat wäre flaches Gebäck, das nicht aufgegangen und locker ist.

Schritt 6: Brandteig backen

Backen Sie den Brandteig so wie im Rezept angegeben. Brandteig fällt während des Backens bei der geringsten Zugluft ganz leicht zusammen. Öffnen Sie deswegen erst gegen Ende der Backzeit vorsichtig den Backofen, um nach dem Gebäck zu schauen. Fertig ist das Gebäck, wenn es schön aufgegangen, luftig-locker und nicht zu dunkel ist. Beim Aufschneiden darf der innere Hohlraum nicht mehr feucht sein.

Übrigens: Brandteiggebäck, das innen gefüllt wird – Windbeutel oder Eclairs zum Beispiel – sollte gleich, nachdem Sie es aus dem Ofen genommen haben, mit einem Messer oder einer Schere aufgeschnitten und die Hälften zum Abkühlen nebeneinander gelegt werden. So vermeiden Sie, dass das Gebäck bricht, und können es anschließend leicht füllen.

TIPP » Sie haben mit dem Spritzbeutel gearbeitet, und vom Brandteig sind ein paar kleine Reste im Spritzbeutel geblieben? Spritzen Sie die Reste als kleine Bällchen einfach mit auf das Backblech und backen sie mit! So haben Sie gleich etwas zum Garnieren von Torten oder eine Einlage für herzhafte und süße Suppen. Guten Appetit!

Die richtige Aufbewahrung

Ist Brandteiggebäck gefüllt, schmeckt es nur am Tag der Zubereitung, da es schnell durchweicht. Ungefülltes Gebäck, z. B. ungefüllte Windbeutel, lässt sich länger aufbewahren, wenn es tiefgefroren wird. Lassen Sie es danach bei Zimmertemperatur in der Verpackung auftauen und backen es bei Backtemperatur 5 Minuten auf. Vor dem Füllen erkalten lassen, damit die Creme nicht schmilzt.

BRANDTEIG

Windbeutel

KLASSISCH – BELIEBT (8 STÜCK) IM FOTO VORN

Zubereitungszeit:
etwa 30 Minuten, ohne Kühlzeit
Backzeit: etwa 25 Minuten

Für das Backblech:
etwas Fett
Backpapier

Für den Brandteig:
125 ml (⅛ l) Wasser
25 g Butter oder Margarine
75 g Weizenmehl
15 g Speisestärke
2–3 Eier (Größe M)
1 Msp. Dr. Oetker Backin

Für die Füllung:
500 g Sauerkirschen
50 g Zucker
15 g Speisestärke
etwas Zucker
500 g gekühlte Schlagsahne
2 Pck. Dr. Oetker Sahnesteif
25 g gesiebter Puderzucker
1 Pck. Dr. Oetker Vanillin-Zucker

Zum Bestäuben:
20 g gesiebter Puderzucker

Pro Stück:
E: 5 g, F: 24 g, Kh: 35 g,
kJ: 1623, kcal: 388, BE: 3,0

1 Das Backblech fetten, mit Backpapier belegen. Backofen vorheizen.
Ober-/Unterhitze: etwa 200 °C
Heißluft: etwa 180 °C

2 Für den Teig Wasser mit Butter oder Margarine in einem kleinen Topf aufkochen, von der Kochstelle nehmen. Mehl mit Stärke mischen und auf einmal in die heiße Flüssigkeit geben. Alles mit einem Kochlöffel zu einem glatten Teigkloß verrühren, dann etwa 1 Minute unter ständigem Rühren erhitzen (abbrennen, Foto 1) und in eine Rührschüssel geben.

3 Zwei Eier nacheinander mit einem Handrührgerät (Knethaken) auf höchster Stufe unter den Teig arbeiten. Das letzte Ei verquirlen und nur so viel davon unter den Teig arbeiten, bis er stark glänzt und in langen Spitzen an einem Löffel hängen bleibt. Backpulver erst unter den erkalteten Teig rühren.

4 Den Teig portionsweise in einen Spritzbeutel mit großer Sterntülle füllen oder mit 2 Teelöffeln 8 Teighäufchen auf das Backblech spritzen oder setzen. Backblech auf mittlerer Einschubleiste in den vorgeheizten Backofen schieben. Die Windbeutel **etwa 25 Minuten backen**. In den ersten 15 Minuten der Backzeit die Backofentür nicht öffnen, da das Gebäck sonst zusammenfällt.

5 Sofort nach dem Backen von jedem Windbeutel einen Deckel abschneiden (Foto 2) und das Gebäck auf einem Kuchenrost erkalten lassen.

6 Für die Füllung Sauerkirschen abspülen, abtropfen lassen, entstielen, entsteinen, mit Zucker mischen und einige Zeit zum Saftziehen stehen lassen. Die Kirschen mit Saft in einen Topf geben und kurz aufkochen. Kirschen in einem Sieb abtropfen lassen, dabei den Saft auffangen und 125 ml (⅛ l) davon abmessen, evtl. mit Wasser ergänzen. Speisestärke mit 4 Esslöffeln von dem Saft anrühren. Den übrigen Saft zum Kochen bringen. Die angerührte Speisestärke in die von der Kochstelle genommene Flüssigkeit rühren und kurz aufkochen lassen. Die Kirschen unterheben und mit Zucker abschmecken. Die Kirschmasse erkalten lassen.

7 Sahne mit Sahnesteif, Puderzucker und Vanillin-Zucker steif schlagen und portionsweise in einen Spritzbeutel mit Sterntülle geben. Die Kirschmasse in den Windbeuteln verteilen, Sahne daraufspritzen, die Deckel auflegen und mit Puderzucker bestäuben.

TIPPS » Die Windbeutel frisch servieren.
» Anstatt frischer Sauerkirschen können Sie auch Sauerkirschen aus dem Glas (Abtropfgewicht 350 g) verwenden. Dann jedoch den Zucker weglassen.

200

BRANDTEIG

» **REZEPTVARIANTEN:**

Windbeutel mit Preiselbeer-Stracciatella-Sahne-Füllung (im Foto in der Mitte)
Schlagen Sie 400 g gekühlte Schlagsahne mit 1 Päckchen Dr. Oetker Vanillin-Zucker und 2 Päckchen Dr. Oetker Sahnesteif steif. 150 g angedickte Wildpreiselbeeren (aus einem Glas) und 50 g Raspelschokolade kurz unterrühren.

Windbeutel mit fruchtiger Quarkfüllung (im Foto hinten)
Schlagen Sie 250 g gekühlte Schlagsahne mit 1 Päckchen Dr. Oetker Vanillin-Zucker und 2 Päckchen Dr. Oetker Sahnesteif steif und heben 250 g Fruchtquark unter.

BRANDTEIG

Eclairs (Liebesknochen)

KLASSISCH (12 STÜCK)

Zubereitungszeit:
etwa 30 Minuten, ohne Kühlzeit
Backzeit: etwa 20 Minuten

Für das Backblech:
etwas Fett
Backpapier

Für den Brandteig:
125 ml (⅛ l) Wasser
25 g Butter oder Margarine
75 g Weizenmehl
15 g Speisestärke
2–3 Eier (Größe M)
1 Msp. Dr. Oetker Backin

Zum Aprikotieren:
1–2 EL Aprikosenkonfitüre

Für die Füllung:
200 g gekühlte Schlagsahne
1 Pck. Dr. Oetker Sahnesteif
50 g weiche
Nuss-Nougat-Creme

Pro Stück:
E: 3 g, F: 10 g, Kh: 12 g,
kJ: 606, kcal: 145, BE: 1,0

1 Das Backblech fetten, mit Backpapier belegen. Backofen vorheizen.
Ober-/Unterhitze: etwa 200 °C
Heißluft: etwa 180 °C

2 Für den Teig Wasser mit Butter oder Margarine in einem kleinen Topf aufkochen. Topf von der Kochstelle nehmen. Mehl mit Speisestärke mischen und auf einmal in die heiße Flüssigkeit geben. Alles mit einem Kochlöffel zu einem glatten Teigkloß verrühren, dann etwa 1 Minute unter ständigem Rühren erhitzen (abbrennen) und in eine Rührschüssel geben.

3 Zwei Eier nacheinander mit einem Handrührgerät (Knethaken) auf höchster Stufe unter den Teig arbeiten. Das letzte Ei verquirlen und nur so viel davon unter den Teig arbeiten, bis er stark glänzt und in langen Spitzen an einem Löffel hängen bleibt. Backpulver erst unter den erkalteten Teig rühren.

4 Den Teig portionsweise in einen Spritzbeutel mit großer Sterntülle füllen und 12 etwa 8 cm lange Streifen auf das Backblech spritzen. Das Backblech auf mittlerer Einschubleiste in den vorgeheizten Backofen schieben. Die Eclairs **etwa 20 Minuten backen.** Während der ersten 15 Minuten der Backzeit die Backofentür nicht öffnen, da das Gebäck sonst zusammenfällt.

5 Sofort nach dem Backen von jedem Eclair einen Deckel abschneiden. Eclairs auf einem Kuchenrost erkalten lassen.

6 Zum Aprikotieren Konfitüre durch ein Sieb streichen, unter Rühren erhitzen, die Eclairdeckel dünn damit bestreichen.

7 Für die Füllung Schlagsahne mit Sahnesteif steif schlagen und die Nuss-Nougat-Creme esslöffelweise vorsichtig unterrühren. Die Nougat-Sahne in einen Spritzbeutel mit Sterntülle füllen, in die Eclairs spritzen. Deckel darauflegen.

» **REZEPTVARIANTE:**
Eclairs mit Himbeersahne
Verrühren Sie 1 Becher (125 g) Dr. Oetker Götterspeise Himbeer-Geschmack (aus dem Kühlregal) in einer Schüssel, bis nur noch kleine Stücke vorhanden sind. Schlagen Sie 250 g gekühlte Schlagsahne mit 1 Päckchen Dr. Oetker Vanillin-Zucker und 2 Päckchen Dr. Oetker Sahnesteif steif. Heben Sie die Sahne unter die Götterspeise und geben Sie die Masse in einen Spritzbeutel mit großer Sterntülle. Füllen Sie die Eclairs wie im Rezept angegeben mit der Himbeersahne.

BRANDTEIG

Flockentorte

ETWAS AUFWÄNDIGER (ETWA 12 STÜCKE)

Zubereitungszeit:
etwa 60 Minuten, ohne Kühlzeit
Backzeit: 75–90 Minuten

Für die Springform (Ø 26 cm):
etwas Fett

Für das Backblech:
etwas Fett, Backpapier

Für den Knetteig:
150 g Weizenmehl
40 g Zucker
1 Pck. Dr. Oetker
Vanillin-Zucker
100 g weiche Butter
oder Margarine

Für den Brandteig:
125 ml (⅛ l) Wasser
25 g Butter oder Margarine
75 g Weizenmehl
15 g Speisestärke
2–3 Eier (Größe M)
1 Msp. Dr. Oetker Backin

Für die Füllung:
1 Glas Sauerkirschen
(Abtropfgewicht 350 g)
200 ml Kirschsaft
(aus dem Glas)
1 Pck. Tortenguss, rot
2 EL Zucker
evtl. etwas Zucker
400 g gekühlte Schlagsahne
25 g gesiebter Puderzucker
1 Pck. Dr. Oetker
Vanillin-Zucker
2 Pck. Dr. Oetker Sahnesteif

Zum Bestreichen:
rotes Johannisbeergelee

1 Springformboden fetten. Auf 3 Bögen Backpapier jeweils einen Kreis (Ø 26 cm) zeichnen. Das Backblech fetten, mit einem der Backpapierbögen belegen. Den Backofen vorheizen.
Ober-/Unterhitze: etwa 200 °C
Heißluft: etwa 180 °C

2 Für den Knetteig die Zutaten in eine Rührschüssel geben, alles mit einem Handrührgerät (Knethaken) zunächst kurz auf niedrigster, dann auf höchster Stufe zu einem Teig verarbeiten. Den Teig mit den Händen zu einer Kugel formen und auf dem Springformboden ausrollen, mehrmals mit einer Gabel einstechen. Springformrand darumlegen. Die Form auf dem Rost auf mittlerer Einschubleiste in den vorgeheizten Backofen schieben. Den Boden **etwa 15 Minuten backen**.

3 Sofort nach dem Backen den Knetteigboden vom Springformboden lösen, aber darauf auf einem Kuchenrost erkalten lassen. Dann den Knetteigboden auf eine Tortenplatte legen.

4 Für den Brandteig Wasser mit Butter oder Margarine in einem kleinen Topf aufkochen. Topf von der Kochstelle nehmen. Mehl mit Stärke mischen und auf einmal in die heiße Flüssigkeit geben. Alles mit einem Kochlöffel zu einem glatten Teigkloß verrühren, dann etwa 1 Minute unter ständigem Rühren erhitzen (abbrennen) und in eine Rührschüssel geben.

5 Zwei Eier nacheinander mit einem Handrührgerät (Knethaken) auf höchster Stufe unter den Teig arbeiten. Das letzte Ei verquirlen und nur so viel davon unter den Teig arbeiten, bis er stark glänzt und in langen Spitzen an einem Löffel hängen bleibt. Backpulver erst unter den erkalteten Teig rühren.

6 Aus dem Teig 3 Böden backen, dazu jeweils ein Drittel des Teiges auf der vorgezeichneten Kreisfläche verstreichen (Foto 1). Darauf achten, dass die Teiglage am Rand nicht zu dünn ist, damit der Boden dort nicht zu dunkel wird. Das Backblech auf mittlerer Einschubleiste in den vorgeheizten Backofen schieben und den Brandteigboden **bei gleicher Temperatur 20–25 Minuten backen**, bis er hellbraun ist. Während der ersten 15 Minuten der Backzeit die Backofentür nicht öffnen, da das Gebäck sonst zusammenfällt.

7 Die beiden anderen vorbereiteten Böden jeweils mit dem Backpapier auf das Backblech ziehen und nacheinander **wie angegeben backen**. Sofort nach dem Backen die Böden mit dem Backpapier auf einen Kuchenrost ziehen und einzeln auf einem Kuchenrost erkalten lassen.

8 Für die Füllung Sauerkirschen in einem Sieb abtropfen lassen, den Saft dabei auffangen. 200 ml Saft abmessen, evtl. mit Wasser ergänzen. Tortenguss mit Zucker nach Packungsanleitung, aber mit

204

BRANDTEIG

200 ml Flüssigkeit zubereiten und die Kirschen unterrühren. Masse kalt stellen und evtl. mit Zucker abschmecken. Sahne mit Puderzucker, Vanillin-Zucker und Sahnesteif steif schlagen.

9 Den Knetteigboden dünn mit Johannisbeergelee bestreichen und einen Brandteigboden darauflegen (Foto 2). Darauf zunächst die Hälfte der Kirschmasse, dann gut die Hälfte der Sahnecreme streichen. Den zweiten Brandteigboden darauflegen, mit der übrigen Kirschmasse und der übrigen Sahnecreme bestreichen. Den dritten Boden grob zerbröckeln. Die Stücke auf der Sahne verteilen (Foto 3) und mit Puderzucker bestäuben.

TIPPS » Die Torte schmeckt frisch am besten.
» Die Torte mit einem Säge- oder einem elektrischen Messer in Stücke schneiden.

Zum Bestäuben:
30 g Puderzucker

Pro Stück:
E: 4 g, F: 21 g, Kh: 39 g,
kJ: 1546, kcal: 369, BE: 3,5

BRANDTEIG

Käsewindbeutelchen

PIKANTER SNACK (24 STÜCK) IM FOTO LINKS

Zubereitungszeit:
etwa 45 Minuten, ohne Kühlzeit
Backzeit: etwa 20 Minuten

Für das Backblech:
etwas Fett
Backpapier

Für den Brandteig:
125 ml (⅛ l) Wasser
1 Prise Salz
25 g Butter oder Margarine
75 g Weizenmehl
15 g Speisestärke
2–3 Eier (Größe M)
½ gestr. TL Dr. Oetker Backin
75 g geriebener Emmentaler Käse

Für die Füllung:
200 g Doppelrahm-Frischkäse
1 Becher (150 g) Crème fraîche
etwas Salz
frisch gemahlener schwarzer Pfeffer
100 g roher Schinken
Paprikapulver edelsüß

Pro Stück:
E: 4 g, F: 7 g, Kh: 3 g,
kJ: 388, kcal: 93, BE: 0,5

1 Das Backblech fetten, mit Backpapier belegen. Backofen vorheizen.
Ober-/Unterhitze: etwa 200 °C
Heißluft: etwa 180 °C

2 Für den Teig Wasser mit Salz und Butter oder Margarine in einem kleinen Topf aufkochen. Topf von der Kochstelle nehmen. Mehl mit Speisestärke mischen und auf einmal in die heiße Flüssigkeit geben. Alles mit einem Kochlöffel zu einem glatten Teigkloß verrühren, dann etwa 1 Minute unter ständigem Rühren erhitzen (abbrennen) und in eine Rührschüssel geben.

3 Zwei Eier nacheinander mit einem Handrührgerät (Knethaken) auf höchster Stufe unter den Teig arbeiten. Das letzte Ei verquirlen und nur so viel unter den Teig arbeiten, bis er stark glänzt und in langen Spitzen an einem Löffel hängen bleibt. Backpulver erst unter den erkalteten Teig rühren. Zuletzt den Käse unterheben.

4 Den Teig mit 2 Teelöffeln in walnussgroßen Häufchen auf das Backblech setzen und das Backblech auf mittlerer Einschubleiste in den vorgeheizten Backofen schieben. Die Windbeutelchen **etwa 20 Minuten backen**. Während der ersten 15 Minuten der Backzeit die Backofentür nicht öffnen, da das Gebäck sonst zusammenfällt.

5 Sofort nach dem Backen von jedem Windbeutelchen einen Deckel abschneiden und das Gebäck auf einem Kuchenrost erkalten lassen.

6 Für die Füllung Frischkäse mit Crème fraîche verrühren, mit Salz und Pfeffer abschmecken. Schinken sehr fein würfeln, unterrühren und die Käsewindbeutelchen damit füllen. Die Deckel wieder auflegen. Die Windbeutelchen mit Paprikapulver bestäuben.

» **REZEPTVARIANTEN:**

Windbeutelchen mit Lachs-Quark-Füllung (im Foto rechts)
Würfeln Sie 150 g geräucherten Lachs. 250 g Speisequark (40 % i. Tr.), 2 Teelöffel Sahnemeerrettich und 1 Becher (125 g) Crème fraîche mit Kräutern verrühren. Lachs unterheben, mit Pfeffer und Salz abschmecken. Die Masse in die unteren Hälften der Windbeutelchen füllen. Deckel auflegen. Nach Belieben mit Dill garnieren.

Windbeutelchen mit vegetarischer Füllung (im Foto in der Mitte)
Verrühren Sie 200 g Doppelrahm-Frischkäse mit 1 Becher (150 g) Crème fraîche. 1 fein gewürfelte rote Paprikaschote (etwa 150 g) unterrühren, mit Salz und Pfeffer abschmecken. Die Masse in die unteren Hälften der Windbeutelchen füllen, mit etwa 2 Esslöffeln Schnittlauchröllchen bestreuen. Die Deckel auflegen.

Wiener Apfelstrudel

KLASSISCH (ETWA 12 STÜCKE)

Zubereitungszeit: etwa 50 Minuten, ohne Ruhezeit
Backzeit: etwa 50 Minuten

Für das Backblech:
etwas Fett

Für den Topf:
Backpapier

Für den Strudelteig:
200 g Weizenmehl
1 Prise Salz
75 ml lauwarmes Wasser
50 g zerlassene Butter oder Margarine
oder
3 EL Speiseöl, z. B. Sonnenblumenöl

Für die Füllung:
1–1 ½ kg Äpfel, z. B. Cox Orange, Elstar
3 Tropfen Zitronen-Aroma (aus dem Röhrchen)
75 g Butter oder Margarine
50 g Semmelbrösel
50 g Rosinen
100 g Zucker
1 Pck. Dr. Oetker Vanillin-Zucker
50 g gehackte Mandeln

Pro Stück:
E: 3 g, F: 12 g, Kh: 28 g,
kJ: 1141, kcal: 273, BE: 3,0

1 Für den Teig Mehl in eine Rührschüssel geben. Übrige Teigzutaten hinzufügen und mit einem Handrührgerät (Knethaken) erst kurz auf niedrigster, dann auf höchster Stufe zu einem glatten Teig verarbeiten. In einem kleinen Topf Wasser kochen, das Wasser ausgießen und den Topf abtrocknen.

2 Den Teig auf Backpapier in den heißen Topf legen. Den Topf mit einem Deckel verschließen und den Teig 30 Minuten ruhen lassen.

3 Das Backblech fetten. Den Backofen vorheizen.
Ober-/Unterhitze: etwa 180 °C
Heißluft: etwa 160 °C

4 Für die Füllung Äpfel schälen, vierteln, entkernen und in feine Stifte schneiden. Aroma untermischen. Butter oder Margarine zerlassen. Den Teig halbieren und jede Teighälfte auf einem großen bemehlten Geschirrtuch ausrollen.

5 Die Teige dünn mit etwas von dem Fett bestreichen, dann mit den Händen zu je einem Rechteck (etwa 35 x 25 cm, Foto 1) ausziehen. Die Ränder, wenn sie dicker sind, abschneiden. Zwei Drittel des Fettes auf den Teigplatten verstreichen, Brösel daraufstreuen (an den Seiten etwa 2 cm frei lassen, Foto 2).

6 Nacheinander Apfelstifte, Rosinen, Zucker, Vanillin-Zucker und Mandeln darauf verteilen. Die frei gelassenen Teigränder der kurzen Seiten auf die Füllung klappen. Die Teigplatten mithilfe des Tuches von der längeren Seite aus aufrollen (Foto 3) und an den Enden gut zusammendrücken.

7 Die Strudel mit der Naht nach unten auf das Backblech legen, mit etwas Fett bestreichen. Das Backblech im unteren Drittel in den vorgeheizten Backofen schieben. Die Strudel **etwa 50 Minuten backen.**

8 Nach etwa 30 Minuten Backzeit die Strudel mit dem übrigen Fett bestreichen. Nach dem Backen die Strudel auf dem Backblech auf einem Kuchenrost erkalten lassen oder warm servieren.

TIPPS » Verfeinern Sie die Füllung zusätzlich mit einigen Tropfen Rum-Aroma aus einem Röhrchen.
» Dazu schmeckt Vanillesauce, die Sie mit etwas Zimt abschmecken können.
» Backen Sie statt 2 kleiner Strudel 1 großen Strudel.

STRUDEL- & BLÄTTERTEIG

Topfenstrudel (Quarkstrudel)

FÜR GÄSTE (ETWA 12 STÜCKE)

Zubereitungszeit:
etwa 40 Minuten,
ohne Ruhezeit
Backzeit: etwa 45 Minuten

Für das Backblech:
etwas Fett

Für den Topf:
Backpapier

Für den Strudelteig:
125 g Weizenmehl
1 Prise Salz
1 Ei (Größe M)
2 EL lauwarmes Wasser
knapp 2 EL Speiseöl,
z. B. Sonnenblumenöl

Für die Füllung:
40 g weiche Butter
oder Margarine
40 g Zucker
1 Ei (Größe M)
1 EL Zitronensaft
250 g Magerquark (Topfen)
1 Pck. Vanillesauce
zum Kochen
2 EL Schlagsahne
1 Dose Aprikosenhälften
(Abtropfgewicht 240 g)
50 g Rosinen

Außerdem:
40 g Butter
etwas Puderzucker

Pro Stück:
E: 5 g, F: 9 g, Kh: 22 g,
kJ: 806, kcal: 192, BE: 2,0

1 Für den Teig Mehl in eine Rührschüssel geben. Übrige Teigzutaten hinzufügen und mit einem Handrührgerät (Knethaken) erst kurz auf niedrigster, dann auf höchster Stufe zu einem glatten Teig verarbeiten. In einem kleinen Topf Wasser kochen, das Wasser ausgießen und den Topf abtrocknen. Den Teig auf Backpapier in den heißen Topf legen. Den Topf mit einem Deckel verschließen und den Teig 30 Minuten ruhen lassen.

2 Das Backblech fetten. Den Backofen vorheizen.
Ober-/Unterhitze: etwa 180 °C
Heißluft: etwa 160 °C

3 Für die Füllung weiche Butter oder Margarine geschmeidig rühren. Nach und nach Zucker, Ei, Zitronensaft, Quark, Saucenpulver und Sahne unterrühren. Aprikosen in einem Sieb gut abtropfen lassen, fein würfeln. Den Teig halbieren und jeweils auf einem bemehlten Geschirrtuch zu einem Rechteck (etwa 40 x 30 cm) ausrollen.

4 Butter zerlassen. Die Teighälften mit etwas von der zerlassenen Butter bestreichen. Jedes Teigrechteck mit der Hälfte der Füllung bestreichen (an den Seiten etwa 3 cm frei lassen) und jeweils mit der Hälfte Rosinen und Aprikosenstücken bestreuen. Die frei gelassenen Teigränder der langen Seiten auf die Füllung klappen. Die Teighälften mithilfe des Tuches von der kurzen Seite aus aufrollen und an den Enden gut zusammendrücken.

5 Die Strudel mit der Naht nach unten auf das Backblech legen, mit etwas von der Butter bestreichen und das Backblech im unteren Drittel in den vorgeheizten Backofen schieben. Die Strudel etwa **45 Minuten backen**.

6 Nach 30 Minuten Backzeit die Strudel mit der übrigen Butter bestreichen. Nach dem Backen die Strudel auf dem Backblech auf einem Kuchenrost erkalten lassen oder warm servieren und nach Belieben mit Puderzucker bestäuben.

TIPPS » Servieren Sie die Strudel mit warmer Vanillesauce.
» Zum Aufbacken von eingefrorenem Strudel die aufgetauten Strudel mit zerlassener Butter bestreichen und im vorgeheizten Backofen bei Backtemperatur etwa 10 Minuten backen.

» REZEPTVARIANTE:

Topfenstrudel mit Backobst
Bereiten Sie den Teig wie angegeben zu und rollen ihn aus. 125 g gemischtes Backobst fein würfeln. 1 Eigelb (Größe M) mit 35 g Zucker, 1 Päckchen Dr. Oetker Vanillin-Zucker und 1–2 EL Zitronensaft sehr cremig schlagen. Backobst, 200 g Doppelrahm-Frischkäse und 125 g Magerquark unterrühren. 2 Eiweiß (Größe M) sehr steif schlagen. Die Füllung auf dem Teig wie im Rezept angegeben verteilen. Strudel aufrollen, mit 1 Eigelb (Größe M) bestreichen und wie im Rezept angegeben backen.

STRUDEL- & BLÄTTERTEIG

Holländische Kirschtorte

ETWAS AUFWÄNDIGER (ETWA 12 STÜCKE)

Zubereitungszeit:
etwa 60 Minuten, ohne
Auftau-, Kühl- und Ruhezeit
Backzeit: etwa 15 Minuten
je Boden

Für das Backblech:
Backpapier

Für den Teig:
1 Pck. (450 g) TK-Blätterteig
(10 quadratische Platten)

Für die Kirschfüllung:
1 Glas Sauerkirschen
(Abtropfgewicht 350 g)
250 ml (¼ l) Kirschsaft
(aus dem Glas)
25 g Speisestärke
2 Pck. Dr. Oetker
Vanillin-Zucker

Für die Sahnefüllung:
600 g gekühlte Schlagsahne
25 g Zucker
1 Pck. Dr. Oetker
Vanillin-Zucker
3 Pck. Dr. Oetker Sahnesteif

Für den Guss:
100 g Johannisbeergelee
100 g gesiebter Puderzucker
3–4 TL Zitronensaft

Pro Stück:
E: 4 g, F: 24 g, Kh: 44 g,
kJ: 1749, kcal: 418, BE: 3,5

1 Die Blätterteigplatten nebeneinander auf die Arbeitsfläche legen und nach Packungsanleitung auftauen lassen. 3 Backpapierstücke in der Größe des Backbleches vorbereiten.

2 Das Backblech mit Backpapier belegen. Den Backofen vorheizen.
Ober-/Unterhitze: etwa 200 °C
Heißluft: etwa 180 °C

3 Zunächst für einen Boden in der Mitte eines Backpapierstückes 3 Teigplatten versetzt aufeinanderlegen, die vorstehenden Ecken leicht einklappen und zu einem Kreis (Ø 28–30 cm) ausrollen. Den Boden mehrmals sehr dicht mit einer Gabel einstechen und etwa 15 Minuten ruhen lassen. Die beiden anderen Böden ebenso vorbereiten.

4 Das Backpapier mit dem ersten Boden auf das Backblech ziehen und auf mittlerer Einschubleiste in den vorgeheizten Backofen schieben. Den Boden **etwa 15 Minuten backen**. Die beiden anderen vorbereiteten Böden ebenso backen.

5 Sofort nach dem Backen die Böden mit dem Backpapier vom Backblech ziehen (Foto 1) und ohne Backpapier auf einem Kuchenrost erkalten lassen.

6 Für die Kirschfüllung Sauerkirschen in einem Sieb gut abtropfen lassen und 250 ml (¼ l) Saft abmessen, evtl. mit Wasser auffüllen. Speisestärke mit Vanillin-Zucker mischen, mit 4 Esslöffeln von dem Saft anrühren und den übrigen Saft in einem Topf zum Kochen bringen. Saft von der Kochstelle nehmen, angerührte Speisestärke unter Rühren hinzufügen und aufkochen lassen. Kirschen unterrühren und die Masse erkalten lassen.

7 Für die Sahnefüllung Schlagsahne mit Zucker, Vanillin-Zucker und Sahnesteif steif schlagen. 5 Esslöffel davon in einen Spritzbeutel mit großer Sterntülle füllen. Einen der Böden zunächst mit der Kirschfüllung (1 cm am Rand frei lassen, Foto 2) bestreichen, dann am Rand entlang einen Sahnering spritzen (Foto 3). Diesen mit einer Sahneschicht ausstreichen und mit dem zweiten Boden bedecken. Nochmals am Rand entlang einen Sahnering spritzen und diesen mit der übrigen Sahne ausstreichen.

8 Für den Guss Gelee in einem Topf unter Rühren aufkochen lassen, den dritten Boden damit bestreichen und das Gelee fest werden lassen. Puderzucker mit Zitronensaft zu einer dickflüssigen Masse verrühren. Den Puderzuckerguss auf das Gelee streichen und fest werden lassen, dann den Boden in 12 Tortenstücke schneiden und auf die Sahne legen.

TIPP » Aus der übrig gebliebenen Teigplatte können Sie nach Belieben verschiedene Motive ausschneiden oder ausstechen, dann mitbacken. Garnieren Sie die Torte damit oder servieren Sie sie extra.

STRUDEL- & BLÄTTERTEIG

Blätterteigteilchen

SCHNELL (10 STÜCK/2 BACKBLECHE)

Zubereitungszeit: etwa 30 Minuten, ohne Auftauzeit
Backzeit: etwa 15 Minuten je Backblech

Für das Backblech:
Backpapier

Für den Teig:
1 Pck. (450 g) TK-Blätterteig (10 quadratische Platten)

Für die Marzipanfüllung:
200 g Marzipan-Rohmasse
50 g Puderzucker
1 Pck. Dr. Oetker Finesse Natürliches Orangenschalen-Aroma
1 Ei (Größe M)

Zum Bestreichen und Bestreuen:
1 Ei (Größe M)
einige gehobelte Mandeln

Pro Stück:
E: 7 g, F: 20 g, Kh: 30 g, kJ: 1360, kcal: 325, BE: 2,5

1 Die Blätterteigplatten nebeneinander auf die Arbeitsfläche legen und nach Packungsanleitung auftauen lassen (Foto 1).

2 Das Backblech mit Backpapier belegen. Den Backofen vorheizen.
Ober-/Unterhitze: etwa 200 °C
Heißluft: etwa 180 °C

3 Für die Füllung Marzipan klein schneiden und in eine Rührschüssel geben. Puderzucker sieben, Aroma dazugeben und mit dem Handrührgerät (Rührbesen) auf niedrigster Stufe kurz verrühren. Das Ei verquirlen und auf höchster Stufe nach und nach dazugeben, bis eine geschmeidige Masse entsteht.

4 Die Marzipanmasse mit 2 Teelöffeln auf jeweils eine Seite der 10 Teigquadrate verteilen (Foto 2). Die Teigränder mit etwas verquirltem Ei bestreichen und eine Teighälfte so überschlagen, dass ein Rechteck entsteht. Die Teigränder gut andrücken (Foto 3).

5 Die lange Teigkante mehrmals mit einem Messer einschneiden (1 cm lange Schnitte) und die Hälfte der Teilchen auf das Backblech legen. Die Blätterteigteilchen mit etwas von dem dem übrigen Ei bestreichen und die Mandeln daraufstreuen. Das Backblech auf mittlerer Einschubleiste in den vorgeheizten Backofen schieben. Blätterteigteilchen **etwa 15 Minuten backen**. Die übrigen Teilchen ebenso auf Backpapier vorbereiten.

6 Die Blätterteigteilchen mit dem Backpapier vom Backblech auf einen Kuchenrost ziehen. Die vorbereiteten Teilchen mit dem Backpapier auf das Backblech ziehen und backen. Die Blätterteigteilchen erkalten lassen.

TIPP » Bei Heißluft können Sie auch 2 Backbleche auf einmal in den Backofen schieben.

» **REZEPTVARIANTEN:**

Quarktaschen
Rühren Sie 250 g Magerquark mit 1 Ei (Größe M), 1 Päckchen Dr. Oetker Finesse Geriebene Zitronenschale und 30 g Zucker glatt. Die Füllung mittig auf den Blätterteigquadraten verteilen. Jeweils 2 gegenüberliegende Ecken zusammendrücken, sodass Dreiecke entstehen. Bestreichen Sie die Teigecken und Ränder mit 1 verquirlten Ei (Größe M) und backen Sie sie wie im Rezept angegeben. Zum Aprikotieren 3 Esslöffel Aprikosenkonfitüre mit 2 Esslöffeln Wasser kurz aufkochen lassen, dann die noch heißen Teilchen damit bestreichen.

Puddingtaschen
Bereiten Sie aus 1 Päckchen Dr. Oetker Pudding-Pulver Vanille-Geschmack mit 40 g Zucker und 500 ml (½ l) Milch nach Packungsanleitung einen Pudding für die Füllung zu. Bereiten Sie die Teilchen wie die Quarktaschen zu und backen Sie sie wie im Rezept beschrieben.

STRUDEL- & BLÄTTERTEIG

Spiegeleiernester
FRUCHTIG (10 STÜCK/2 BACKBLECHE)

Zubereitungszeit:
etwa 35 Minuten,
ohne Auftau- und Kühlzeit
Backzeit: etwa 15 Minuten
je Backblech

Für das Backblech:
Backpapier

Für den Teig:
1 Pck. (450 g) TK-Blätterteig
(10 quadratische Platten)

Für den Belag:
1 Dose Aprikosenhälften
(Abtropfgewicht 240 g)
2 EL Milch
1 Pck. Backfeste
Puddingcreme
250 ml (¼ l) Milch

50 g gestiftelte Mandeln

Zum Bestreichen:
2 EL Aprikosenkonfitüre
1 EL Wasser

Pro Stück:
E: 5 g, F: 14 g, Kh: 31 g,
kJ: 1137, kcal: 271, BE: 2,5

1 Die Blätterteigplatten nebeneinander auf die Arbeitsfläche legen und nach Packungsanleitung auftauen lassen. Das Backblech mit Backpapier belegen. Den Backofen vorheizen.
Ober-/Unterhitze: etwa 220 °C
Heißluft: etwa 200 °C

2 Aprikosen in einem Sieb abtropfen lassen, 10 Aprikosenhälften beiseitelegen, die übrigen Hälften klein würfeln.

3 Die Hälfte der Blätterteigquadrate auf das Backblech legen und die Ränder mit Milch bestreichen. Puddingcreme mit Milch nach Packungsanleitung zubereiten und die Aprikosenwürfel unterheben. In die Mitte jeder Teigplatte 2 Teelöffel von der Puddingcreme geben. Je eine Aprikosenhälfte mit der Schnittfläche nach unten darauflegen und die Teigränder mit Mandeln bestreuen.

4 Das Backblech auf mittlerer Einschubleiste in den vorgeheizten Backofen schieben und die Spiegeleiernester **etwa 15 Minuten backen**. Die übrigen Nester ebenso auf einem Stück Backpapier vorbereiten.

5 Die gebackenen Nester mit dem Backpapier vom Backblech auf einen Kuchenrost ziehen. Die vorbereiteten Nester auf das Backblech ziehen und backen. Die Spiegeleiernester auf dem Kuchenrost erkalten lassen.

6 Zum Bestreichen Konfitüre mit Wasser in einem kleinen Topf unter Rühren aufkochen lassen. Die Spiegeleiernester damit bestreichen und trocknen lassen.

TIPPS » Wenn Sie keine Packung TK-Blätterteig mit quadratischen Teigplatten bekommen, können Sie auch eine Packung (450 g) mit rechteckigen Teigplatten verwenden. Halbieren Sie die 6 rechteckigen Platten, sodass Sie 12 Teigplatten erhalten. Legen Sie 12 Aprikosenhälften beiseite und würfeln Sie nur die restlichen. Ansonsten können Sie das Rezept wie beschrieben zubereiten.
» Bei Heißluft können Sie auch 2 Backbleche auf einmal in den Backofen schieben.
» Backfeste Puddingcreme gibt es mit Vanille-Geschmack. Sie lässt sich schnell zubereiten und bleibt lange schnittfest. Sie eignet sich auch zum Füllen von anderen Kuchen und Gebäcken, z. B. Bienenstich oder Butterkuchen.

STRUDEL- & BLÄTTERTEIG

Knusperkissen

EINFACH (8 STÜCK) IM BILD VORN

Zubereitungszeit:
etwa 40 Minuten,
ohne Auftau- und Kühlzeit
Backzeit: etwa 20 Minuten

Für das Backblech:
Backpapier

Für den Teig:
½ Pck. (225 g) TK-Blätterteig

Zum Bestreichen:
1 Eigelb
1 EL Milch

Für die Streusel:
175 g Weizenmehl
75 g Zucker
100 g weiche Butter

Für die Füllung:
250 g gekühlte Schlagsahne
25 g gesiebter Puderzucker
1 Pck. Dr. Oetker Sahnesteif
150 g Sahne-Pudding
Bourbon-Vanille
(aus dem Kühlregal)

Zum Bestäuben:
etwas Puderzucker

Pro Stück:
E: 6 g, F: 29 g, Kh: 46 g,
kJ: 1987, kcal: 475, BE: 4,0

1 Die Blätterteigplatten nebeneinander auf die Arbeitsfläche legen und nach Packungsanleitung auftauen lassen. Das Backblech mit Backpapier belegen. Den Backofen vorheizen.
Ober-/Unterhitze: etwa 200 °C
Heißluft: etwa 180 °C

2 Die Platten aufeinanderlegen, auf der bemehlten Arbeitsfläche zu einer Platte (etwa 40 x 20 cm) ausrollen. Daraus mit einem scharfen Messer 8 Quadrate (etwa 10 x 10 cm) schneiden und auf das Backblech legen. Eigelb mit Milch verrühren und die Quadrate damit bestreichen.

3 Für die Streusel Mehl, Zucker und weiche Butter in eine Rührschüssel geben und mit dem Handrührgerät (Rührbesen) zu Streuseln von gewünschter Größe verarbeiten. Die Streusel gleichmäßig auf den Teigplatten verteilen. Das Backblech auf mittlerer Einschubleiste in den vorgeheizten Backofen schieben. Die Kissen **etwa 20 Minuten backen**.

4 Die Knusperkissen auf einem Kuchenrost erkalten lassen und von jedem Gebäck vorsichtig mit einem Sägemesser waagerecht einen Deckel abschneiden.

5 Für die Füllung Sahne mit Puderzucker und Sahnesteif steif schlagen und unter den Vanille-Pudding heben. Die Creme mit einem Esslöffel oder einem Spritzbeutel auf den Gebäckböden verteilen, die Deckel auflegen und die Knusperkissen mit Puderzucker bestäuben.

» REZEPTVARIANTE:

Prasselschnitten (im Foto hinten) Bereiten Sie diese aus dem restlichen Blätterteig aus der Packung (225 g) zu. Dazu die aufgetauten Teigplatten in beliebig große Streifen schneiden und auf ein mit Backpapier belegtes Backblech legen. Streusel wie im Rezept beschrieben zubereiten. Die Teigstreifen mit etwa 40 g Konfitüre bestreichen und mit Streuseln bestreuen. Die Streusel leicht andrücken. Die Prasselschnitten wie im Rezept angegeben backen. Die erkalteten Prasselschnitten nach Belieben mit einem Guss, aus 75 g gesiebtem Puderzucker verrührt mit 1 Esslöffel Zitronensaft, besprenkeln.

STRUDEL- & BLÄTTERTEIG

Schweineöhrchen

GUT VORZUBEREITEN (ETWA 60 STÜCK/3 BACKBLECHE)

Zubereitungszeit:
etwa 25 Minuten,
ohne Auftau- und Kühlzeit
Backzeit: etwa 15 Minuten
je Backblech
Haltbarkeit: 2–3 Wochen
in gut schließenden Dosen

Für das Backblech:
Backpapier

Für den Teig:
½ Pck. (225 g) TK-Blätterteig

**Zum Bestreichen
und Bestreuen:**
25 g Butter
50 g Zucker
1 Pck. Dr. Oetker
Vanillin-Zucker

Außerdem:
etwas Zucker

Pro Stück:
E: 0,2 g, F: 1 g, Kh: 3 g,
kJ: 99, kcal: 24, BE: 0,2

1 Die Blätterteigplatten nebeneinander auf der Arbeitsfläche nach Packungsanleitung auftauen lassen.

2 Butter in einem Topf zerlassen und etwas abkühlen lassen. Die Teigplatten aufeinanderlegen, auf der bemehlten Arbeitsfläche zu einem Rechteck (etwa 55 x 22 cm) ausrollen und mit der Butter bestreichen.

3 Zucker mit Vanillin-Zucker mischen. Den Teig gleichmäßig damit bestreuen (Foto 1). Von den beiden kurzen Seiten aus den Teig zur Mitte hin aufrollen (Foto 2), sodass die Rollen aneinanderstoßen. Die Rollen fest zusammendrücken und so lange in den Kühlschrank stellen, bis der Teig schnittfest ist (etwa 30 Minuten).

4 Das Backblech mit Backpapier belegen. Den Backofen vorheizen.
Ober-/Unterhitze: etwa 200 °C
Heißluft: etwa 180 °C

5 Die Teigrolle in knapp 1 cm dicke Scheiben schneiden und portionsweise mit Abstand auf das Backblech legen (Foto 3). Backblech auf mittlerer Einschubleiste in den vorgeheizten Backofen schieben. Die Schweineöhrchen **etwa 15 Minuten backen, dabei das Gebäck nach 10 Minuten Backzeit umdrehen.** Übrige Schweineöhrchen ebenso auf Backpapier vorbereiten.

6 Die gebackenen Schweineöhrchen vom Backpapier lösen, noch heiß mit Zucker bestreuen und auf einem Kuchenrost erkalten lassen.

7 Die vorbereiteten Öhrchen mit dem Backpapier auf das Backblech ziehen, backen, mit Zucker bestreuen und erkalten lassen.

TIPP » Bei Heißluft können Sie auch 2–3 Backbleche auf einmal in den Backofen schieben.

» REZEPTVARIANTE:
Mandelschleifen
Aus dem restlichen Blätterteig aus der Packung (225 g) können Sie 20 Stück zubereiten. Die aufgetauten Teigplatten aufeinanderlegen und zu einem Rechteck (etwa 50 x 30 cm) ausrollen. Für den Belag 200 g Marzipan-Rohmasse raspeln, mit 1 Esslöffel Aprikosenkonfitüre und 50 g weicher Butter oder Margarine mit einem Handrührgerät zu einer streichfähigen Masse verrühren. Diese vorsichtig auf eine Teighälfte streichen, die zweite Teighälfte daraufklappen, sodass ein Rechteck (etwa 25 x 30 cm) entsteht. Die Ränder leicht andrücken. Das Rechteck mit einem scharfen Messer in etwa 1,5 cm breite und 25 cm lange Streifen schneiden. Die Teigstreifen zu einem losen Knoten schlingen, mit etwas Milch bestreichen und mit etwa 25 g gehobelten Mandeln bestreuen. Die Schleifen auf ein mit Backpapier belegtes Backblech legen. Das Backblech auf mittlerer Einschubleiste in den vorgeheizten Backofen schieben.
Ober-/Unterhitze: etwa 220 °C
Heißluft: etwa 200 °C
Die Mandelschleifen etwa 12 Minuten backen.

STRUDEL- & BLÄTTERTEIG

Oliven-Kräuter-Stangen

GUT VORZUBEREITEN (ETWA 30 STÜCK) IM FOTO RECHTS

Zubereitungszeit:
etwa 50 Minuten,
ohne Auftauzeit
Backzeit: etwa 15 Minuten

Für das Backblech:
Backpapier

Für den Teig:
½ Pck. (225 g) TK-Blätterteig
(5 quadratische Platten)

Für die Füllung:
80 g Pinienkerne
2 Knoblauchzehen
150 g schwarze
entsteinte Oliven
70 ml Olivenöl
50 g fein geriebener
Parmesan-Käse
1 Rosmarinzweig

Außerdem:
1 EL Wasser
1 EL grobes Meersalz

Pro Stück:
E: 2 g, F: 8 g, Kh: 4 g,
kJ: 383, kcal: 91, BE: 0,5

1 Die Blätterteigplatten nebeneinander nach Packungsanleitung auftauen lassen. Pinienkerne in einer Pfanne ohne Fett unter Rühren goldbraun rösten, herausnehmen und auf einem Teller erkalten lassen.

2 Knoblauch abziehen. Oliven, Knoblauch und Pinienkerne grob hacken und in einen Rührbecher geben. Olivenöl hinzugießen und das Ganze zu einer Paste pürieren. Parmesan-Käse unterrühren. Rosmarin abspülen und trocken tupfen. Die Nadeln abzupfen. Nadeln fein hacken und unterrühren.

3 Jede Blätterteigplatte auf einer bemehlten Arbeitsfläche zu einem Rechteck (etwa 12 x 30 cm) ausrollen. Eine Teigplatte halbieren, sodass ein Rechteck (etwa 12 x 15 cm) entsteht.

4 Zwei große Blätterteigrechtecke und ein kleines Blätterteigrechteck mit der Olivenpaste bestreichen, dabei rundherum einen kleinen Rand frei lassen. Die großen Teigrechtecke mit je einem großen Teigrechteck und das kleine mit dem kleinen Blätterteigrechteck belegen, an den Rändern fest andrücken und 15–20 Minuten in den Kühlschrank stellen.

5 Das Backblech mit Backpapier belegen. Den Backofen vorheizen.
Ober-/Unterhitze: etwa 200 °C
Heißluft: etwa 180 °C

6 Die gefüllten Blätterteigrechtecke mit einem Teigrädchen quer in etwa 1 ½ cm breite Streifen rädeln oder schneiden. Jeweils die Enden einer Stange gegeneinander drehen und auf das Backblech legen. Teigstreifen mit Wasser bestreichen, mit Salz bestreuen. Backblech auf mittlerer Einschubleiste in den vorgeheizten Backofen schieben. Die Stangen **etwa 15 Minuten backen**.

7 Die Oliven-Kräuter-Stangen mit dem Backpapier vom Backblech auf einen Kuchenrost ziehen. Die Stangen warm oder kalt servieren.

TIPP » Für lange Stangen schneiden Sie die gefüllten Teigrechtecke längs in Streifen.

» **REZEPTVARIANTE:**
Käsestangen (im Foto links)
Lassen Sie die restlichen Blätterteigplatten (225 g) aus der Packung nach Packungsanleitung auftauen. Eine Teigplatte halbieren und jeweils 2 ganze Teigplatten und 1 halbierte Teigplatte aufeinanderlegen, auf einer bemehlten Arbeitsfläche je zu einem Rechteck (etwa 25 x 15 cm) ausrollen. Für die Füllung 150 g geriebenen Höhlenkäse auf einem Teigrechteck verteilen, mit Paprikapulver und Pfeffer bestreuen. Die zweite Teigplatte darauflegen. Das Teigpaket längs mit einem scharfen Messer halbieren und in etwa 1 cm dicke Stangen schneiden. Jeweils die Enden einer Stange gegeneinander drehen und auf ein mit Backpapier belegtes Backblech legen. Die Stangen etwa 5 Minuten ruhen lassen und anschließend wie im Rezept angegeben backen.

RATGEBER

Eiweißgebäck

Eiweißgebäck ist ein luftig-leichtes Gebäck, das hauptsächlich aus viel steif geschlagenem Eiweiß und Zucker besteht. Mit anderen Zutaten wie Nüssen, Kokosraspeln und Gewürzen zum Verfeinern lässt sich der süße Schaum vielfältig variieren. Weiterer Pluspunkt: Wenn vom Kochen oder Backen anderer Gebäcke Eiweiß übrig geblieben ist, lässt sich daraus mit wenigen Zutaten und im Handumdrehen ganz nebenbei noch etwas Süßes zaubern. Typische Eiweißgebäcke sind Baiser und Makronen.

So bereiten Sie Eiweißgebäck zu

Schritt 1: Backblech vorbereiten
Belegen Sie das Backblech mit Backpapier. Wenn Sie das Backblech vorher etwas einfetten, kann das Backpapier nicht verrutschen, wenn Sie die Eiweißmasse auf das Backpapier spritzen oder setzen.

Schritt 2: Eiweiß steif schlagen
Damit Eiweiß wirklich steif geschlagen werden kann, müssen Schüssel und Rührbesen absolut fettfrei sein. Achten Sie beim Trennen der Eier auch darauf, dass das Eiweiß ganz klar ist und keine Spuren von Eigelb enthält. Nehmen Sie nun ein Handrührgerät mit Rührbesen (Foto 1) und schlagen das Eiweiß auf höchster Stufe so steif, dass ein Messerschnitt sichtbar bleibt. Übrigens: Eiweiß immer erst kurz vor der Verwendung steif schlagen.

Schritt 3: Zucker unterschlagen
Zucker und evtl. Aromen werden direkt beim Steifschlagen auf höchster Stufe nach und nach in das Eiweiß gegeben. Der nun entstandene „schnittfeste" Eischnee sollte sofort weiterverarbeitet werden. Wenn Eischnee steht, verliert er seine Festigkeit und lässt sich auch nicht noch einmal aufschlagen.

Schritt 4: Eischnee nach Rezept weiterverarbeiten
In den süßen Eischnee werden nun je nach Rezept vorsichtig die festen Zutaten, z. B. Kokosraspel, untergehoben – nicht rühren, sonst verliert die Masse an Volumen. Die fertige Masse kann nun nach Rezept weiterverarbeitet werden (Foto 2).

Schritt 5: Backen (Trocknen) von Eiweißgebäck
Das Backen von Eiweißgebäck ist eher ein Trocknen im vorgeheizten Backofen. Ideal für das Backen bzw. Trocknen von Eiweißgebäck ist ein Elektroherd, weil hier auch niedrige Backtemperaturen (anderes als im Gasbackofen) konstant und ohne große Temperaturschwankungen gehalten werden können.
Ist das Eiweißgebäck fertig, ziehen Sie es mit dem Backpapier vom Backblech auf einen Kuchenrost (Foto 3), damit es erkalten kann. Makronen dürfen übrigens nicht zu stark ausgebacken werden, damit das Gebäck nicht trocken wird. Wenn sie vom Backblech genommen werden, müssen sie sich von unten noch weich anfühlen. Die richtige Festigkeit erhalten sie während des Auskühlens auf dem Kuchenrost.

Die richtige Aufbewahrung
Makronen behalten ihr Aroma und bleiben außen schön knusprig, wenn Sie sie nach dem Auskühlen in einer gut schließenden Dose aufbewahren. Zum Einfrieren ist Eiweißgebäck nicht geeignet.

EIWEISSGEBÄCK

Baiser

EINFACH (GRUNDREZEPT/ETWA 80 STÜCK)

1 Das Backblech fetten und mit Backpapier belegen. Den Backofen vorheizen.
Ober-/Unterhitze: etwa 120 °C
Heißluft: etwa 100 °C

2 Für die Eiweißmasse Eiweiß mit einem Handrührgerät (Rührbesen) auf höchster Stufe so steif schlagen, dass ein Messerschnitt sichtbar bleibt (Foto 1). Zucker nach und nach auf höchster Stufe kurz unterschlagen.

3 Die Eiweißmasse in einen Spritzbeutel mit Sterntülle füllen, in beliebigen Formen auf das Backblech spritzen oder mit 2 Teelöffeln aufsetzen (Foto 2).

4 Das Backblech im unteren Drittel in den vorgeheizten Backofen schieben und das Eiweißgebäck **etwa 70 Minuten backen**. Das Gebäck darf nur leicht aufgehen und sich schwach gelblich färben.

5 Das Gebäck anschließend mit dem Backpapier auf einen Kuchenrost ziehen und erkalten lassen.

Zubereitungszeit: etwa 25 Minuten
Backzeit: etwa 70 Minuten

Für das Backblech:
etwas Fett
Backpapier

Für die Eiweißmasse:
4 Eiweiß (Größe M)
200 g feinkörniger Zucker

Pro Stück:
E: 0,2 g, F: 0 g, Kh: 2 g,
kJ: 45, kcal: 11, BE: 0,2

EIWEISSGEBÄCK

Amarettini

MIT ALKOHOL (ETWA 100 STÜCK/3 BACKBLECHE) IM FOTO UNTEN

Zubereitungszeit:
etwa 25 Minuten
Backzeit: etwa 30 Minuten
je Backblech

Für das Backblech:
etwas Fett, Backpapier

Für die Eiweißmasse:
1 Eiweiß (Größe M)
100 g feinkörniger Zucker
1 Pck. Dr. Oetker
Vanillin Zucker
1 EL Amaretto (Mandellikör)
100 g abgezogene,
gemahlene Mandeln

Zum Bestäuben:
20 g Puderzucker

Pro Stück:
E: 0,2 g, F: 0,5 g, Kh: 1 g,
kJ: 45, kcal: 11, BE: 0,1

1 Das Backblech fetten und mit Backpapier belegen. Den Backofen vorheizen.
Ober-/Unterhitze: etwa 150 °C
Heißluft: etwa 130 °C

2 Für die Eiweißmasse Eiweiß mit einem Handrührgerät (Rührbesen) auf höchster Stufe so steif schlagen, dass ein Messerschnitt sichtbar bleibt. Zucker, Vanilin-Zucker und Amaretto nach und nach auf höchster Stufe kurz unterschlagen. Mandeln unterheben.

3 Die Masse in einen Spritzbeutel mit Lochtülle (Ø 6 mm) füllen und Amarettini als gut 1 cm große Tupfen auf das Backblech spritzen. Das Backblech im unteren Drittel in den vorgeheizten Backofen schieben.

4 Die Amarettini **etwa 30 Minuten backen**. Die übrigen Amarettini ebenso auf einem Stück Backpapier vorbereiten.

5 Die gebackenen Amarettini mit dem Backpapier vom Backblech auf einen Kuchenrost ziehen, noch warm mit Puderzucker bestäuben, etwas abkühlen lassen und dann vom Backpapier lösen. Dann die vorbereiteten Amarettini auf das Backblech ziehen, backen, mit Puderzucker bestäuben und erkalten lassen.

TIPP » Bei Heißluft können Sie auch 2–3 Backbleche auf einmal in den Backofen schieben.

Wespennester

EINFACH (ETWA 60 STÜCK/2 BACKBLECHE) IM FOTO OBEN

Zubereitungszeit:
etwa 25 Minuten
Backzeit: etwa 25 Minuten
je Backblech

Für das Backblech:
etwas Fett, Backpapier

Für die Eiweißmasse:
125 g Schokolade
3 Eiweiß (Größe M)
250 g feinkörniger Zucker
1 Pck. Dr. Oetker
Vanillin-Zucker
250 g gehackte Mandeln

1 Das Backblech fetten und mit Backpapier belegen. Den Backofen vorheizen.
Ober-/Unterhitze: etwa 140 °C
Heißluft: etwa 120 °C

2 Für die Eiweißmasse Schokolade auf einer Küchenreibe fein reiben. Eiweiß in einer Rührschüssel mit einem Handrührgerät (Rührbesen) auf höchster Stufe so steif schlagen, dass ein Messerschnitt sichtbar bleibt. Zucker und Vanillin-Zucker nach und nach auf höchster Stufe kurz unterschlagen.

3 Schokolade und Mandeln vorsichtig auf niedrigster Stufe unterheben. Die Masse mit 2 Teelöffeln in Häufchen auf das Backblech setzen und das Backblech im unteren Drittel in den vorgeheizten Backofen schieben. Die Wespennester **etwa 25 Minuten backen**. Die restlichen Wespennester ebenso auf einem Stück Backpapier vorbereiten.

4 Die gebackenen Wespennester mit dem Backpapier vom Backblech auf einen Kuchenrost ziehen. Dann die vorbereiteten Wespennester auf das

EIWEISSGEBÄCK

Backblech ziehen und backen. Die Wespennester auf dem Kuchenrost erkalten lassen.

TIPP » Bei Heißluft können Sie auch 2 Backbleche auf einmal in den Backofen schieben.

Pro Stück:
E: 1 g, F: 3 g, Kh: 5 g,
kJ: 218, kcal: 52, BE: 0,5

EIWEISSGEBÄCK

Kokosmakronen

BELIEBT (ETWA 80 STÜCK/ETWA 2 BACKBLECHE)

Zubereitungszeit:
etwa 25 Minuten
Backzeit: etwa 25 Minuten
je Backblech

Für das Backblech:
etwas Fett
Backpapier

Für die Eiweißmasse:
200 g Kokosraspel
4 Eiweiß (Größe M)
200 g feinkörniger Zucker
1 Pck. Dr. Oetker
Vanillin-Zucker
1 Msp. gemahlener Zimt

Pro Stück:
E: 0,3 g, F: 2 g, Kh: 3 g,
kJ: 109, kcal: 26, BE: 0,2

1 Die Kokosraspel in einer Pfanne ohne Fett goldgelb rösten (Foto 1), dabei gelegentlich umrühren, und auf einem Teller erkalten lassen. Das Backblech fetten und mit Backpapier belegen. Den Backofen vorheizen.
Ober-/Unterhitze: etwa 140 °C
Heißluft: etwa 120 °C

2 Eiweiß mit einem Handrührgerät (Rührbesen) auf höchster Stufe so steif schlagen, dass ein Messerschnitt sichtbar bleibt. Zucker, Vanillin-Zucker und Zimt nach und nach auf höchster Stufe kurz unterschlagen. Die Kokosraspel vorsichtig unter den Eischnee heben.

3 Die Masse mit 2 kleinen Löffeln in Häufchen auf das Backblech setzen (Foto 2). Das Backblech im unteren Drittel in den vorgeheizten Backofen schieben. Die Kokosmakronen **etwa 25 Minuten backen**. Die restlichen Makronen ebenso auf einem Stück Backpapier vorbereiten.

4 Die gebackenen Makronen mit dem Backpapier vom Backblech auf einen Kuchenrost ziehen. Dann die vorbereiteten Makronen auf das Backblech ziehen und backen. Kokosmakronen auf dem Kuchenrost erkalten lassen.

TIPP » Die Makronen nach Belieben mit 50 g geschmolzener Schokolade besprenkeln.

» REZEPTVARIANTE:

Haselnussmakronen (Foto 3)
Bereiten Sie die Eiweißmasse wie im Rezept angegeben zu. Statt der Kokosraspel heben Sie 200 g gehobelte und 150 g gemahlene Haselnusskerne unter die Eiweißmasse. Die Masse wie im Rezept beschrieben auf das Backblech setzen und backen.

Fettgebäck

Das bekannteste Fettgebäck wird aus Hefeteig zubereitet und ist als „Berliner" beliebt. Aber auch aus Brandteig, Knetteig oder Quark-Öl-Teig lässt sich Fettgebäck zaubern. Wenn Sie sich für die Teigart entschieden haben, bereiten Sie den Teig wie im Rezept beschrieben zu. Zum Ausbacken des Fettgebäcks kann man eine Fritteuse oder einen großen Kochtopf nehmen, in dem das Gebäck genügend Platz zum Schwimmen hat.

So bereiten Sie Fettgebäck zu

Schritt 1: Das richtige Fett
Backen Sie Fettgebäck in geschmacksneutralem reinen Pflanzenfett, das eine große Hitzestabilität hat. Neutrales Speiseöl wie Sonnenblumenöl ist dafür genauso geeignet wie festes Pflanzenfett, z. B. Kokosfett.
Je nach Topfgröße brauchen Sie 750 g – 1 kg festes Pflanzenfett oder 750 ml – 1 l Speiseöl. Der Topf sollte zu etwa zwei Dritteln mit dem Ausbackfett gefüllt sein. Beim Ausbacken von Fettgebäck in einer Fritteuse beachten Sie die Hinweise des Geräteherstellers. Speiseöle und feste Fette sollen nicht miteinander gemischt werden.

Schritt 2: Ausbackfett erhitzen und Ausbacktemperatur bestimmen
Füllen Sie die Fritteuse oder den Frittiertopf so weit mit Fett, dass die Teigstücke gut darin schwimmen können.
Erhitzen Sie nun das Fett und überprüfen Sie, ob es die richtige Temperatur hat – bei zu starker Hitze bräunt das Gebäck zu schnell, geht nicht richtig auf und bleibt innen teigig. Ist das Fett zu kalt, saugt das Gebäck zu viel Fett auf. Außerdem kann das Fett, sobald der Teig eingelegt wird, anfangen, so stark zu schäumen, dass empfindliche Gebäckstücke förmlich auseinander gerissen werden. Sobald das passiert, muss das Fett stärker erhitzt werden.
Die richtige Temperatur bestimmen Sie, indem Sie einen Holzlöffelstiel in das erhitzte Fett halten. Wenn sich Bläschen darum bilden, hat das Fett die richtige Temperatur, nämlich etwa 175 °C (Foto 1).

Schritt 3: Frittiergut ausbacken
Geben Sie nun die vorbereiteten Teigstücke wie im Rezept beschrieben ins Fett – nicht zu viele auf einmal, damit das Fett nicht abkühlt. Überprüfen Sie zwischendurch immer wieder mit dem Holzlöffel, ob es die richtige Temperatur hat. Wenn das Gebäck schön goldbraun und ausgebacken ist, nehmen Sie es aus dem Topf und lassen es auf Küchenpapier abtropfen, damit überschüssiges Fett nicht in das Gebäck einzieht (Foto 2).
Lassen Sie das Gebäck nun auf einem Kuchenrost erkalten.

Schritt 4: Frittierfett reinigen
Damit im Fett nicht winzige Teilchen des Frittiergutes zurückbleiben, die beim nächsten Erhitzen verbrennen und das Fett verunreinigen könnten, reinigen Sie das Fett nach dem Frittieren. Gießen Sie es durch ein Metallsieb, das mit Küchenpapier ausgelegt ist (Foto 3).

RATGEBER

Ein Bad für alle
Unterschiedliches Frittiergut kann man nacheinander in demselben Fettbad ausbacken – die hohe Temperatur verhindert, dass der Geschmack übertragen wird. Mehr als sechs- bis zehnmal sollte Ausbackfett jedoch nicht verwendet werden.

Die richtige Aufbewahrung
Fettgebäck schmeckt frisch am besten. Länger als einen Tag sollten Sie es nicht aufbewahren, und auch dann im vorgeheizten Backofen bei etwa 150 °C Ober- und Unterhitze kurz aufbacken.

Sie können Fettgebäck auch einfrieren – lassen Sie es dann bei Zimmertemperatur in der Verpackung auftauen und backen es anschließend ebenfalls im Backofen bei etwa 150 °C Ober- und Unterhitze kurz auf. Je nach Gebäck wird es dann mit Puderzucker bestäubt oder mit einem Guss versehen.

Donuts

KLASSISCH (ETWA 12 STÜCK) IM FOTO SEITE 235 OBEN

1 Für den Teig die Milch in einem kleinen Topf erwärmen, Butter oder Margarine darin zerlassen.

2 Mehl in einer Rührschüssel mit der Trockenbackhefe sorgfältig vermischen. Übrige Zutaten und die warme Milch-Fett-Mischung hinzufügen, mit einem Handrührgerät (Knethaken) kurz auf niedrigster Stufe verrühren, dann auf höchster Stufe in etwa 5 Minuten zu einem glatten Teig verarbeiten. Den Teig so lange zugedeckt an einem warmen Ort gehen lassen, bis er sich sichtbar vergrößert hat.

3 Das Ausbackfett in einem Topf oder einer Fritteuse auf etwa 175 °C erhitzen, sodass sich um einen in das Fett gehaltenen Holzlöffelstiel Bläschen bilden.

4 Den Teig leicht mit Mehl bestäuben, auf der leicht bemehlten Arbeitsfläche kurz durchkneten und etwa 1 cm dick ausrollen. Zunächst Kreise (Ø etwa 9 cm) ausstechen, dann die Mitte der Kreise so ausstechen, dass etwa 2 cm breite Ringe entstehen. Diese nochmals so lange zugedeckt an einem warmen Ort gehen lassen, bis sie sich sichtbar vergrößert haben.

5 Die Ringe portionsweise schwimmend in dem siedenden Ausbackfett auf beiden Seiten backen, mit einem Schaumlöffel herausnehmen und auf Küchenpapier gut abtropfen lassen. Donuts warm mit Puderzucker bestäuben und servieren.

Zubereitungs- und Backzeit:
etwa 50 Minuten,
ohne Teiggehzeit

Für den Hefeteig:
150 ml Milch
60 g Butter oder Margarine
375 g Weizenmehl
1 Pck. Dr. Oetker Trockenbackhefe
40 g Zucker
1 Prise Salz
1 Ei (Größe M)

Außerdem:
Ausbackfett
etwas Puderzucker

Pro Stück:
E: 4 g, F: 9 g, Kh: 29 g,
kJ: 921, kcal: 220, BE: 2,5

Berliner

KLASSISCH (14–16 STÜCK)

Zubereitungs- und Backzeit:
etwa 60 Minuten,
ohne Teiggehzeit

Für den Hefeteig:
125 ml (⅛ l) Milch
100 g Butter oder Margarine
500 g Weizenmehl
1 Pck. Dr. Oetker Trockenbackhefe
30 g Zucker
1 Pck. Dr. Oetker Vanillin-Zucker
3 Tropfen Rum-Aroma (aus dem Röhrchen)
1 gestr. TL Salz
2 Eier (Größe M)
1 Eigelb (Größe M)

Zum Ausbacken:
Ausbackfett

Für die Füllung:
300 g Konfitüre nach Belieben oder 250 g Pflaumenmus oder Gelee

Zum Wenden:
etwas Zucker

Pro Stück:
E: 5 g, F: 11 g, Kh: 43 g,
kJ: 1250, kcal: 299, BE: 3,5

1 Für den Teig die Milch in einem kleinen Topf erwärmen, Butter oder Margarine darin zerlassen.

2 Mehl in einer Rührschüssel mit der Trockenbackhefe sorgfältig vermischen. Übrige Zutaten und die warme Milch-Fett-Mischung hinzufügen, alles mit einem Handrührgerät (Knethaken) kurz auf niedrigster Stufe verrühren, dann auf höchster Stufe in etwa 5 Minuten zu einem glatten Teig verarbeiten. Den Teig zugedeckt an einem warmen Ort so lange gehen lassen, bis er sich sichtbar vergrößert hat.

3 In der Zwischenzeit das Ausbackfett in einem Topf oder in einer Fritteuse auf etwa 175 °C erhitzen, sodass sich um einen in das Fett gehaltenen Holzlöffelstiel Bläschen bilden (Foto 1).

4 Den Teig leicht mit Mehl bestäuben und auf der Arbeitsfläche nochmals kurz durchkneten. Den Teig auf der leicht bemehlten Arbeitsfläche gut 1 cm dick ausrollen und 14–16 Kreise (∅ etwa 7 cm) ausstechen. Teigkreise zwischen zwei mit Mehl bestäubten Tüchern nochmals gehen lassen, bis sie sich sichtbar vergrößert haben.

5 Die Teigstücke portionsweise in das siedende Ausbackfett geben, von beiden Seiten goldbraun backen, mit einem Schaumlöffel herausnehmen (Foto 2) und auf Küchenpapier gut abtropfen lassen.

6 Für die Füllung Konfitüre durch ein Sieb streichen oder Pflaumenmus oder Gelee glatt rühren, in einen Spritzbeutel mit kleiner, langer Lochtülle füllen. In jeden Berliner damit seitlich durch den hellen Rand etwas Füllung spritzen (Foto 3).

7 Die Berliner noch warm in Zucker wenden und auf einem Kuchenrost erkalten lassen.

TIPP » Sie können den Teig unter Punkt 4 auch in 14–16 gleich große Portionen teilen und zu Kugeln formen.

» GUSSVARIANTEN:

Berliner mit Zuckerguss
Verrühren Sie Puderzucker mit so viel Wasser, dass ein streichfähiger Guss entsteht.

Berliner mit Whisky- oder Eierlikör-Guss
150 g Puderzucker sieben und mit 3–4 Esslöffeln Whisky- oder Eierlikör zu einem dickflüssigen Guss anrühren. Die Oberfläche der Berliner damit bestreichen.

Berliner mit rosa Guss
2–3 Esslöffel rotes Gelee im Wasserbad verflüssigen. 150 g Puderzucker sieben und nach und nach damit zu einem dickflüssigen Guss anrühren. Die Berliner mit dem Guss bestreichen.

(Fortsetzung Seite 234)

1

2

3

FETTGEBÄCK

ZUSATZTIPP » Jeder Guss kann direkt nach dem Aufstreichen noch mit Schokoraspeln, gehackten Nüssen oder Mandeln, gehobelten Mandeln, Krokant oder bunten Zuckerstreuseln bestreut werden.

» **FÜLLUNGSVARIANTEN:**
Berliner mit Vanille- oder Eierlikörcreme
Bereiten Sie 1 Päckchen Saucenpulver Vanille-Geschmack zum Kochen nach Packungsanleitung, aber nur mit 250 ml (¼ l) Milch zu. Oder 1 Päckchen Saucenpulver Vanille-Geschmack zum Kochen nach Packungsanleitung, aber nur mit 200 ml Milch und 50 ml Eierlikör zubereiten. Die Vanille- oder Eierlikörcreme erkalten lassen, dabei regelmäßig umrühren und dann die Füllung in die Berliner spritzen.

Quarkbällchen

BELIEBT (ETWA 25 STÜCK) IM FOTO UNTEN

Zubereitungs- und Backzeit:
etwa 40 Minuten,
ohne Teiggehzeit

Für den Hefeteig:
200 g Weizenmehl
1 Pck. Dr. Oetker Trockenbackhefe
75 g Zucker, 1 Pck. Dr. Oetker Vanillin-Zucker
1 Prise Salz
3 Tropfen Zitronen-Aroma (aus dem Röhrchen)
1 Ei (Größe M)
50 g weiche Butter oder Margarine
250 g Magerquark
75 g Rosinen

Außerdem:
Ausbackfett
etwas Puderzucker

Pro Stück:
E: 3 g, F: 4 g, Kh: 12 g,
kJ: 402, kcal: 96, BE: 1,0

1 Für den Hefeteig Mehl in einer Rührschüssel mit der Trockenbackhefe sorgfältig vermischen. Übrige Zutaten für den Teig, bis auf die Rosinen, hinzufügen, alles mit einem Handrührgerät (Knethaken) kurz auf niedrigster Stufe verrühren, dann auf höchster Stufe in etwa 5 Minuten zu einem glatten Teig verarbeiten. Den Teig zugedeckt an einem warmen Ort so lange gehen lassen, bis er sich sichtbar vergrößert hat.

2 In der Zwischenzeit das Ausbackfett in einem Topf oder in einer Fritteuse auf etwa 175 °C erhitzen, sodass sich um einen in das Fett gehaltenen Holzlöffelstiel kleine Bläschen bilden.

3 Den Teig nochmals kurz durchkneten, anschließend Rosinen kurz auf mittlerer Stufe unterkneten.

4 Mit einem in das Fett getauchten Teelöffel Teigbällchen abstechen und portionsweise schwimmend in dem siedenden Fett hellbraun ausbacken. Die Quarkbällchen mit einem Schaumlöffel herausnehmen und auf Küchenpapier gut abtropfen lassen. Die Quarkbällchen mit Puderzucker bestäuben und lauwarm servieren.

HINWEIS: Das Donutrezept finden Sie auf Seite 231.

FETTGEBÄCK

Muzenmandeln
TRADITIONELL (ETWA 80 STÜCK) IM FOTO UNTEN

Zubereitungs- und Backzeit:
etwa 80 Minuten

Zum Ausbacken:
Ausbackfett

Für den Knetteig:
325 g Weizenmehl
1 ½ gestr. TL Dr. Oetker Backin
100 g Zucker
8 Tropfen Rum-Aroma
(aus dem Röhrchen)
2 Eier (Größe M), 1 Prise Salz
100 g weiche Butter
oder Margarine

Pro Stück:
E: 1 g, F: 2 g, Kh: 6 g,
kJ: 182, kcal: 43, BE: 0,5

1. Das Ausbackfett in einem Topf oder in einer Fritteuse auf etwa 175 °C erhitzen, sodass sich um einen in das Fett gehaltenen Holzlöffelstiel Bläschen bilden.

2. Für den Knetteig Mehl mit Backpulver in einer Rührschüssel mischen. Übrige Zutaten hinzufügen und alles mit einem Handrührgerät (Knethaken) zunächst auf niedrigster, dann auf höchster Stufe zu einem Teig verarbeiten. Den Teig mit den Händen zu einer Rolle formen.

3. Den Teig auf der leicht bemehlten Arbeitsfläche etwa 1 cm dick ausrollen, Mandeln mit einer Muzenmandelform ausstechen (Foto 1) oder mit 2 Teelöffeln formen.

4. Die Muzenmandeln portionsweise schwimmend im siedenden Ausbackfett goldgelb backen (Foto 2). Anschließend mit einem Schaumlöffel herausnehmen (Foto 3), auf Küchenpapier gut abtropfen lassen.

TIPP » Muzenmandeln noch heiß in Zucker wälzen.

Rheinische Muzen
MIT ALKOHOL (ETWA 80 STÜCK) IM FOTO OBEN

Zubereitungs- und Backzeit:
etwa 60 Minuten

Zum Ausbacken:
Ausbackfett

Für den Teig:
40 g Puderzucker
2 Eier (Größe M)
1 Pck. Dr. Oetker
Vanillin-Zucker
250 g Weizenmehl
2 gestr. TL Dr. Oetker Backin
2 EL Rum

Pro Stück:
E: 0,5 g, F: 1 g, Kh: 3 g,
kJ: 86, kcal: 21, BE: 0,5

1. Das Ausbackfett in einem Topf oder in einer Fritteuse auf etwa 175 °C erhitzen, sodass sich um einen in das Fett gehaltenen Holzlöffelstiel Bläschen bilden.

2. Für den Teig Puderzucker sieben, mit Eiern und Vanillin-Zucker in eine Rührschüssel geben und mit dem Handrührgerät (Rührbesen) auf höchster Stufe 3 Minuten aufschlagen. Mehl mit Backpulver mischen und kurz auf niedrigster Stufe mit dem Rum unterrühren.

3. Den Teig portionsweise auf der bemehlten Arbeitsfläche dünn ausrollen, mit einem Teigrädchen in etwa 7 cm große Rauten schneiden.

4. Die Muzen portionsweise von beiden Seiten schwimmend in dem siedenden Ausbackfett goldbraun backen. Muzen mit einem Schaumlöffel herausnehmen, auf Küchenpapier gut abtropfen lassen.

TIPP » Muzen warm mit 2 Esslöffeln Puderzucker bestäuben.

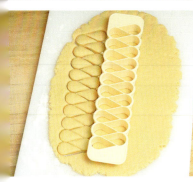

FETTGEBÄCK

Eberswalder Spritzkuchen
BELIEBT (ETWA 25 STÜCK)

Zubereitungs- und Backzeit:
etwa 90 Minuten

Zum Ausbacken:
Ausbackfett
Backpapier
etwas Fett

Für den Brandteig:
250 ml (¼ l) Wasser
50 g Butter oder Margarine
150 g Weizenmehl
30 g Speisestärke
25 g Zucker
1 Pck. Dr. Oetker
Vanillin-Zucker
5–6 Eier (Größe M)
1 gestr. TL Dr. Oetker Backin

Für den Guss:
300 g Puderzucker
etwa 3 EL Zitronensaft
heißes Wasser

Pro Stück:
E: 2 g, F: 5 g, Kh: 19 g,
kJ: 539, kcal: 129, BE: 1,5

1 Das Ausbackfett in einem Topf oder in einer Fritteuse auf etwa 175 °C erhitzen, sodass sich um einen in das Fett gehaltenen Holzlöffelstiel Bläschen bilden. Das Backpapier in Quadrate (etwa 10 x 10 cm) schneiden und fetten.

2 Für den Teig Wasser mit Butter oder Margarine in einem kleinen Topf aufkochen lassen. Topf von der Kochstelle nehmen. Mehl mit Speisestärke mischen und auf einmal in die heiße Flüssigkeit geben. Alles zu einem glatten Teigkloß verrühren, dann etwa 1 Minute unter ständigem Rühren erhitzen (abbrennen) und in eine Rührschüssel geben.

3 Zucker und Vanillin-Zucker mit dem Handrührgerät (Knethaken) unterrühren. 5 Eier nacheinander mit dem Handrührgerät (Knethaken) auf höchster Stufe unter den Teig arbeiten. Das letzte Ei verquirlen und nur so viel unter den Teig arbeiten, bis er stark glänzt und in langen Spitzen an einem Löffel hängen bleibt (Foto 1). Backpulver erst unter den erkalteten Teig rühren.

4 Teig portionsweise in einen Spritzbeutel mit großer Sterntülle (etwa 8 mm) füllen und in Form von Kränzen (6–7 cm) auf die vorbereiteten Backpapierquadrate spritzen (Foto 2). Durch vorsichtiges Eintauchen der Papiere in das siedende Ausbackfett die Kränzchen lösen (Foto 3) und portionsweise schwimmend auf beiden Seiten hellbraun backen. Die Spritzkuchen mit einem Schaumlöffel herausnehmen, auf Küchenpapier gut abtropfen lassen und auf einem Kuchenrost erkalten lassen.

5 Für den Guss Puderzucker sieben, mit Zitronensaft und so viel heißem Wasser glatt rühren, dass eine dickflüssige Masse entsteht. Das Gebäck damit bestreichen.

KALTE TORTEN

Ratgeber Gelatine

» **Rote und weiße Gelatine** gibt es gemahlen und in Blatt-Form.

» 1 Päckchen gemahlene Gelatine (9 g) ist ausreichend für 500 ml (½ l) Flüssigkeit und entspricht 6 Blatt Gelatine (10 g).

» **Blatt-Gelatine** weichen Sie in ausreichend kaltem Wasser etwa 5 Minuten ein. Dann die eingeweichten Blätter leicht ausdrücken, in einen kleinen Topf geben und unter Rühren bei schwacher Hitze auflösen.

» **Gemahlene Gelatine** geben Sie in einen kleinen Topf und verrühren diese mit etwa 6 Esslöffeln kaltem Wasser. Lassen Sie dann die Gelatine etwa 5 Minuten quellen. Anschließend die gequollene Gelatine im Topf unter Rühren bei schwacher Hitze auflösen.

» Sie können die eingeweichte bzw. die gequollene Gelatine je nach Rezept auch in heißer Flüssigkeit auflösen.

» **Festigen von Schlagsahne:** Erst die Sahne fast steif schlagen, Zucker kurz unterrühren. Die lauwarme gelöste Gelatine unter Rühren auf einmal hinzufügen, Sahne vollkommen steif schlagen, nach Rezept weiterverarbeiten.

» **Festigen von Tortenfüllungen:** Etwa 4 Esslöffel von der zu festigenden Creme mit der aufgelösten Gelatine verrühren, damit ein Temperaturausgleich stattfinden kann und sich keine Klümpchen bilden. Dann die Gelatine-Creme-Mischung z. B. mit einem Schneebesen mit der restlichen Creme verrühren und je nach Rezept weiterverarbeiten.

» Frische Ananas, Kiwi, Papaya und Feigen beeinträchtigen durch ihre Enzyme die Gelierfähigkeit von Gelatine. Deshalb diese Früchte vor der Verarbeitung mit Gelatine in heißem Wasser blanchieren oder als Früchte aus der Dose verarbeiten.

» Damit Gelatinezubereitungen richtig fest werden, diese immer in den Kühlschrank stellen.

Schnelle Frischkäsetorte

BELIEBT (ETWA 16 STÜCKE)

Zubereitungszeit:
etwa 30 Minuten, ohne Kühlzeit

Für den Springformrand (Ø 26 cm):
Tortenspitze, Tortenplatte

Für den Boden:
180 g Löffelbiskuits
120 g Butter oder Margarine

Für die Füllung:
1 Beutel Götterspeise Zitronen-Geschmack, 200 ml Wasser
200 g Doppelrahm-Frischkäse
125 g Zucker, 1 Pck. Dr. Oetker Vanillin-Zucker
2 EL Zitronensaft
500 g gekühlte Schlagsahne

Pro Stück:
E: 4 g, F: 21 g, Kh: 18 g,
kJ: 1169, kcal: 279, BE: 1,5

1 Zum Vorbereiten die Tortenspitze auf eine Tortenplatte legen und den geschlossenen Springformrand daraufstellen.

2 Für den Boden Löffelbiskuits in einen Gefrierbeutel geben. Den Beutel fest verschließen und die Löffelbiskuits mit einer Teigrolle fein zerbröseln. 30 g Brösel zum Garnieren beiseite legen. Butter oder Margarine in einem kleinen Topf zerlassen. Die Brösel hinzugeben und gut verrühren. Die Masse in den Springformrand direkt auf die Tortenspitze geben und mit einem Löffel gleichmäßig zu einem flachen Boden andrücken.

3 Für die Füllung Götterspeise mit 200 ml Wasser aber ohne Zucker nach Packungsanleitung zubereiten und etwas abkühlen lassen. Frischkäse mit Zucker, Vanillin-Zucker und Zitronensaft mit einem Schneebesen verrühren und die lauwarme Götterspeise unterrühren. Wenn die Masse beginnt dicklich zu werden, Schlagsahne steif schlagen und unterheben. Die Frischkäsemasse auf dem Löffelbiskuitboden verteilen und verstreichen. Die Torte etwa 3 Stunden in den Kühlschrank stellen.

4 Beiseite gelegte Biskuitbrösel dekorativ auf den Rand der Tortenoberfläche streuen. Den Springformrand vorsichtig mit einem Messer lösen und entfernen. Die Torte bis zum Servieren in den Kühlschrank stellen.

KALTE TORTEN

Käse-Beeren-Torte

FRUCHTIG (ETWA 16 STÜCKE)

Zubereitungszeit:
etwa 40 Minuten, ohne Kühlzeit

Für den Springformrand (Ø 26 cm):
Backpapier
Tortenplatte

Für den Boden:
150 g Löffelbiskuits
90 g Butter oder Margarine

Für den Belag:
10 Blatt weiße Gelatine
600 g fettreduzierter Frischkäse (16 % Fett)
300 g fettarmer Joghurt (1,5 % Fett)
125 g Zucker
180 ml heller Traubensaft
20 ml Zitronensaft
300 g gemischte frische Beeren, z. B. rote Johannisbeeren und Himbeeren oder aufgetaute, gut abgetropfte TK-Beeren

Pro Stück:
E: 7 g, F: 11 g, Kh: 18 g,
kJ: 845, kcal: 202, BE: 1,5

1 Einen Bogen Backpapier auf eine Tortenplatte legen und den geschlossenen Springformrand daraufstellen.

2 Für den Boden Löffelbiskuits in einen Gefrierbeutel geben. Beutel fest verschließen. Löffelbiskuits mit einer Teigrolle fein zerbröseln. Butter oder Margarine zerlassen. Brösel unterrühren. Die Masse im Springformrand mit einem Löffel gleichmäßig zu einem flachen Boden andrücken. Den Boden mindestens 20 Minuten in den Kühlschrank stellen.

3 Für den Belag Gelatine nach Packungsanleitung einweichen. Frischkäse, Joghurt und Zucker mit einem Handrührgerät (Rührbesen) geschmeidig rühren. Trauben- und Zitronensaft in einem Topf bei schwacher Hitze erwärmen. Die Gelatine leicht ausdrücken (Foto 1), in den Topf geben und unter Rühren auflösen (Foto 2).

4 Die Gelatinemischung zuerst mit etwa 4 Esslöffeln von der Frischkäsemasse verrühren (Foto 3), dann unter die restliche Frischkäsemasse rühren. Den Belag in den Kühlschrank stellen, bis er beginnt dicklich zu werden.

5 Beeren verlesen, kurz abspülen, gut abtropfen lassen und entstielen. Einige Beeren zum Garnieren beiseitelegen. Restliche Beeren vorsichtig unter den Belag heben. Den Belag auf dem Bröselboden verstreichen. Die Torte etwa 4 Stunden in den Kühlschrank stellen.

6 Die Torte mithilfe eines Tortenhebers vom Backpapier lösen und das Backpapier unter dem Boden wegziehen. Springformrand lösen und entfernen. Die Torte mit den beiseite gelegten Beeren garnieren und bis zum Servieren in den Kühlschrank stellen.

TIPP » Die Torte zusätzlich mit Minzeblättchen garnieren.

KALTE TORTEN

Spekulatius-Torte

MIT ALKOHOL (ETWA 16 STÜCKE)

Zubereitungszeit:
etwa 45 Minuten, ohne Kühlzeit

Für den Springformrand (Ø 26 cm):
Backpapier
Tortenplatte

Für den Boden:
200 g Gewürzspekulatius
100 g Butter

Für die Creme:
6 Blatt weiße Gelatine
200 g gekühlte Schlagsahne
250 g Mascarpone (italienischer Frischkäse)
500 g Magerquark
2 EL flüssiger Honig
1 Pck. Dr. Oetker Vanillin-Zucker
2 gestr. TL gemahlener Zimt
75 g Zucker

Für den Belag:
2 Orangen
2 kleine Birnen
60 ml Orangenlikör
300 ml Orangensaft
140 ml Wasser
2 Pck. Tortenguss, klar
4 EL Zucker

Zum Verzieren:
25 g geschabte weiße Kuvertüre

Pro Stück:
E: 7 g, F: 20 g, Kh: 29 g,
kJ: 1401, kcal: 335, BE: 2,5

1 Einen Bogen Backpapier auf eine Tortenplatte legen und den geschlossenen Springformrand daraufstellen.

2 Für den Boden Spekulatius in einen Gefrierbeutel geben. Beutel fest verschließen. Die Spekulatius mit einer Teigrolle fein zerbröseln. Butter in einem kleinen Topf zerlassen, die Brösel hinzugeben und unterrühren. Die Masse mithilfe eines angefeuchteten Esslöffels in dem Springformrand gleichmäßig zu einem flachen Boden andrücken. Den Boden mindestens 20 Minuten in den Kühlschrank stellen.

3 Für die Creme Gelatine nach Packungsanleitung einweichen. Sahne steif schlagen. Die Gelatine leicht ausdrücken und in einem kleinen Topf bei schwacher Hitze unter Rühren auflösen. Mascarpone mit Quark, Honig, Vanillin-Zucker, Zimt und Zucker verrühren. Erst etwa 4 Esslöffel von der Mascarpone-Quark-Masse mithilfe eines Schneebesens mit der aufgelösten Gelatine verrühren, dann mit der übrigen Masse verrühren. Die Sahne unterheben. Die Creme auf den Boden geben und glatt streichen. Die Torte etwa 2 Stunden in den Kühlschrank stellen.

4 Für den Belag Orangen so schälen, dass die weiße Haut mit entfernt wird (Foto 1). Orangen filetieren (Foto 2). Birnen abspülen, abtrocknen, vierteln, entkernen, evtl. schälen und in Spalten schneiden. Das Obst dekorativ auf der Creme verteilen. Likör, Orangensaft und Wasser vermischen. Den Tortenguss mit Zucker in einem Topf vermischen und nach und nach mit der Flüssigkeit mit einem Rührlöffel sorgfältig anrühren. Das Ganze unter Rühren zum Kochen bringen, dann auf dem Obst verteilen. Guss fest werden lassen.

5 Die Torte mithilfe eines Tortenhebers vom Backpapier lösen und das Backpapier unter dem Boden wegziehen. Den Springformrand mit einem Messer vorsichtig lösen und entfernen. Die Torte mit geschabter Kuvertüre garnieren.

TIPPS » Der Boden kann 1–2 Tage vor dem Verzehr zubereitet werden. Ihn dann zugedeckt in den Kühlschrank stellen.
» Sie können den Boden auch auf einer Tortenspitze zubereiten. So lässt er sich besonders gut lösen.
» Für eine Torte ohne Alkohol ersetzen Sie den Likör durch Orangensaft.

KALTE TORTEN

Himbeer-Sommertorte

FÜR KINDER (ETWA 16 STÜCKE)

Zubereitungszeit:
etwa 60 Minuten, ohne Kühlzeit

Für den Springformrand (Ø 26 cm):
Backpapier
Tortenplatte

Zum Vorbereiten:
1 Beutel aus 1 Pck. Dr. Oetker Götterspeise Himbeer-Geschmack
375 ml (3/8 l) Wasser oder Fruchtsaft
75 g Zucker

Für den Boden:
100 g Butter
150 g Butterkekse

Für den Belag:
1 Beutel aus 1 Pck. Dr. Oetker Götterspeise Himbeer-Geschmack
400 ml Wasser
150 g Zucker
250 g Himbeeren

400 g gekühlte Schlagsahne
250 g Magerquark

Zum Garnieren:
125 g Himbeeren

Pro Stück:
E: 5 g, F: 15 g, Kh: 20 g,
kJ: 1021, kcal: 244, BE: 1,5

1 Zum Vorbereiten Götterspeise mit Wasser oder Fruchtsaft und Zucker nach Packungsanleitung zubereiten, in eine flache Form (evtl. Auflaufform) geben und im Kühlschrank fest werden lassen.

2 Einen Bogen Backpapier auf eine Tortenplatte legen. Geschlossenen Springformrand daraufstellen.

3 Für den Boden Butter in einem Topf zerlassen. Kekse in einen Gefrierbeutel geben. Den Beutel fest verschließen und mit einer Teigrolle fein zerbröseln. Die Brösel unter die Butter rühren.

4 Die Bröselmasse im Springformrand mit einem Löffel gleichmäßig zu einem flachen Boden andrücken. Den Bröselboden mindestens 20 Minuten in den Kühlschrank stellen.

5 Für den Belag die Götterspeise mit Wasser und Zucker nach Packungsanleitung, aber mit nur 400 ml Wasser zubereiten und abkühlen lassen. Himbeeren verlesen, kurz abspülen und gut auf Küchenpapier abtropfen lassen. Einige Himbeeren zum Garnieren beiseitelegen.

6 Sahne steif schlagen. Sobald die Götterspeise anfängt dicklich zu werden, erst den Quark unterrühren (Foto 1), dann die steif geschlagene Sahne unterheben. Ein Drittel der Creme auf den Boden geben und glatt streichen.

7 Himbeeren darauf verteilen. Übrige Creme darauf verstreichen. Die Torte etwa 3 Stunden in den Kühlschrank stellen.

8 Die Torte mithilfe eines Tortenhebers vom Backpapier lösen und das Backpapier unter dem Boden wegziehen. Den Springformrand vorsichtig mit einem Messer lösen und entfernen.

9 Zum Garnieren die Himbeeren verlesen, kurz abspülen und gut auf Küchenpapier abtropfen lassen. Aus der vorbereiteten, fest gewordenen Götterspeise verschiedene Motive ausstechen oder -schneiden, dazu die Götterspeise auf eine Platte stürzen (Foto 2).

10 Die Torte mit den Götterspeisemotiven und beiseite gelegten Himbeeren garnieren und bis zum Servieren in den Kühlschrank stellen.

Abwandlung: Für den Belag können Sie statt der Himbeeren blaue und grüne kernlose Weintrauben verwenden. Bereiten Sie dann eine Waldmeister-Götterspeise mit hellem Traubensaft zu.

KALTE TORTEN

Käse-Sahne-Torte mit Nougat
RAFFINIERT (ETWA 16 STÜCKE)

Zubereitungszeit:
etwa 40 Minuten, ohne Kühlzeit

Für den Springformrand (Ø 26 cm):
Backpapier
Tortenplatte

Für den Boden:
180 g Zwieback
200 g Nuss-Nougat
20 g Butter

Für die Käsemasse:
6 Blatt weiße Gelatine
750 g Magerquark
100 ml Milch
50 g Zucker
250 g gekühlte Schlagsahne
100 g Nuss-Nougat
1 EL Kakaopulver
75 g Zucker

Zum Verzieren:
etwas Kakaopulver

Pro Stück:
E: 9 g, F: 11 g, Kh: 30 g,
kJ: 1094, kcal: 261, BE: 2,5

1 Einen Bogen Backpapier auf eine Tortenplatte legen und den geschlossenen Springformrand daraufstellen (Foto 1).

2 Für den Boden Zwieback in einen Gefrierbeutel geben. Den Beutel fest verschließen und den Zwieback mit einer Teigrolle fein zerbröseln. Nougat mit Butter in einem kleinen Topf im Wasserbad unter Rühren schmelzen, zu den Zwiebackbröseln in eine Schüssel geben und gut vermischen. Die Zwiebackmasse in den Springformrand geben und mit einem Esslöffel gleichmäßig zu einem flachen Boden andrücken. Den Boden mindestens 20 Minuten in den Kühlschrank stellen.

3 Für die Käsemasse Gelatine nach Packungsanleitung einweichen. Quark mit Milch und Zucker in einer Schüssel verrühren. Die Gelatine leicht ausdrücken und in einem kleinen Topf bei schwacher Hitze unter Rühren auflösen. Erst etwa 4 Esslöffel von der Quarkmasse mit der aufgelösten Gelatine verrühren, dann unter die restliche Quarkmasse rühren. Sahne steif schlagen und unterheben.

4 Nougat in einem kleinen Topf im Wasserbad geschmeidig rühren und abkühlen lassen. Die Quarkcreme halbieren. Unter die eine Hälfte Nougat und Kakaopulver rühren, unter die zweite Hälfte Zucker rühren. Die dunkle Creme auf den Boden streichen, darauf die helle Creme streichen und mit einer Gabel spiralförmig durchziehen, so dass an der Oberfläche ein Marmormuster entsteht (Foto 2).

5 Die Form mehrmals auf die Arbeitsfläche aufklopfen, sodass die Oberfläche wieder glatt wird. Torte etwa 3 Stunden in den Kühlschrank stellen.

6 Die Torte mithilfe eines Tortenhebers vom Backpapier lösen und das Backpapier unter dem Boden wegziehen. Den Springformrand vorsichtig mit einem Messer lösen (Foto 3) und entfernen.

7 Die Torte bis zum Servieren in den Kühlschrank stellen. Den äußeren Rand der Tortenoberfläche kurz vor dem Servieren mit Kakaopulver bestäuben.

TIPP » Sie können die Torte auch mit etwa 100 g geschmolzenem Nuss-Nougat besprenkeln.

KALTE TORTEN

Limettenschnitten

ERFRISCHEND (ETWA 16 STÜCKE)

Zubereitungszeit:
50 Minuten, ohne Kühlzeit

Für das Backblech:
etwas Fett
Backpapier
Backrahmen

Für den Boden:
100 g Butter
200 g Butterkekse

Für den Belag:
1 Bio-Limette (unbehandelt, ungewachst)
8 Blatt weiße Gelatine
750 g Sahnequark (40 % Fett i. Tr.)
50 g Zucker
1 Pck. Dr. Oetker Vanillin-Zucker
150 ml Limettensirup
250 g gekühlte Schlagsahne

Für den Guss:
1 Pck. Tortenguss, klar
100 ml Limettensirup
150 ml Wasser

Pro Stück:
E: 7 g, F: 18 g, Kh: 25 g,
kJ: 1242, kcal: 297, BE: 2

1 Das Backblech fetten, mit Backpapier belegen und den Backrahmen in der Größe von etwa 25 x 25 cm daraufstellen.

2 Für den Boden Butter in einem Topf zerlassen. Kekse in einen Gefrierbeutel geben und den Beutel fest verschließen. Die Kekse mit einer Teigrolle fein zerbröseln (Foto 1). Die Keksbrösel unter die Butter rühren. Die Bröselmasse in dem Backrahmen mit einem Löffel gleichmäßig zu einem flachen Boden andrücken (Foto 2). Boden mindestens 20 Minuten in den Kühlschrank stellen.

3 Für den Belag Limette heiß waschen und abtrocknen. Die Schale fein abreiben. Limette halbieren und den Saft auspressen.

4 Gelatine nach Packungsanleitung einweichen. Quark mit Zucker, Vanillin-Zucker, Limettenschale und 3 Esslöffeln vom Limettensaft glatt rühren. Gelatine leicht ausdrücken, mit dem Limettensirup in einem kleinen Topf unter Rühren bei schwacher Hitze auflösen.

5 Etwa 4 Esslöffel der Quarkmasse mithilfe eines Schneebesens mit der aufgelösten Gelatinemischung verrühren, dann mit der übrigen Quarkmasse verrühren.

6 Sobald die Quarkmasse anfängt dicklich zu werden, Sahne steif schlagen und vorsichtig unterheben. Die Sahnecreme auf den Bröselboden geben und glatt streichen. Den Kuchen mindestens 2 Stunden in den Kühlschrank stellen.

7 Für den Guss aus Tortengusspulver, Limettensirup und Wasser nach Packungsanleitung einen Guss zubereiten und auf der Kuchenoberfläche verteilen (Foto 3). Den Guss fest werden lassen.

8 Den Backrahmen vorsichtig mit einem Messer lösen und entfernen. Den Kuchen bis zum Servieren in den Kühlschrank stellen und zum Servieren in Schnitten schneiden.

SERVIERTIPP » Nach Belieben können Sie zum Garnieren 1 Bio-Limette (unbehandelt, ungewachst) heiß abwaschen, abtrocknen und mit einem Zestenreißer Zesten abziehen. Die Schnitten mit den Limettenzesten garnieren.

TIPP » Limettensirup gibt es als Konzentrat zur Limonadenzubereitung oder als Mixzutat für Cocktails im Supermarkt.

KALTE TORTEN

Kalter Hund

EINFACH (ETWA 20 STÜCKE)

Zubereitungszeit:
etwa 60 Minuten, ohne Kühlzeit

Für die Kastenform (25 x 11 cm):
1 großer Gefrierbeutel

Für die Schokoladencreme:
150 g Zartbitter-Kuvertüre
450 g Vollmilch-Kuvertüre
150 g Kokosfett
200 g Schlagsahne
2 Pck. Dr. Oetker Vanillin-Zucker

Außerdem:
etwa 250 g Butterkekse

Pro Stück:
E: 3 g, F: 23 g, Kh: 25 g,
kJ: 1360, kcal: 326, BE: 2,0

1 Die Kastenform mit einem aufgeschnittenen Gefrierbeutel auslegen.

2 Für die Schokoladencreme beide Kuvertüren grob hacken, Kokosfett in Stücke schneiden. Sahne in einem Topf erwärmen, die Kuvertüren und das Kokosfett darin schmelzen und gut verrühren. Vanillin-Zucker unterrühren.

3 Die vorbereitete Kastenform mit einer Schicht Butterkeksen auslegen, Kekse mit einem Sägemesser evtl. zurechtschneiden oder zerbrechen. Nun so viel Schokoladencreme auf der Keksschicht verteilen, dass diese bedeckt ist. Abwechselnd Schokoladencreme und Kekse in die Kastenform einschichten (7–8 Schichten, Foto 1).

4 Die Kastenform etwa 5 Stunden kalt stellen (am besten über Nacht), damit die Creme fest wird.

5 Das Gebäck vorsichtig auf eine Platte stürzen (Foto 2). Gefrierbeutel vorsichtig abziehen (Foto 3) und den Kalten Hund bis zum Servieren in den Kühlschrank stellen.

TIPPS » Rühren Sie unter die Schokoladencreme 1 Päckchen Dr. Oetker Finesse Natürliches Orangenschalen-Aroma.
» Oder verfeinern Sie die Schokoladencreme mit 2 Portionspäckchen (je 2 g) Instant-Espresso-Pulver.
» Damit der Gefrierbeutel nicht wegrutschen kann, beim Einschichten die Form einfach etwas fetten und dann die Form mit dem Gefrierbeutel auslegen.

WEIHNACHTSGEBÄCK

Vanillekipferl

BELIEBT (ETWA 90 STÜCK/3 BACKBLECHE)

Zubereitungszeit:
etwa 60 Minuten
Backzeit: etwa 10 Minuten
je Backblech
Haltbarkeit: etwa 3 Wochen
in gut schließenden Dosen

Für das Backblech:
Backpapier

Für den Knetteig:
250 g Weizenmehl
1 Msp. Dr. Oetker Backin
125 g Zucker
1 Pck. Dr. Oetker
Vanillin-Zucker
3 Eigelb (Größe M)
200 g kalte Butter
125 g abgezogene,
gemahlene Mandeln

Zum Bestäuben:
etwa 50 g Puderzucker
1 Pck. Dr. Oetker
Vanillin-Zucker

Pro Stück:
E: 1 g, F: 3 g, Kh: 4 g,
kJ: 187, kcal: 45, BE: 0,5

1 Das Backblech mit Backpapier belegen. Den Backofen vorheizen.
Ober-/Unterhitze: etwa 180 °C
Heißluft: etwa 160 °C

2 Für den Teig Mehl mit Backpulver in einer Rührschüssel mischen. Übrige Zutaten für den Teig hinzufügen und alles mit einem Handrührgerät (Knethaken) zunächst kurz auf niedrigster, dann auf höchster Stufe zu einem Teig verarbeiten. Dann den Teig mit den Händen zu einer Kugel formen.

3 Aus dem Teig bleistiftdicke Rollen formen, in 5–6 cm lange Stücke schneiden, die Enden etwas dünner rollen (Foto 1) und hörnchenförmig auf das Backblech legen. Das Backblech auf mittlerer Einschubleiste in den vorgeheizten Backofen schieben. Die Vanillekipferl **etwa 10 Minuten backen**.

4 Die übrigen Kipferl wie angegeben vorbereiten und auf Backpapier legen.

5 Puderzucker sieben und mit Vanillin-Zucker mischen. Die gebackenen Kipferl mit dem Backpapier vom Backblech auf einen Kuchenrost ziehen. Die warmen Kipferl mit der Puderzuckermischung bestäuben. Die vorbereiteten Kipferl mit dem Backpapier auf das Backblech ziehen und backen. Die Kipferl erkalten lassen.

TIPPS » Wenn der Teig bei der Zubereitung zu weich wird, ihn zwischendurch in den Kühlschrank stellen.
» Statt die Kipferl mit Puderzucker zu bestäuben, können Sie die noch leicht warmen Kipferl auch vorsichtig in Zucker wälzen.

WEIHNACHTSGEBÄCK

Zedernbrot

KLASSISCH (ETWA 50 STÜCK/3 BACKBLECHE)

1 Das Backblech mit Backpapier belegen. Den Backofen vorheizen.
Ober-/Unterhitze: etwa 130 °C
Heißluft: etwa 110 °C

2 Für den Teig Eiweiß so steif schlagen, dass ein Messerschnitt sichtbar bleibt. Puderzucker sieben, mit Vanillin-Zucker mischen und nach und nach kurz unterrühren. Zitronensaft, Zitronenschale und die Hälfte der Mandeln unterrühren. Von den übrigen Mandeln so viel unterkneten, dass der Teig kaum noch klebt.

3 Den Teig auf einer mit Puderzucker bestäubten Arbeitsfläche etwa 1 cm dick ausrollen. Mit Ausstechformen Halbmonde ausstechen und auf das Backblech legen. Das Backblech auf mittlerer Einschubleiste in den vorgeheizten Backofen schieben.

4 Die Gebäckstücke **etwa 30 Minuten backen**. Die übrigen Gebäckstücke wie angegeben vorbereiten und auf Backpapier legen.

5 Die gebackenen Gebäckstücke mit dem Backpapier vom Backblech auf einen Kuchenrost ziehen. Die vorbereiteten Gebäckstücke mit dem Backpapier auf das Backblech ziehen und backen. Gebäckstücke auf dem Kuchenrost erkalten lassen.

6 Für den Guss Puderzucker sieben, mit Zitronensaft zu einem dickflüssigen, streichfähigen Guss verrühren und die erkalteten Halbmonde mithilfe eines breiten Messers damit bestreichen. Den Guss fest werden lassen.

TIPP » Sie können zum Ausrollen auch die übrigen Mandeln verwenden.

Zubereitungszeit:
etwa 45 Minuten,
ohne Abkühlzeit
Backzeit: etwa 30 Minuten
je Backblech
Haltbarkeit: etwa 2 Wochen
in gut schließenden Dosen

Für das Backblech:
Backpapier

Für den Teig:
2 Eiweiß (Größe M)
250 g Puderzucker
1 Pck. Dr. Oetker
Vanillin-Zucker
1 TL Zitronensaft
1 Pck. Dr. Oetker Finesse
Geriebene Zitronenschale
etwa 400 g abgezogene,
gemahlene Mandeln

Außerdem:
etwas Puderzucker

Für den Guss:
150 g Puderzucker
2–3 EL Zitronensaft

Pro Stück:
E: 2 g, F: 4 g, Kh: 9 g,
kJ: 336, kcal: 80, BE: 0,5

255

WEIHNACHTSGEBÄCK

Haferflockenplätzchen

EINFACH (ETWA 120 STÜCK/4 BACKBLECHE)

Zubereitungszeit:
etwa 30 Minuten, ohne Kühlzeit
Backzeit: etwa 12 Minuten
je Backblech
Haltbarkeit: etwa 3 Wochen
in gut schließenden Dosen

Für das Backblech:
Backpapier

Für den Teig:
150 g weiche Butter
oder Margarine
150 g brauner Zucker
6–8 Tropfen Rum-Aroma
(aus dem Röhrchen)
2 Eier (Größe M)
200 g zarte Haferflocken
150 g abgezogene,
gemahlene Mandeln
1 gestr. TL Dr. Oetker Backin
1 Pck. Dr. Oetker Finesse
Geriebene Zitronenschale

Pro Stück:
E: 1 g, F: 2 g, Kh: 2 g,
kJ: 121, kcal: 29, BE: 0,1

1 Für den Teig Butter oder Margarine in einer Rührschüssel mit einem Handrührgerät (Rührbesen) auf höchster Stufe geschmeidig rühren. Nach und nach braunen Zucker und Aroma unterrühren. So lange rühren, bis eine gebundene Masse entsteht. Jedes Ei etwa ½ Minute auf höchster Stufe unterrühren.

2 Haferflocken mit Mandeln, Backpulver und Zitronenschale mischen, zwei Drittel davon auf mittlerer Stufe unterrühren. Restliches Haferflocken-Mandel-Gemisch mit den Händen auf der leicht bemehlten Arbeitsfläche unterarbeiten (Foto 1).

3 Den Teig zu 2 Rollen von je etwa 30 cm Länge formen und in Frischhaltefolie gewickelt einige Stunden oder über Nacht in den Kühlschrank stellen.

4 Das Backblech mit Backpapier belegen. Den Backofen vorheizen.
Ober-/Unterhitze: etwa 180 °C
Heißluft: etwa 160 °C

5 Die Teigrollen in etwa ½ cm dicke Scheiben schneiden (Foto 2) und auf das Backblech legen, evtl. etwas nachformen. Das Backblech auf mittlerer Einschubleiste in den vorgeheizten Backofen schieben.

6 Die Plätzchen **etwa 12 Minuten backen**. Die übrigen Plätzchen wie angegeben vorbereiten und auf Backpapier legen.

7 Die gebackenen Plätzchen mit Backpapier vom Backblech auf einen Kuchenrost ziehen. Die vorbereiteten Plätzchen mit dem Backpapier auf das Backblech ziehen und wie angegeben backen. Die Haferflockenplätzchen auf dem Kuchenrost erkalten lassen.

TIPPS » Statt Finesse Geriebene Zitronenschale können Sie auch Finesse Natürliches Orangenschalen-Aroma verwenden.
» Bei Heißluft können Sie auch 2 Backbleche auf einmal in den Backofen schieben.
» Die Haferflockenplätzchen nach Belieben mit geschmolzener Kuvertüre besprenkeln (Foto 3).

AUFBEWAHRUNGSTIPP » Alle vom Backblech genommenen Plätzchen müssen auf einem Kuchenrost zunächst gut auskühlen. Erst wenn sie völlig erkaltet sind, können sie zur Aufbewahrung verpackt werden. Bewahren Sie Plätzchen kühl und trocken auf.

WEIHNACHTSGEBÄCK

Zimtsterne

KLASSISCH (ETWA 40 STÜCK/2 BACKBLECHE)

Zubereitungszeit:
etwa 60 Minuten
Backzeit: etwa 25 Minuten
je Backblech
Haltbarkeit: etwa 2 Wochen
in gut schließenden Dosen

Für das Backblech:
Backpapier

Für den Teig:
3 Eiweiß (Größe M)
250 g Puderzucker
1 Pck. Dr. Oetker
Vanillin-Zucker
1 gestr. TL gemahlener Zimt
etwa 400 g nicht abgezogene,
gemahlene Mandeln
oder Haselnusskerne

Außerdem:
etwas Puderzucker

Pro Stück:
E: 2 g, F: 6 g, Kh: 7 g,
kJ: 371, kcal: 89, BE: 0,5

1 Das Backblech mit Backpapier belegen. Den Backofen vorheizen.
Ober-/Unterhitze: etwa 140 °C
Heißluft: etwa 120 °C

2 Für den Teig Eiweiß mit einem Handrührgerät (Rührbesen) auf höchster Stufe so steif schlagen, dass ein Messerschnitt sichtbar bleibt. Puderzucker sieben und nach und nach kurz unterrühren. Zum Bestreichen der Sterne 2 gut gehäufte Esslöffel Eischnee abnehmen und beiseitestellen.

3 Vanillin-Zucker, Zimt und etwa 150 g von den Mandeln oder Haselnusskernen vorsichtig auf niedrigster Stufe unter den übrigen Eischnee rühren. Von den übrigen Mandeln oder Haselnusskernen so viel mit den Händen unterkneten, dass der Teig kaum noch klebt.

4 Den Teig auf einer mit Puderzucker bestäubten Arbeitsfläche gut ½ cm dick ausrollen, Sterne ausstechen (Foto 1), auf das Backblech legen und mit dem beiseite gestellten Eischnee bestreichen (Foto 2). Der Eischnee muss so sein, dass er sich glatt auf die Sterne streichen lässt, evtl. einige Tropfen Wasser unterrühren.

5 Das Backblech auf unterster Einschubleiste in den vorgeheizten Backofen schieben. Die Zimtsterne **etwa 25 Minuten backen**. Die übrigen Sterne wie angegeben vorbereiten und auf Backpapier legen.

6 Die gebackenen Sterne mit dem Backpapier vom Backblech auf einen Kuchenrost ziehen. Die Zimtsterne müssen sich beim Herausnehmen auf der Unterseite noch etwas weich anfühlen. Die vorbereiteten Sterne mit dem Backpapier auf das Backblech ziehen und backen. Die Zimtsterne auf einem Kuchenrost erkalten lassen.

TIPPS » Die Sterne lassen sich besser ausstechen, wenn der Ausstecher vorher immer in Wasser getaucht wird.
» Die Sterne bleiben saftig, wenn sie in gut schließenden Dosen aufbewahrt werden.
» Zum Steifschlagen von Eiweiß müssen Schüsseln und Rührbesen absolut fettfrei sein, und es darf keine Spur von Eigelb im Eiweiß sein.

» REZEPTVARIANTE:
Zimtberge (Foto 3)
Bereiten Sie den Teig wie angeben, aber nur mit etwa 300 g gemahlenen Mandeln zu. Mit 2 Teelöffeln kleine Teighäufchen auf das Backblech setzen, dabei genügend Abstand lassen. Die Eischneemasse am besten mithilfe eines Gefrierbeutels auftragen, nach Wunsch mit einer Haselnuss belegen und wie im Rezept angegeben backen.

Elisenlebkuchen

FÜR GÄSTE (ETWA 30 STÜCK/3 BACKBLECHE)

Zubereitungszeit:
etwa 60 Minuten,
ohne Abkühlzeit
Backzeit: etwa 25 Minuten
je Backblech
Haltbarkeit: etwa 2 Wochen
in gut schließenden Dosen

Für den Teig:
100 g Orangeat oder Zitronat
(Sukkade)
2 Eier (Größe M)
200 g brauner Zucker
1 Pck. Dr. Oetker
Vanillin-Zucker
1 Msp. gemahlene
Gewürznelken
½ Röhrchen Rum-Aroma
1–2 Tropfen Zitronen-Aroma
(aus dem Röhrchen)
125 g nicht abgezogene,
gemahlene Mandeln
1 Msp. Dr. Oetker Backin
etwa 100 g gemahlene
Haselnusskerne

etwa 30 Backoblaten
(Ø etwa 7 cm)

Für den hellen Guss:
150 g Puderzucker
1–2 EL heißes Wasser

Für den dunklen Guss:
75 g Zartbitterschokolade
1 TL Speiseöl,
z. B. Sonnenblumenöl

Pro Stück:
E: 2 g, F: 6 g, Kh: 17 g,
kJ: 533, kcal: 127, BE: 1,5

1 Den Backofen vorheizen.
Ober-/Unterhitze: etwa 140 °C
Heißluft: etwa 120 °C

2 Für den Teig Orangeat oder Zitronat sehr fein würfeln. Eier mit einem Handrührgerät (Rührbesen) auf höchster Stufe in 1 Minute schaumig schlagen. Zucker mit Vanillin-Zucker mischen, in 1 Minute einstreuen, dann noch etwa 2 Minuten schlagen, Gewürznelken und Aromen unterrühren.

3 Mandeln mit Backpulver mischen, mit dem Orangeat oder Zitronat und so viel von den Haselnusskernen kurz auf niedrigster Stufe unter die Eiercreme rühren, dass der Teig noch streichfähig ist.

4 Auf jede Oblate 1 Esslöffel des Teiges geben, mit einem in Wasser getauchten Messer kuppelförmig auf die ganze Oblate streichen (Foto 1). Oblaten auf das Backblech legen.

5 Das Backblech auf mittlerer Einschubleiste in den vorgeheizten Backofen schieben. Die Oblaten **etwa 25 Minuten backen**.

6 Für den hellen Guss Puderzucker sieben und mit heißem Wasser glatt rühren (Foto 2), sodass ein dickflüssiger Guss entsteht. Die Hälfte der Lebkuchen gleich nach dem Backen mit hellem Guss bestreichen (Foto 3) und auf einem Kuchenrost erkalten lassen. Die übrigen Oblaten wie angegeben vorbereiten und backen. Die Lebkuchen ohne Guss ebenfalls auf einem Kuchenrost erkalten lassen.

7 Für den dunklen Guss Schokolade in Stücke brechen und mit dem Öl im Wasserbad bei schwacher Hitze unter Rühren schmelzen. Die erkalteten übrigen Lebkuchen mit dunklem Guss bestreichen und den Guss fest werden lassen.

TIPPS » Bei Heißluft können Sie auch 2–3 Backbleche auf einmal in den Backofen schieben.
» Elisenlebkuchen am besten gut verpackt einige Tage durchziehen lassen, damit sich das Aroma entfalten kann.

WEIHNACHTSGEBÄCK

Stollenhäppchen

EINFACH (ETWA 44 STÜCK/2 BACKBLECHE)

Zubereitungszeit:
etwa 30 Minuten
Backzeit: etwa 12 Minuten
je Backblech
Haltbarkeit: etwa 2 Wochen
in gut schließenden Dosen

Für das Backblech:
Backpapier

Für den Teig:
250 g Weizenmehl
2 gestr. TL Dr. Oetker Backin
75 g Zucker
1 Pck. Dr. Oetker
Vanillin-Zucker
1 Pck. Dr. Oetker Finesse
Weihnachts-Aroma
1 Pck. Dr. Oetker Finesse
Geriebene Zitronenschale
1 Ei (Größe M)
100 g weiche Butter
oder Margarine
125 g Magerquark
50 g fein gehacktes Zitronat
(Sukkade)
100 g Rosinen
50 g Korinthen
50 g abgezogene,
gemahlene Mandeln

Zum Bestäuben:
Puderzucker

Pro Stück:
E: 1 g, F: 3 g, Kh: 10 g,
kJ: 297, kcal: 71, BE: 1

1 Das Backblech mit Backpapier belegen. Den Backofen vorheizen. Ober-/Unterhitze: etwa 180 °C Heißluft: etwa 160 °C

2 Mehl mit Backpulver in einer Rührschüssel mischen. Zucker, Vanillin-Zucker, Aroma, Zitronenschale, Ei, Butter oder Margarine und den Quark hinzufügen und alles mit einem Handrührgerät (Knethaken) zunächst auf niedrigster, dann auf höchster Stufe zu einem Teig verarbeiten.

3 Anschließend Zitronat, Rosinen, Korinthen und Mandeln auf der leicht bemehlten Arbeitsfläche unterkneten (Foto 1).

4 Den Teig zunächst zu 2 Rollen von etwa 22 cm Länge formen (Foto 2), dann in je 1 cm breite Stücke schneiden und zu Kugeln formen. Die Teigkugeln auf das Backblech setzen, dabei genügend Abstand zwischen den Kugeln lassen.

5 Das Backblech auf mittlerer Einschubleiste in den vorgeheizten Backofen schieben. Die Häppchen **etwa 12 Minuten backen**. Die übrigen Häppchen wie angegeben vorbereiten und auf Backpapier legen.

6 Die gebackenen Stollenhäppchen mit dem Backpapier auf einen Kuchenrost ziehen, sofort mit Puderzucker bestäuben (Foto 3). Vorbereitete Stollenhäppchen mit dem Backpapier auf das Backblech ziehen, wie angegeben backen und bestäuben. Die Stollenhäppchen erkalten lassen.

TIPPS » Das beste Backergebnis bekommen Sie mit Ober-/Unterhitze.
» Es können mehrere Sorten Gebäck gleicher Art in einer Dose aufbewahrt werden, zweckmäßigerweise jeweils durch eine Lage Alufolie oder Pergamentpapier getrennt. Stark gewürzte Plätzchen bitte gesondert verpacken.

WEIHNACHTSGEBÄCK

Nussprinten

KLASSISCH (ETWA 40 STÜCK/2 BACKBLECHE)

Zubereitungszeit:
etwa 70 Minuten, ohne Kühlzeit
Backzeit: etwa 10 Minuten
je Backblech
Haltbarkeit: etwa 4 Wochen
in gut schließenden Dosen

Für das Backblech:
etwas Fett

Für den Belag:
etwa 200 g Haselnusskerne

Für den Teig:
125 g Zuckerrübensirup
(Rübenkraut)
50 g Zucker
1 Prise Salz
50 g Butter oder Margarine
2 EL Milch oder Wasser
50 g Grümmel (gestoßener
brauner Kandis)
3 Tropfen Zitronen-Aroma
(aus dem Röhrchen)
½ gestr. TL gemahlener Anis
½ gestr. TL gemahlene
Gewürznelken
½ gestr. TL gemahlener Zimt
250 g Weizenmehl
3 gestr. TL Dr. Oetker Backin

Für den Guss:
250 g Schokolade
1–2 EL Speiseöl,
z. B. Sonnenblumenöl

Pro Stück:
E: 2 g, F: 7 g, Kh: 13 g,
kJ: 503, kcal: 120, BE: 1,0

1 Für den Belag die Haselnusskerne enthäuten. Dafür die Haselnusskerne auf ein trockenes, sauberes Backblech legen und im Backofen bei Ober-/Unterhitze etwa 200 °C so lange erhitzen, bis sich die braunen Häutchen abreiben lassen. Die heißen Haselnusskerne in ein sauberes Küchentuch geben und die Häutchen mit Kreisbewegungen abreiben (Foto 1).

2 Für den Teig Sirup mit Zucker, Salz, Butter oder Margarine und Milch oder Wasser in einem Topf unter Rühren langsam zerlassen, in eine Rührschüssel geben, kalt stellen.

3 Unter die fast erkaltete Masse mit dem Handrührgerät (Rührbesen) auf höchster Stufe Grümmel, Aroma, Anis, Gewürznelken und Zimt rühren. Mehl mit Backpulver mischen und zwei Drittel davon portionsweise auf mittlerer Stufe unterrühren. Den Teigbrei mit dem übrigen Mehl auf der Arbeitsfläche zu einem glatten Teig verkneten. Teig in Frischhaltefolie gewickelt etwa 30 Minuten in den Kühlschrank stellen.

4 Das Backblech fetten. Den Backofen vorheizen.
Ober-/Unterhitze: etwa 180 °C
Heißluft: etwa 160 °C

5 Die enthäuteten Haselnusskerne halbieren. Den Teig etwa ½ cm dick ausrollen und Rechtecke (etwa 7 x 2,5 cm) ausschneiden.

6 Die Rechtecke auf das Backblech legen, die Haselnusskerne auf die Teigstücke legen. Das Backblech auf mittlerer Einschubleiste in den vorgeheizten Backofen schieben. Die Printen **etwa 10 Minuten backen**.

7 Die Printen nach dem Backen vom Backblech lösen und auf einem Kuchenrost erkalten lassen. Die übrigen Printen wie angegeben vorbereiten und backen.

8 Für den Guss Schokolade in Stücke brechen, mit dem Öl (Foto 2) im Wasserbad bei schwacher Hitze schmelzen und die erkalteten Printen damit überziehen.

TIPPS » Bei Heißluft können Sie auch 2 Backbleche auf einmal in den Backofen schieben.
» Zum Aufbewahren legen Sie die Printen, mit Backpapier dazwischen, in gut schließende Dosen.
» Nussprinten am besten gut verpackt einige Tage durchziehen lassen, damit sich das Aroma entfalten kann.
» Sie können die Printen auch mit anderen Nusskernen belegen.
» Sie können die Printen auch nur mit etwas Milch bestreichen und mit Hagelzucker bestreuen.

BACKZUTATENTIPP » Zuckerrübensirup (Rübenkraut) ist ein eingedickter, dunkler Saft aus Zuckerrüben, dieser wird oft in der Weihnachtsbäckerei verwendet.

WEIHNACHTSGEBÄCK

Früchteplätzchen

EINFACH – EIGELBVERWENDUNG (ETWA 80 STÜCK)

Zubereitungszeit:
etwa 40 Minuten
**Backzeit: etwa 15 Minuten
je Backblech**
**Haltbarkeit: etwa 3 Wochen
in gut schließenden Dosen**

Für das Backblech:
etwas Fett
Backpapier

Für den Rührteig:
250 g weiche Margarine
oder Butter
150 g Zucker
1 Pck. Dr. Oetker
Vanillin-Zucker
3 Eigelb (Größe M)
300 g Weizenmehl
1 ½ geh. TL Dr. Oetker Backin
3 EL Zitronensaft
100 g gehobelte
Haselnusskerne
75 g Korinthen
50 g fein gehacktes Zitronat
(Sukkade)

Zum Bestäuben:
Puderzucker

Pro Stück:
E: 1 g, F: 4 g, Kh: 6 g,
kJ: 257, kcal: 61, BE: 0,5

1 Das Backblech fetten und mit Backpapier belegen. Den Backofen vorheizen.
Ober-/Unterhitze: etwa 180 °C
Heißluft: etwa 160 °C

2 Für den Teig Margarine oder Butter mit einem Handrührgerät (Rührbesen) auf höchster Stufe geschmeidig rühren. Nach und nach Zucker und Vanillin-Zucker unterrühren. So lange rühren, bis eine gebundene Masse entstanden ist.

3 Eigelb nach und nach auf höchster Stufe unterrühren. Mehl mit Backpulver mischen und in 2 Portionen abwechselnd mit dem Zitronensaft auf mittlerer Stufe unterrühren. Haselnusskerne, Korinthen und Zitronat unterrühren.

4 Von dem Teig mit 2 Teelöffeln Häufchen auf das Backblech setzen, dabei genügend Abstand zwischen den Teighäufchen lassen.

5 Das Backblech auf mittlerer Einschubleiste in den vorgeheizten Backofen schieben. Die Plätzchen **etwa 15 Minuten backen**. Die übrigen Plätzchen wie angegeben vorbereiten und auf Backpapier legen.

6 Die gebackenen Früchteplätzchen mit dem Backpapier auf einen Kuchenrost ziehen. Die Früchteplätzchen sofort mit Puderzucker bestäuben. Die vorbereiteten Plätzchen mit dem Backpapier auf das Backblech ziehen, backen und bestäuben. Die Plätzchen erkalten lassen.

TIPP » Wenn Sie mehrere Partien Plätzchen backen möchten, es ist aber nur ein Backblech vorhanden, dann können Sie sich folgendermaßen behelfen: Mehrere Backpapierstücke in der Größe des Backblechs zuschneiden. Die Bögen mit den Teigplätzchen belegen. Die belegten Backpapierbögen an der schrägen Seite auf das Backblech ziehen. Die Teigstücke können auf diese Weise vorbereitet werden, verrutschen nicht und können nacheinander gebacken werden.

WEIHNACHTSGEBÄCK

Spritzgebäck mit Mandeln
TRADITIONELL (ETWA 140 STÜCK/4 BACKBLECHE)

Zubereitungszeit:
etwa 60 Minuten
Backzeit: etwa 12 Minuten
je Backblech
Haltbarkeit: etwa 3 Wochen
in gut schließenden Dosen

Für das Backblech:
etwas Fett

Für den Teig:
375 g weiche Butter
oder Margarine
250 g Zucker
2 Pck. Dr. Oetker
Vanillin-Zucker
1 Prise Salz
500 g Weizenmehl
125 g abgezogene,
gemahlene Mandeln

Pro Stück:
E: 1 g, F: 3 g, Kh: 4 g,
kJ: 188, kcal: 45, BE: 0,5

1 Das Backblech fetten. Den Backofen vorheizen.
Ober-/Unterhitze: etwa 180 °C
Heißluft: etwa 160 °C

2 Für den Teig Butter oder Margarine in einer Rührschüssel mit dem Handrührgerät (Rührbesen) auf höchster Stufe geschmeidig rühren. Nach und nach Zucker, Vanillin-Zucker und Salz unterrühren. So lange rühren, bis sich der Zucker gelöst hat und eine gebundene Masse entsteht. Zwei Drittel vom Mehl portionsweise auf mittlerer Stufe unterrühren.

3 Den Teigbrei mit dem übrigen Mehl und den Mandeln auf der Arbeitsfläche kurz zu einem glatten Teig verkneten. Den Teig zu Rollen formen, die Rollen in eine Gebäckpresse geben und den Teig auf das Backblech spritzen (Foto 1). Das Backblech auf mittlerer Einschubleiste in den vorgeheizten Backofen schieben. Das Spritzgebäck **etwa 12 Minuten backen**.

4 Das Gebäck vom Backblech lösen, auf einem Kuchenrost erkalten lassen. Das übrige Gebäck wie angegeben vorbereiten und backen.

TIPPS » Sie können den Teig auch durch einen Fleischwolf mit Spezialvorsatz drehen (Foto 2) und als Stangen, S-Formen oder Kränzchen auf ein mit Backpapier belegtes Backblech legen.
» Tauchen Sie die Enden des erkalteten Spritzgebäcks in geschmolzene Schokolade (Foto 3) und bestreuen Sie sie mit gehackten Pistazienkernen.

» REZEPTVARIANTE:
Dunkles Spritzgebäck
Dafür ein Drittel des Teiges mit einer Mischung aus 10 g gesiebtem Kakaopulver und 10 g Zucker zu einer Rolle verkneten, in die Gebäckpresse geben und wie im Rezept beschrieben backen.

Spritzgebäck mit Eigelb
BELIEBT (ETWA 120 STÜCK/4 BACKBLECHE)

Zubereitungszeit:
etwa 60 Minuten
Backzeit: etwa 15 Minuten
je Backblech
Haltbarkeit: etwa 3 Wochen
in gut schließenden Dosen

Für das Backblech:
etwas Fett
Backpapier

1 Das Backblech fetten und mit Backpapier belegen. Den Backofen vorheizen.
Ober-/Unterhitze: etwa 180 °C
Heißluft: etwa 160 °C

2 Für den Teig Butter oder Margarine mit Handrührgerät (Rührbesen) auf höchster Stufe geschmeidig rühren. Nach und nach Zucker,

Vanillin-Zucker, Eigelb, Salz und Zitronenschale unterrühren. So lange rühren, bis sich der Zucker gelöst hat und eine gebundene Masse entsteht. Mehl mit Backpulver mischen und zwei Drittel davon portionsweise abwechselnd mit der Milch auf mittlerer Stufe unterrühren. Das übrige Mehl auf der Arbeitsfläche unterkneten.

268

WEIHNACHTEN

3 Den Teig durch einen Fleischwolf mit Spezialvorsatz drücken, in Stücke von beliebiger Länge schneiden und als Stangen und Kränze auf das Backblech legen.

4 Das Backblech auf mittlerer Einschubleiste in den vorgeheizten Backofen schieben. Das Spritzgebäck **etwa 15 Minuten backen**. Das übrige Spritzgebäck wie angegeben vorbereiten und auf Backpapier legen.

5 Das gebackene Spritzgebäck mit dem Backpapier vom Backblech auf einen Kuchenrost ziehen. Das vorbereitete Spritzgebäck mit dem Backpapier auf das Backblech ziehen und wie angegeben backen. Spritzgebäck auf dem Kuchenrost erkalten lassen.

TIPPS » Sie können den Teig am Vortag zubereiten und in Frischhaltefolie gewickelt im Kühlschrank aufbewahren.
» Sie können den Teig auch mit der Gebäckpresse verarbeiten. Spritzen Sie den Teig dann nur auf das gefettete Backblech. Gebäck nach dem Backen sofort lösen.

Für den Teig:
250 g weiche Butter oder Margarine
250 g Zucker, 2 Pck. Dr. Oetker Vanillin-Zucker
3 Eigelb (Größe M)
1 Prise Salz
1 Pck. Dr. Oetker Finesse Geriebene Zitronenschale
500 g Weizenmehl
2 gestr. TL Dr. Oetker Backin
gut 1 EL Milch

Pro Stück:
E: 0,5 g, F: 2 g, Kh: 5 g,
kJ: 170, kcal: 41, BE: 0,5

WEIHNACHTSGEBÄCK

Pfeffernüsse mit Guss

ZUM VORBEREITEN (ETWA 50 STÜCK/2 BACKBLECHE)

Zubereitungszeit:
65 Minuten, ohne Kühlzeit
Backzeit: etwa 15 Minuten
je Backblech
Haltbarkeit: 2–3 Wochen
in gut schließenden Dosen

Für das Backblech:
Backpapier

Für den Knetteig:
250 g Weizenmehl
1 ½ gestr. TL Dr. Oetker Backin
160 g Zucker
1 Pck. Dr. Oetker Finesse
Geriebene Zitronenschale
1 Prise Salz
1 Ei (Größe M)
je 1 Msp. Ingwer, Kardamom,
Gewürznelken, Piment
(Nelkenpfeffer), weißer
Pfeffer (alles gemahlen)
3–4 EL Milch
25 g abgezogene,
gemahlene Mandeln
25 g sehr fein gewürfeltes
Zitronat (Sukkade)

Für den Guss:
175 g gesiebter Puderzucker
2 EL heißes Wasser

Pro Stück:
E: 1 g, F: 0,5 g, Kh: 11 g,
kJ: 216, kcal: 52, BE: 1,0

1 Für den Teig Mehl mit Backpulver in einer Rührschüssel mischen. Zucker, Zitronenschale, Salz, Ei, Gewürze, Milch, Mandeln und Zitronat (Sukkade) hinzufügen. Die Zutaten mit einem Handrührgerät (Knethaken) zunächst kurz auf niedrigster, dann auf höchster Stufe gut durcharbeiten.

2 Anschließend den Teig auf der leicht bemehlten Arbeitsfläche zu einem glatten Teig verkneten. Aus dem Teig 2 Rollen von je etwa 25 cm Länge formen. Die Teigrollen in Folie gewickelt einige Stunden oder über Nacht in den Kühlschrank stellen.

3 Das Backblech mit Backpapier belegen. Den Backofen vorheizen.
Ober-/Unterhitze: etwa 180 °C
Heißluft: etwa 160 °C

4 Die Teigrollen evtl. nochmals nachformen, in etwa 1 cm dicke Scheiben schneiden und auf das Backblech legen (die Teigrollen zwischendurch immer wieder in den Kühlschrank stellen, damit sie sich gut schneiden lassen).

5 Das Backblech auf mittlerer Einschubleiste in den vorgeheizten Backofen schieben. Die Pfeffernüsse **etwa 15 Minuten backen**. Die übrigen Plätzchen wie angegeben vorbereiten und auf Backpapier legen.

6 Die gebackenen Pfeffernüsse mit dem Backpapier auf einen Kuchenrost ziehen. Die vorbereiteten Pfeffernüsse mit dem Backpapier auf das Backblech ziehen und wie angegeben backen. Die Pfeffernüsse auf dem Kuchenrost erkalten lassen.

7 Für den Guss Puderzucker mit Wasser zu einer dickflüssigen Masse verrühren. Die Pfeffernüsse damit bestreichen. Guss trocknen lassen.

TIPPS » Lassen Sie die Teigrollen anfrieren und schneiden Sie sie mit einem scharfen Messer oder mit einer Aufschnittmaschine in Scheiben.
» Bei Heißluft können Sie auch 2 Backbleche auf einmal in den Backofen schieben.

WEIHNACHTSGEBÄCK

Knusperhaus
FÜR KINDER

Zubereitungszeit:
etwa 60 Minuten,
ohne Trocknungszeit
Backzeit: etwa 15 Minuten

Für das Backblech (40 x 30 cm):
etwas Fett
Backpapier

Für den Teig:
240 g Honig
120 g Margarine oder Butter
375 g Weizenmehl
4 gestr. TL Dr. Oetker Backin
3 gestr. TL Kakaopulver
3 Eier (Größe M)
1 Pck. (15 g) Lebkuchengewürz
1 Pck. Dr. Oetker
Finesse Natürliches
Orangenschalen-Aroma
150 ml Milch

Für den Guss:
4 Blatt weiße Gelatine
500 g Puderzucker
40 g Speisestärke
5–6 EL Wasser

Außerdem:
Süßigkeiten nach Belieben
Puderzucker

Insgesamt (ohne Garnierung):
E: 60 g, F: 105 g, Kh: 906 g,
kJ: 20341, kcal: 4861, BE: 75,5

1 Das Backblech fetten und mit Backpapier belegen. Das Backpapier an der schrägen Seite des Backbleches zu einer Falte knicken. Den Backofen vorheizen.
Ober-/Unterhitze: etwa 180°C
Heißluft: etwa 160°C

2 Für den Teig Honig, Margarine oder Butter in einem Topf unter Rühren zerlassen und einmal aufkochen. Honig-Fett-Mischung in eine Rührschüssel geben und erkalten lassen. Mehl mit Backpulver und Kakaopulver mischen und mit den Eiern, Gewürz, Aroma und Milch zufügen und mit einem Handrührgerät (Rührbesen) zu einem glatten Teig verrühren.

3 Den Teig gleichmäßig auf dem Backblech verstreichen und auf mittlerer Einschubleiste in den vorgeheizten Backofen schieben. Die Gebäckplatte **etwa 15 Minuten backen** und anschließend auf dem Backblech auf einem Kuchenrost erkalten lassen.

4 Eine Papierschablone nach Vorlage ausschneiden und die Einzelteile aus dem Gebäck ausschneiden (Foto 1). Gebäckstücke evtl. über Nacht trocknen lassen (Foto 2), damit sie mehr Stabilität bekommen.

5 Das Knusperhaus zusammensetzen. Dazu die Gelatine nach Packungsanleitung einweichen. Puderzucker und Speisestärke in eine Rührschüssel sieben. Gelatine ausdrücken, mit 5–6 Esslöffeln Wasser in einen Topf geben und unter Rühren bei schwacher Hitze auflösen.

6 Die Gelatineflüssigkeit sofort vollständig zum Puderzucker-Speisestärke-Gemisch geben und mit einem Handrührgerät (Rührbesen) zu einer zähen Masse verrühren. Die Masse sofort in einen Spritzbeutel mit Sterntülle (Ø etwa 12 mm) füllen und das Knusperhaus auf einem Brett oder einer Tortenplatte zusammensetzen.

7 Dazu die Rückwand mit einer Dachhälfte zusammenkleben und dann mit den übrigen Teilen fertig stellen (Foto 3). Anschließend mit der Puderzuckermasse die Tür anbringen und sofort die Süßigkeiten an das Haus kleben (Foto 4). Das Knusperhaus gut trocknen lassen. Zuletzt das Knusperhaus mit Puderzucker bestäuben.

TIPPS » Wenn Sie keinen Spritzbeutel haben, geben Sie den Guss in einen Gefrierbeutel und schneiden eine Ecke ab.
» Gebäckreste in kleine Dreiecke schneiden und daraus einen Gartenzaun um das Haus setzen.

Vorlage

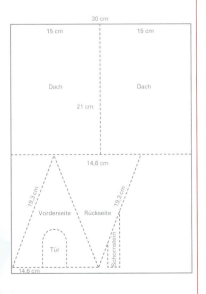

- 30 cm
- 15 cm | 15 cm
- Dach | Dach
- 21 cm
- 14,6 cm
- 19,3 cm | 19,3 cm
- Vorderseite | Rückseite
- Tür | Schornstein
- 14,6 cm

1

2

3

4

WEIHNACHTSGEBÄCK

Glühweinmuffins

MIT ALKOHOL (12 STÜCK)

Zubereitungszeit: etwa 25 Minuten
Backzeit: etwa 35 Minuten

Für die Muffinform für 12 Muffins:
etwas Fett
Weizenmehl

Für den Rührteig:
75 g Zartbitter-Kuvertüre oder Zartbitterschokolade
175 g weiche Margarine oder Butter
175 g Zucker
1 Pck. Dr. Oetker Bourbon-Vanille-Zucker
1 Pck. Dr. Oetker Finesse Natürliches Orangenschalen-Aroma
je 1 Msp. Zimt, Gewürznelken und Kardamom (alles gemahlen)
3 Eier (Größe M)
150 g Weizenmehl
30 g Speisestärke
3 gestr. TL Dr. Oetker Backin
100 ml Glühwein

Zum Bestäuben:
etwas Puderzucker

Pro Stück:
E: 4 g, F: 16 g, Kh: 33 g,
kJ: 1243, kcal: 297, BE: 2,5

1 Die Muffinform fetten und mehlen. Den Backofen vorheizen.
Ober-/Unterhitze: etwa 180 °C
Heißluft: etwa 160 °C

2 Für den Teig Kuvertüre oder Schokolade grob hacken, im Wasserbad bei schwacher Hitze unter Rühren schmelzen und leicht abkühlen lassen. Margarine oder Butter in einer Rührschüssel mit Handrührgerät (Rührbesen) geschmeidig rühren. Nach und nach Zucker, Vanille-Zucker, Aroma und Gewürze unter Rühren hinzufügen, bis eine gebundene Masse entsteht.

3 Jedes Ei etwa ½ Minute auf höchster Stufe unterrühren. Mehl mit Speisestärke und Backpulver mischen und in 2 Portionen abwechselnd mit dem Glühwein auf mittlerer Stufe unterrühren. Zuletzt die flüssige Kuvertüre oder Schokolade unterrühren.

4 Den Teig in der Muffinform verteilen und auf dem Rost auf der mittleren Einschubleiste in den vorgeheizten Backofen schieben. Die Muffins **etwa 35 Minuten backen**.

5 Die Muffins nach dem Backen 10 Minuten in der Form stehen lassen, dann vorsichtig aus der Form lösen und auf einem Kuchenrost erkalten lassen.

6 Nach Belieben Streifen oder beliebige Schablonen (z. B. Sterne) aus Papier ausschneiden, auf die Muffins legen und mit Puderzucker bestäuben.

» **REZEPTVARIANTE:**
Glühweinmuffins mit Trockenpflaumen
Heben Sie zusätzlich 150 g klein geschnittene Trockenpflaumen unter den Teig.

TIPP » Besprenkeln Sie die Muffins mit einem Guss. Dazu 50 g gesiebten Puderzucker mit 1–2 Esslöffeln Glühwein zu einem dickflüssigen Guss verrühren und die erkalteten Muffins mithilfe eines Teelöffels mit dem Guss besprenkeln.

SERVIERTIPP » Servieren Sie die Muffins in bunten Papierbackförmchen.

WEIHNACHTSGEBÄCK

Honigkuchen

TRADITIONELL (ETWA 20 STÜCKE)

Zubereitungszeit:
etwa 30 Minuten, ohne Kühlzeit
Backzeit: etwa 20 Minuten
Haltbarkeit: etwa 10 Tage
in einer gut schließenden Dose

Für das Backblech (40 x 30 cm):
etwas Fett

Für den Teig:
250 g Honig
125 g Butter oder Margarine
2 Eier (Größe M)
1 Pck. (15 g) Lebkuchengewürz
1 Pck. Dr. Oetker Finesse
Geriebene Zitronenschale
375 g Weizenmehl
1 Pck. Dr. Oetker Backin
2 gestr. TL Kakaopulver
100 g Korinthen, 100 g gemahlene Haselnusskerne

Zum Bestreichen und Bestreuen:
etwas Milch
100 g gehobelte Mandeln

Zum Aprikotieren:
5 EL Aprikosenkonfitüre

Für den Guss:
200 g Zartbitterschokolade
1 EL Speiseöl

Zum Garnieren:
Walnuss- und Haselnusskerne
abgezogene Mandeln
Schokolocken

Pro Stück:
E: 6 g, F: 18 g, Kh: 38 g,
kJ: 1422, kcal: 340, BE: 3,0

1 Das Backblech fetten. Den Backofen vorheizen.
Ober-/Unterhitze: etwa 180 °C
Heißluft: etwa 160 °C

2 Für den Teig Honig mit Butter oder Margarine in einem Topf unter Rühren langsam zerlassen, in eine Rührschüssel geben und kalt stellen.

3 Unter die fast erkaltete Masse mit einem Handrührgerät (Rührbesen) auf höchster Stufe Eier, Lebkuchengewürz und Zitronenschale rühren. Mehl mit Backpulver und Kakaopulver mischen und esslöffelweise auf mittlerer Stufe unterrühren. Korinthen und Haselnusskerne kurz unterrühren.

4 Den Teig auf das Backblech streichen, mit etwas Milch bestreichen und mit Mandeln bestreuen. Das Backblech auf mittlerer Einschubleiste in den vorgeheizten Backofen schieben. Die Gebäckplatte **etwa 20 Minuten backen**.

5 Zum Aprikotieren Konfitüre durch ein Sieb streichen, den Kuchen sofort nach dem Backen damit bestreichen und auf dem Backblech auf einem Kuchenrost erkalten lassen.

6 Für den Guss Schokolade in Stücke brechen, mit dem Öl im Wasserbad bei schwacher Hitze schmelzen und auf den erkalteten Kuchen streichen. Den Kuchen nach Belieben mit Nusskernen, Mandeln oder Schokolocken garnieren.

7 Wenn der Guss fest geworden ist, den Kuchen in Stücke schneiden und in einer gut schließenden Dose aufbewahren.

TIPPS » Sie können die Aprikosenkonfitüre zum Aprikotieren auch kurz pürieren statt sie durch ein Sieb zu streichen.
» Honigkuchen am besten gut verpackt einige Tage durchziehen lassen, damit sich das Aroma entfalten kann.

WEIHNACHTSGEBÄCK

Christstollen

GEFRIERGEEIGNET – MIT ALKOHOL (ETWA 16 STÜCKE)

Zubereitungszeit:
etwa 35 Minuten, ohne
Durchzieh- und Teiggehzeit
Backzeit: etwa 50 Minuten

Für das Backblech:
Backpapier

Für den Hefeteig:
200 g Rosinen
100 g Korinthen
100 ml Rum
375 g Weizenmehl
1 Pck. (42 g) frische Hefe
50 g Zucker
100 ml handwarme Milch
1 Pck. Dr. Oetker
Vanillin-Zucker
1 Prise Salz
1 Pck. (15 g) Christstollen-
gewürz
2 Eier (Größe M)
175 g weiche Butter
oder Margarine
100 g Orangeat
100 g Zitronat (Sukkade)
100 g abgezogene,
gemahlene Mandeln

**Zum Bestreichen
und Bestäuben:**
75 g Butter
etwas Puderzucker

Pro Stück:
E: 6 g, F: 18 g, Kh: 44 g,
kJ: 1587, kcal: 379, BE: 3,5

1 Für den Teig Rosinen und Korinthen mit Rum übergießen und **über Nacht** durchziehen lassen.

2 Für den Teig am nächsten Tag Mehl in eine Rührschüssel geben und in die Mitte eine Vertiefung drücken. Hefe hineinbröckeln und zunächst 1 Teelöffel von dem Zucker und die handwarme Milch hinzufügen. Die 3 Zutaten mit etwas Mehl mit einer Gabel vorsichtig verrühren und den Vorteig etwa 15 Minuten bei Zimmertemperatur gehen lassen.

3 Übrigen Zucker, Vanillin-Zucker, Salz, Gewürz, Eier und Butter oder Margarine hinzufügen und alles mit dem Handrührgerät (Knethaken) kurz auf niedrigster Stufe verrühren, dann auf höchster Stufe in etwa 5 Minuten zu einem glatten Teig verarbeiten.

4 Orangeat, Zitronat, Mandeln und die eingeweichten Rosinen und Korinthen auf leicht bemehlter Arbeitsfläche kurz unterkneten. Den Teig zugedeckt an einem warmen Ort so lange gehen lassen, bis er sich sichtbar vergrößert hat.

5 Das Backblech mit 3 Lagen Backpapier belegen (so wird der Stollen beim Backen von unten nicht so dunkel). Den Backofen vorheizen.
Ober-/Unterhitze: etwa 250 °C
Heißluft: etwa 220 °C

6 Aus dem Teig einen Stollen formen. Dazu den Teig zu einem Rechteck (etwa 30 x 25 cm) ausrollen. Den Teig von der längeren Seite aus aufrollen und mit der Teigrolle der Länge nach eine Vertiefung eindrücken (Foto 1). Die linke Seite leicht versetzt auf die rechte Seite schlagen (Foto 2). Den mittleren Teil mit den Händen der Länge nach zu einem Wulst formen (Foto 3).

7 Den Stollen auf das Backblech legen, nochmals so lange an einem warmen Ort gehen lassen, bis er sich sichtbar vergrößert hat. Das Backblech im unteren Drittel in den vorgeheizten Backofen schieben und **sofort die Backofentemperatur um 90 °C auf Ober-/Unterhitze: etwa 160 °C oder um 80 °C auf Heißluft: etwa 140 °C herunterschalten und den Stollen etwa 50 Minuten backen**.

8 Die Butter zerlassen und den warmen Stollen damit bestreichen. Den Stollen auf einem Kuchenrost erkalten lassen und anschließend mit Puderzucker bestäuben.

WEIHNACHTSGEBÄCK

Quarkstollen

TRADITIONELL – MIT ALKOHOL (ETWA 20 STÜCKE)

Zubereitungszeit:
etwa 30 Minuten,
ohne Durchziehzeit
Backzeit: etwa 55 Minuten

Für das Backblech:
Backpapier

Für den Teig:
375 g Rosinen
100 ml Rum
500 g Weizenmehl
1 Pck. Dr. Oetker Backin
150 g Zucker, 1 Pck. Dr. Oetker Vanillin-Zucker
1 Prise Salz
4 Tropfen Butter-Vanille-Aroma (aus dem Röhrchen)
je 1 Msp. Gewürznelken, Ingwer, Kardamom, Muskatnuss, Zimt (alles gemahlen)
1 Pck. Dr. Oetker Finesse Natürliches Orangenschalen-Aroma
2 Eier (Größe M)
200 g weiche Butter oder Margarine
250 g Magerquark
250 g abgezogene, gemahlene Mandeln
100 g Zitronat (Sukkade)
100 g Orangeat

Zum Bestreichen und Bestäuben:
100 g Butter
50 g Puderzucker

Pro Stück:
E: 8 g, F: 20 g, Kh: 49 g,
kJ: 1796, kcal: 429, BE: 4,0

1 Für den Teig Rosinen mit Rum übergießen und am besten **über Nacht** durchziehen lassen.

2 Das Backblech mit 3 Lagen Backpapier belegen (so wird der Stollen beim Backen von unten nicht so dunkel). Den Backofen vorheizen.
Ober-/Unterhitze: etwa 250 °C
Heißluft: etwa 220 °C

3 Für den Teig Mehl mit Backpulver in einer Rührschüssel mischen. Übrige Zutaten für den Teig (außer Mandeln, Zitronat und Orangeat) hinzufügen und alles mit einem Handrührgerät (Knethaken) zunächst kurz auf niedrigster, dann auf höchster Stufe zu einem Teig verarbeiten. Anschließend Mandeln, Zitronat, Orangeat und die eingeweichten Rosinen auf der leicht bemehlten Arbeitsfläche unterkneten und alles zu einem glatten Teig verkneten.

4 Den Teig zu einem Quadrat (etwa 30 x 30 cm) ausrollen. Den Teig aufrollen, mit der Teigrolle der Länge nach eine Vertiefung eindrücken und die linke Teigseite leicht versetzt auf die rechte Seite schlagen. Den mittleren Teil mit den Händen der Länge nach zu einem Wulst formen.

5 Den Stollen auf das Backblech legen. Das Backblech im unteren Drittel in den vorgeheizten Backofen schieben und **sofort die Backofentemperatur um 90 °C auf Ober-/Unterhitze: etwa 160 °C oder um 80 °C auf Heißluft: etwa 140 °C herunterschalten und den Stollen etwa 55 Minuten backen.**

6 Butter in einem kleinen Topf zerlassen. Den Stollen sofort nach dem Backen mit der Hälfte davon bestreichen und mit der Hälfte des Puderzuckers bestäuben. Den Stollen auf einem Kuchenrost etwas abkühlen lassen und den Vorgang wiederholen.

» **REZEPTVARIANTE:**
Quarkstollen mit Marzipan
Kneten Sie 200 g Marzipan-Rohmasse geschmeidig. Rollen Sie die Masse auf Puderzucker zu einem Rechteck (etwa 28 x 20 cm) aus und legen Sie es auf das ausgerollte Teigquadrat. Dann den Stollen wie ab Punkt 4 beschrieben weiterverarbeiten und backen.

TIPPS » Nach dem völligen Erkalten auf dem Kuchenrost den Stollen zunächst in Alufolie einwickeln, dann in einen Plastikbeutel, z. B. Gefrierbeutel verpacken. So bleibt er, wenn er kühl und trocken gelagert wird, bis zu 4 Wochen frisch, und das Aroma der Früchte und Gewürze zieht durch das ganze Gebäck.
» Der Stollen ist auch gefriergeeignet.

WEIHNACHTSGEBÄCK

Früchtekuchen

KLASSISCH – GEFRIERGEEIGNET (ETWA 15 STÜCKE)

Zubereitungszeit: etwa 30 Minuten
Backzeit: etwa 75 Minuten

Für die Kastenform (25 x 11 cm):
etwas Fett
Backpapier

Für den Teig:
100 g Haselnusskerne
100 g Zitronat (Sukkade)
100 g getrocknete Feigen
2 Eier (Größe M)
100 g Zucker
1 Pck. Dr. Oetker Vanillin-Zucker
½ Röhrchen Rum-Aroma
1 Msp. gemahlener Zimt
200 g Rosinen
50 g gehackte Mandeln
100 g Weizenmehl
40 g Speisestärke
1 gestr. TL Dr. Oetker Backin

Pro Stück:
E: 4 g, F: 7 g, Kh: 32 g,
kJ: 887, kcal: 212, BE: 2,5

1 Die Kastenform fetten und mit Backpapier auslegen. Den Backofen vorheizen.
Ober-/Unterhitze: etwa 180 °C
Heißluft: etwa 160 °C

2 Für den Teig Haselnusskerne grob hacken. Zitronat und Feigen in Würfel schneiden. Eier in einer Rührschüssel mit dem Handrührgerät (Rührbesen) auf höchster Stufe schaumig schlagen. Nach und nach Zucker und Vanillin-Zucker hinzugeben. So lange schlagen, bis eine cremige Masse entsteht.

3 Aroma und Zimt unterrühren. Haselnusskerne, Zitronat und Feigen zusammen mit Rosinen und Mandeln kurz unter die Eiermasse rühren.

4 Mehl mit Speisestärke und Backpulver mischen und portionsweise auf mittlerer Stufe unterrühren. Den Teig in die Kastenform füllen. Die Form auf dem Rost im unteren Drittel in den vorgeheizten Backofen schieben. Den Kuchen **etwa 75 Minuten backen**.

5 Den Früchtekuchen 10 Minuten in der Form stehen lassen, dann auf einen Kuchenrost stürzen, das Backpapier vorsichtig abziehen und den Kuchen erkalten lassen.

TIPPS » Den Früchtekuchen nach Belieben zusätzlich mit Puderzucker- oder Schokoladenguss (aus 100 g geschmolzener Schokolade mit 1 Teelöffel Speiseöl verrührt, Foto) überziehen.
» Er ist gut verpackt und gekühlt 3–4 Wochen haltbar.

WEIHNACHTSGEBÄCK

Rotwein-Pflaumen-Pralinen
ETWAS BESONDERES (ETWA 30 STÜCK) IM FOTO UNTEN

Zubereitungszeit:
etwa 40 Minuten,
ohne Durchziehzeit
Haltbarkeit:
kalt gestellt etwa 5 Tage

Für die Pralinen:
15 entsteinte, getrocknete
Softpflaumen
75 ml Rotwein
150 g Marzipan-Rohmasse
50 g gesiebter Puderzucker
150 g Edelbitterschokolade
(etwa 70 % Kakaobestandteil)
1 TL Speiseöl

Pro Stück:
E: 1 g, F: 4 g, Kh: 8 g,
kJ: 311, kcal: 74, BE: 0,5

1 Die Pflaumen längs halbieren. Rotwein in einem kleinen Topf zum Kochen bringen, die Pflaumen hinzufügen und alles bei schwacher Hitze etwa 3 Minuten köcheln lassen. Die Pflaumen im Rotwein etwa 1 Stunde kalt stellen und durchziehen lassen.

2 Marzipan mit Puderzucker verkneten, auf einer leicht mit Puderzucker bestäubten Arbeitsfläche zu einem Quadrat (etwa 30 x 30 cm) ausrollen und in 30 Rechtecke (etwa 5 x 6 cm) schneiden (Foto 1). Jeweils 1 Pflaumenhälfte in die Mitte der Marzipanrechtecke legen, die Seiten einschlagen und die Pflaumen in das Marzipan einrollen (Foto 2).

3 Schokolade in Stücke brechen und mit Speiseöl in einem kleinen Topf im Wasserbad bei schwacher Hitze schmelzen. Die Marzipanrollen auf eine Gabel spießen, in die Schokolade tunken und auf Backpapier abtropfen lassen (Foto 3). Evtl. die Schokolade zwischendurch nochmals erwärmen. Die Schokolade fest werden lassen.

TIPPS » Besprenkeln Sie die überzogenen, fest gewordenen Pralinen mit der restlichen, nochmals erwärmten Schokolade.
» Oder wälzen Sie die Pralinen nach dem Überziehen in Kakaopulver.
» Servieren Sie die Pralinen in kleinen Pralinenkapseln.

Schoko-Hafer-Knusperchen
ZUM VERSCHENKEN (25–35 STÜCK) IM FOTO OBEN

Zubereitungszeit:
etwa 20 Minuten, ohne Kühlzeit
Haltbarkeit:
kalt gestellt etwa 10 Tage

Tortenplatte, Backpapier

Für die Pralinen:
100 g getrocknete Aprikosen
100 g Vollkorn Haferfleks®
Klassik (Kölln)
200 g Zartbitterschokolade
1 TL Speiseöl

Pro Stück:
E: 1 g, F: 3 g, Kh: 7 g,
kJ: 233, kcal: 55, BE: 0,5

1 Die Tortenplatte mit Backpapier belegen, evtl. mit ein paar Tupfen flüssiger Schokolade festkleben. Aprikosen in sehr kleine Würfel schneiden und mit den Haferfleks in einer Schüssel gut vermischen.

2 Schokolade in kleine Stücke brechen, mit Speiseöl in einem kleinen Topf im Wasserbad bei schwacher Hitze schmelzen. Die Aprikosen-Haferfleks-Mischung mit der Schokolade vermischen und auf das Backpapier geben.

3 Die Masse mit einem großen glatten Messer zu einem Kreis (Ø etwa 30 cm) flach streichen. Die runde Platte etwa 1 Stunde in den Kühlschrank stellen, bis die Schokolade fest geworden ist.

4 Die Schokoplatte vom Backpapier lösen und in kleine Stücke brechen.

TIPP » Anstelle von Zartbitterschokolade können Sie auch Blockschokolade verwenden.

284

Sonnenblumenkern-Brötchen

BELIEBT (12–14 STÜCK)

Zubereitungszeit:
etwa 30 Minuten,
ohne Teiggehzeit
Backzeit: etwa 25 Minuten

Für das Backblech:
etwas Fett

100 g Sonnenblumenkerne

Für den Teig:
300 g Weizenvollkornmehl
200 g Roggenvollkornmehl
1 Pck. Dr. Oetker Trockenbackhefe
1 gestr. TL Zucker
1 geh. TL Salz
etwa 375 ml (⅜ l) warmes Wasser
1 Pck. (15 g) Sauerteigextrakt

Pro Stück:
E: 6 g, F: 5 g, Kh: 26 g,
kJ: 749, kcal: 179, BE: 2,0

1 Die Sonnenblumenkerne in einer Pfanne ohne Fett unter gelegentlichem Rühren rösten und auf einem Teller erkalten lassen. 1–2 Esslöffel von den Sonnenblumenkernen zum Garnieren beiseitestellen.

2 Für den Teig Weizen- und Roggenvollkornmehl in eine Rührschüssel geben und mit Trockenbackhefe sorgfältig mischen. Übrige Teigzutaten hinzufügen und alles mit einem Handrührgerät (Knethaken) kurz auf niedrigster Stufe verrühren, dann auf höchster Stufe in etwa 5 Minuten zu einem glatten Teig verarbeiten.

3 Kurz vor Ende der Knetzeit die Sonnenblumenkerne unterarbeiten. Den Teig zugedeckt an einem warmen Ort so lange gehen lassen, bis er sich sichtbar vergrößert hat.

4 Das Backblech fetten, und den Backofen vorheizen.
Ober-/Unterhitze: etwa 200 °C
Heißluft: etwa 180 °C

5 Den Teig leicht mit Mehl bestäuben, aus der Schüssel nehmen und auf der leicht bemehlten Arbeitsfläche nochmals gut durchkneten. Den Teig dabei zu einer Rolle formen. Die Rolle in 12–14 gleich große Stücke schneiden und jedes Teigstück rund formen.

6 Die Brötchen auf das Backblech legen, mit Wasser bestreichen. Die beiseite gelegten Sonnenblumenkerne auf den Brötchen verteilen, etwas andrücken. Die Brötchen nochmals so lange an einem warmen Ort gehen lassen, bis sie sich sichtbar vergrößert haben.

7 Anschließend das Backblech auf mittlerer Einschubleiste in den vorgeheizten Backofen schieben. Die Brötchen **etwa 25 Minuten backen**.

8 Die Brötchen auf einen Kuchenrost legen und erkalten lassen.

TIPP » Servieren Sie die Brötchen mit Kräuterquark.

BROT & BRÖTCHEN

Bagels

BELIEBT (12 STÜCK)

Zubereitungszeit:
etwa 40 Minuten,
ohne Teiggehzeit
Backzeit: etwa 15 Minuten

Für das Backblech:
etwas Fett

Für den Hefeteig:
450 g Weizenmehl (Type 405)
50 g Speisestärke
1 Pck. Dr. Oetker Trockenbackhefe
1 gestr. TL Salz
3 gestr. TL brauner Zucker
275 ml warmes Wasser
1 Eiweiß (Größe M)

Außerdem:
2–3 l Wasser

Zum Bestreichen und Bestreuen:
1 Eigelb (Größe M)
1 EL Milch
Hagelsalz
Sesamsamen
Mohnsamen

Pro Stück:
E: 6 g, F: 4 g, Kh: 32 g,
kJ: 796, kcal: 190, BE: 2,5

1 Für den Teig Mehl mit Speisestärke in eine Rührschüssel geben und mit Trockenbackhefe sorgfältig mischen. Übrige Zutaten hinzufügen und alles mit einem Handrührgerät (Knethaken) kurz auf niedrigster Stufe verrühren, dann auf höchster Stufe in etwa 5 Minuten zu einem glatten Teig verarbeiten. Den Teig zugedeckt an einem warmen Ort so lange gehen lassen, bis er sich sichtbar vergrößert hat.

2 Den Teig leicht mit Mehl bestäuben, aus der Schüssel nehmen, auf der Arbeitsfläche nochmals gut durchkneten und zu einer Rolle formen. Diese in 12 Stücke teilen. Die Teigstücke zu Kugeln formen (Foto 1) und während der Weiterverarbeitung mit einem feuchten Tuch zudecken.

3 Das Backblech fetten und den Backofen vorheizen.
Ober-/Unterhitze: etwa 200 °C
Heißluft: etwa 180 °C

4 Wasser in einem großen, weiten Topf zum Kochen bringen. Jede Teigkugel mit bemehltem Zeigefinger in der Mitte bis auf die Arbeitsfläche eindrücken. Den Finger kreisförmig bewegen, um das Loch zu vergrößern und den Teigring so lange um den Finger kreisen lassen, bis der Durchmesser des Loches etwa ein Drittel des Gesamtdurchmessers beträgt (Foto 2).

5 Die Teigstücke portionsweise in das schwach kochende Wasser geben und etwa 1 Minute ohne Deckel darin lassen, bis sie sich aufzublähen beginnen. Die Teigstücke mit einem Schaumlöffel herausnehmen (Foto 3), abtropfen lassen und auf das Backblech legen.

6 Eigelb mit Milch verschlagen und die Teigringe damit bestreichen. Die Teigringe nach Belieben mit Hagelsalz, Sesam oder Mohn bestreuen und leicht andrücken. Das Backblech auf mittlerer Einschubleiste in den vorgeheizten Backofen schieben. Die Bagels **etwa 15 Minuten backen**.

7 Die goldgelb gebackenen Bagels auf einen Kuchenrost legen und erkalten lassen.

TIPPS » Die Bagels wie Brötchen aufschneiden und belegen.
» Sie können eingefroren und nach dem Auftauen kurz bei angegebener Backtemperatur aufgebacken werden.

Süße Mohn- und Sesamhörnchen

FÜR KINDER (12 STÜCK)

Zubereitungszeit: etwa 30 Minuten
Backzeit: etwa 20 Minuten

Für das Backblech:
Backpapier

Für den Quark-Öl-Teig:
300 g Weizenmehl (Type 405)
1 Pck. Dr. Oetker Backin
150 g Magerquark
100 ml Milch
100 ml Speiseöl, z. B. Sonnenblumenöl
80 g Zucker
1 Prise Salz

Zum Bestreichen und Bestreuen:
1 Eigelb (Größe M)
1 EL Milch
1–2 EL Mohnsamen
1–2 EL Sesamsamen

Pro Stück:
E: 5 g, F: 11 g, Kh: 26 g,
kJ: 956, kcal: 228, BE: 2,0

1 Das Backblech mit Backpapier belegen. Den Backofen vorheizen.
Ober-/Unterhitze: etwa 200 °C
Heißluft: etwa 180 °C

2 Für den Teig Mehl mit Backpulver in einer Rührschüssel mischen. Übrige Zutaten für den Teig hinzufügen und alles mit einem Handrührgerät (Knethaken) kurz zu einem glatten Teig verarbeiten (nicht zu lange kneten, der Teig klebt sonst). Anschließend auf der leicht bemehlten Arbeitsfläche zu einer Rolle formen.

3 Die Teigrolle in 12 Stücke schneiden und die Teigstücke zu etwa 18 cm langen Rollen formen, dabei die Enden der Rollen etwas dünner formen.

4 Eigelb mit Milch verschlagen. Die Oberfläche der Teigrollen damit bestreichen. Die Hälfte der Teigrollen mit Mohn und die andere Hälfte mit Sesam bestreuen. Die Rollen in Form von Hörnchen auf das Backblech legen. Backblech auf mittlerer Einschubleiste in den vorgeheizten Backofen schieben. Die Hörnchen **etwa 20 Minuten backen**.

5 Die Hörnchen vom Backpapier nehmen, auf einen Kuchenrost legen und erkalten lassen.

TIPP » Die Hörnchen schmecken frisch am besten, können aber auch eingefroren werden. Dann die aufgetauten Hörnchen im vorgeheizten Backofen bei etwa 200 °C (Ober-/Unterhitze) aufbacken.

» REZEPTVARIANTE:
Mohn- und Sesambrötchen
Bereiten Sie dafür den Teig wie im Rezept angegeben zu. Dann die Teigrolle in 12 Stücke schneiden und zu Kugeln formen. Schneiden Sie die Oberseite mit einem scharfen Messer kreuzweise ein. Bestreichen, bestreuen und backen Sie die Teigstücke wie im Rezept angegeben.

Ciabatta

DAUERT LÄNGER (4 BROTE/JE ETWA 330 g)

Zubereitungszeit:
etwa 45 Minuten,
ohne Teiggeh- und Ruhezeit
Backzeit: 20–25 Minuten
je Backblech

Für das Backblech:
Backpapier

Für den Hefeteig:
900 g Weizenmehl (Type 550)
2 Pck. Dr. Oetker
Trockenbackhefe
500 ml (½ l) warmes Wasser
5 EL (75 ml) warme Milch
1 EL Olivenöl
1 gestr. EL Salz

**Zum Bestreichen
und Bestäuben:**
warmes Wasser
etwas Weizenmehl

Je Brot:
E: 27 g, F: 6 g, Kh: 175 g,
kJ: 3652, kcal: 872, BE: 15

1 Für den Teig 500 g von dem Mehl in einer großen Rührschüssel sorgfältig mit der Hefe mischen. Wasser, Milch, Öl und Salz hinzufügen. Alles mit einem Handrührgerät (Knethaken) zunächst kurz auf niedrigster, dann auf höchster Stufe in etwa 5 Minuten zu einem dickflüssigen Teig verarbeiten.

2 Den Teig mit Mehl bestäuben und zugedeckt an einem warmen Ort gehen lassen, bis er sich sichtbar vergrößert hat (etwa 30 Minuten).

3 Restliches Mehl zum Teig geben und mit dem Handrührgerät (Knethaken) etwa 3 Minuten unterkneten. Den Teig mit Mehl bestäuben und nochmals zugedeckt an einem warmen Ort gehen lassen, bis er sich sichtbar vergrößert hat (etwa 30 Minuten).

4 Teig und Arbeitsfläche mit etwas Mehl bestäuben. Teig in 4 gleich große Portionen teilen. Jede Portion auf ein Stück Backpapier (etwa 16 x 40 cm) legen und mit den Händen zu einem Teigfladen (etwa 10 x 25 cm) formen. Die Fladen zugedeckt etwa 90 Minuten ruhen lassen.

5 Den Backofen vorheizen.
Ober-/Unterhitze: etwa 220 °C
Heißluft: etwa 200 °C

6 Ein Backblech für etwa 5 Minuten zum Erwärmen in den vorgeheizten Backofen schieben. Das heiße Backblech auf einen Kuchenrost stellen und 2 Fladen mit dem Backpapier darauflegen.

7 Die Teigfladen vorsichtig mit Wasser bestreichen und mit etwas Mehl bestäuben. Das Backblech auf mittlerer Einschubleiste in den vorgeheizten Backofen schieben. Ciabatta **20–25 Minuten backen**. Restliche Fladen zugedeckt lassen und anschließend backen.

8 Ciabatta auf einem Kuchenrost erkalten lassen.

» **REZEPTVARIANTE:**
Ciabatta mit Tomaten und Oliven (im Foto vorn)
Lassen Sie dafür je 80 g schwarze und grüne Oliven ohne Stein und 4 getrocknete, in Öl eingelegte Tomaten gut abtropfen. Schneiden Sie die Oliven und Tomaten in sehr kleine Stücke und kneten Sie diese bei Punkt 3 mit unter den Teig.

TIPP » Wenn Sie mit Heißluft backen, können Sie 2 Backbleche aufheizen, je 2 Teigfladen darauflegen und die Backbleche zusammen in den vorgeheizten Backofen schieben.

Fladenbrot

PREISWERT (2 STÜCK/2 BACKBLECHE)

Zubereitungszeit:
etwa 30 Minuten,
ohne Teiggehzeit
Backzeit: etwa 15 Minuten
je Backblech

Für das Backblech:
Backpapier

Für den Hefeteig:
150 g Joghurt (3,5 % Fett)
200 ml Milch
450 g Weizenmehl (Type 405)
300 g Weizenmehl (Type 1050)
3 gestr. TL Dr. Oetker Backin
1 Pck. Dr. Oetker
Trockenbackhefe
2 gestr. TL Salz
1 gestr. TL Zucker
50 g weiche Butter
oder Margarine
2 Eier (Größe M)

**Zum Bestreichen
und Bestreuen:**
1–2 EL Butter
Sesamsamen
Koriandersamen
Mohnsamen
Kümmelsamen

Je Fladen:
E. 02 g, F: 62 g, Kh: 284 g,
kJ: 8234, kcal: 1968, BE: 23,5

1 Für den Teig Joghurt mit Milch erwärmen. Beide Mehlsorten in einer Rührschüssel mit Backpulver, Hefe, Salz und Zucker sorgfältig mischen. Übrige Zutaten für den Teig und die warme Joghurt-Milch hinzufügen und alles mit einem Handrührgerät (Knethaken) kurz auf niedrigster Stufe verrühren, dann auf höchster Stufe in etwa 5 Minuten zu einem glatten Teig verarbeiten. Den Teig zugedeckt so lange an einem warmen Ort gehen lassen, bis er sich sichtbar vergrößert hat (Foto 1).

2 Das Backblech mit Backpapier belegen. Den Backofen vorheizen.
Ober-/Unterhitze: etwa 220 °C
Heißluft: etwa 200 °C

3 Den Teig auf der leicht bemehlten Arbeitsfläche nochmals gut durchkneten. Das Teigstück zu 2 etwa 1 cm dicken Ovalen ausrollen (Foto 2).

4 Die Fladen auf das Backblech bzw. Backpapier legen, mit einer Gabel mehrfach einstechen. Butter zerlassen und die Fladen damit bestreichen. Nach Belieben die Fladen mit Sesam, Koriander, Mohn und Kümmel bestreuen (Foto 3). Die Teigstücke zugedeckt an einem warmen Ort nochmals so lange gehen lassen, bis sie sich sichtbar vergrößert haben.

5 Anschließend das Backblech auf mittlerer Einschubleiste in den vorgeheizten Backofen schieben. Das Fladenbrot **etwa 15 Minuten backen.**

6 Das gebackene Fladenbrot auf einem Kuchenrost erkalten lassen oder noch warm servieren. Das vorbereitete Fladenbrot mit dem Backpapier auf das Backblech ziehen und backen.

TIPPS » Sie können die Fladenbrote auch einfrieren. Das aufgetaute Brot dann 5–10 Minuten im vorgeheizten Backofen bei etwa 220 °C (Ober- und Unterhitze) aufbacken.
» Bei Heißluft können Sie auch 2 Backbleche auf einmal in den Backofen schieben.

Tomatenbrote

FÜR GÄSTE (4 KLEINE BROTE)

Zubereitungszeit:
etwa 50 Minuten,
ohne Teiggehzeit
Backzeit: 25–30 Minuten

Für das Backblech:
evtl. etwas Fett
Backpapier

Für den Hefeteig:
100 g getrocknete,
in Öl eingelegte Tomaten
350 g Weizenmehl (Type 550)
100 g Weizenmehl (Type 1050)
1 Pck. Dr. Oetker
Trockenbackhefe
2 gestr. TL Salz
270 ml warmes Wasser
5 EL Speiseöl, z. B.
von den eingelegten Tomaten

Zum Bestäuben:
etwas Weizenmehl (Type 1050)

Je Brot:
E: 15 g, F: 16 g, Kh: 90 g,
kJ: 2395, kcal: 572, BE: 7,5

1 Für den Teig Tomaten in einem Sieb abtropfen lassen, das Öl dabei auffangen. Tomaten in feine Streifen schneiden (Foto 1).

2 Beide Mehlsorten mit der Trockenbackhefe in einer Rührschüssel mischen. Salz, Wasser und Öl hinzufügen, mit einem Handrührgerät (Knethaken) zunächst kurz auf niedrigster, dann auf höchster Stufe in etwa 5 Minuten zu einem glatten Teig verarbeiten.

3 Den Teig mit Mehl bestäuben und zugedeckt so lange an einem warmen Ort gehen lassen, bis er sich sichtbar vergrößert hat (etwa 40 Minuten).

4 Das Backblech evtl. fetten und mit Backpapier belegen. Den Backofen vorheizen.
Ober-/Unterhitze: etwa 250 °C
Heißluft: etwa 230 °C

5 Den Teig nochmals mit einem Handrührgerät (Knethaken) kurz durchkneten. Tomatenstreifen unterkneten. Den Teig mit Mehl bestäuben, zu einer Rolle formen und in 4 gleich große Portionen teilen.

6 Die Teigportionen jeweils zu einer Rolle von je etwa 24 cm Länge formen. Die Teigrollen so formen, dass die Enden sehr viel dünner als die Mitte sind. Herausstehende Tomatenstreifen in den Teig drücken.

7 Die Teigrollen versetzt auf das Backblech legen (Foto 2), mit Mehl bestäuben und zugedeckt so lange an einem warmen Ort gehen lassen, bis sie sich sichtbar vergrößert haben (etwa 30 Minuten).

8 Die Teigrollen jeweils mit einem Sägemesser 2–3-mal schräg, etwa ½ cm tief einschneiden (Foto 3). Das Backblech auf mittlerer Einschubleiste in den vorgeheizten Backofen schieben. Die Tomatenbrote **etwa 10 Minuten backen. Dann die Backofentemperatur um 50 °C auf Ober-/Unterhitze: etwa 200 °C, Heißluft: etwa 180 °C herunterschalten und die Tomatenbrote weitere 15–20 Minuten backen.**

9 Die Tomatenbrote vom Backpapier nehmen und auf einem Kuchenrost erkalten lassen.

Roggenbrot mit Kürbiskernen

GEFRIERGEEIGNET

Zubereitungszeit: etwa 30 Minuten, ohne Teiggehzeit
Backzeit: etwa 40 Minuten

Für das Backblech:
Backpapier

Für den Hefeteig:
250 g **Roggenvollkornschrot**
250 g **Weizenmehl (Type 550)**
1 Pck. **Dr. Oetker Trockenbackhefe**
1 gestr. TL Zucker
1 gestr. TL Salz
375 ml (⅜ l) **warmes Wasser**
150 g **Kürbiskerne**

Zum Bestreichen und Bestäuben:
etwas Wasser
etwas Weizenmehl

Insgesamt:
E: 92 g, F: 75 g, Kh: 367 g,
kJ: 10581, kcal: 2526, BE: 30,5

1 Für den Teig Roggenvollkornschrot und Mehl in eine Rührschüssel geben und mit Trockenbackhefe sorgfältig mischen. Übrige Zutaten für den Teig (außer Kürbiskerne) hinzufügen und alles mit einem Handrührgerät (Knethaken) kurz auf niedrigster Stufe verrühren, dann auf höchster Stufe in etwa 5 Minuten zu einem glatten Teig verarbeiten.

2 Die Kürbiskerne gegen Ende der Knetzeit kurz unterkneten. Den Teig zugedeckt an einem warmen Ort so lange gehen lassen, bis er sich sichtbar vergrößert hat.

3 Das Backblech mit Backpapier belegen. Den Backofen vorheizen.
Ober-/Unterhitze: etwa 200 °C
Heißluft: etwa 180 °C

4 Den Teig leicht mit Mehl bestäuben, aus der Schüssel nehmen und auf der Arbeitsfläche gut durchkneten. Aus dem Teig einen länglichen Teiglaib formen, auf das Backblech legen und nochmals so lange an einem warmen Ort gehen lassen, bis er sich sichtbar vergrößert hat.

5 Die Oberfläche des Teiglaibes mit Wasser bestreichen und mit Mehl bestäuben. Das Backblech im unteren Drittel in den vorgeheizten Backofen schieben. Das Brot **etwa 40 Minuten backen.**

6 Das Brot auf einen Kuchenrost legen und erkalten lassen.

Abwandlung: Sie können statt der Kürbiskerne auch Sonnenblumenkerne unter den Teig kneten.

BROTRATGEBER » Feste Teige müssen während der Teigbereitung nochmals mit den Händen geknetet werden, damit die Krume beim Backen nicht zu fest wird.
» Auch eine mit Wasser gefüllte, hitzebeständige Schale im Backofen verhilft zu einer saftigen Krume und einer festen Kruste.
» Eine besonders krosse Kruste entsteht, wenn das Brot kurz vor Ende der Backzeit mit Wasser bestrichen wird.

BROT & BRÖTCHEN

Dinkelzopf mit Kürbiskernen
FÜR GÄSTE

Zubereitungszeit:
etwa 40 Minuten,
ohne Teiggehzeit
Backzeit: etwa 30 Minuten

Für das Backblech:
evtl. etwas Fett
Backpapier

Für den Hefeteig:
70 g Kürbiskerne
500 g Dinkelvollkornmehl
1 Pck. Dr. Oetker
Trockenbackhefe
2 gestr. TL Salz
300 ml warmes Wasser
2 EL Speiseöl,
z. B. Sonnenblumenöl

Zum Bestäuben:
etwas Dinkelvollkornmehl

Zum Bestreichen
und Bestreuen:
etwas Wasser
1–2 EL Kürbiskerne

Insgesamt:
E: 100 g, F: 73 g, Kh: 354 g,
kJ: 10368, kcal: 2477, BE: 29,5

1 Für den Teig Kürbiskerne grob hacken. Dinkelvollkornmehl und Trockenbackhefe in eine Rührschüssel geben und sorgfältig mischen. Salz, gehackte Kürbiskerne, Wasser und Speiseöl hinzufügen. Die Zutaten mit einem Handrührgerät (Knethaken) zunächst kurz auf niedrigster, dann auf höchster Stufe in etwa 5 Minuten zu einem glatten Teig verarbeiten.

2 Den Teig mit Mehl bestäuben und zugedeckt so lange an einem warmen Ort gehen lassen, bis er sich sichtbar vergrößert hat (etwa 40 Minuten).

3 Das Backblech evtl. fetten und mit Backpapier belegen. Den Backofen vorheizen.
Ober-/Unterhitze: etwa 250 °C
Heißluft: etwa 230 °C

4 Den Teig leicht mit Mehl bestäuben, auf einer bemehlten Arbeitsfläche nochmals kurz durchkneten und zu einer Rolle formen. Die Teigrolle in drei gleich große Portionen teilen. Jede Teigportion zu einer Rolle von etwa 30 cm Länge formen (Foto 1).

5 Die Teigrollen nebeneinander auf die Arbeitsfläche legen und zu einem Zopf flechten (Foto 2). Die Teigenden gut zusammendrücken und unter den Zopf schlagen. Den Teigzopf auf das Backblech legen, mit Wasser bestreichen und mit Kürbiskernen bestreuen (Foto 3).

6 Den Teigzopf zugedeckt so lange an einem warmen Ort gehen lassen, bis er sich sichtbar vergrößert hat (etwa 20 Minuten). Das Backblech im unteren Drittel in den vorgeheizten Backofen schieben. Den Zopf **etwa 5 Minuten backen. Dann die Backofentemperatur um 50 °C auf Ober-/Unterhitze: etwa 200 °C, Heißluft: etwa 180 °C herunterschalten und den Zopf weitere etwa 25 Minuten backen.**

7 Den Dinkelzopf vom Backpapier nehmen und auf einem Kuchenrost erkalten lassen.

BROTRATGEBER » Eine Garprobe bei Brot machen Sie, indem Sie das Brot an der Ober- und Unterseite mit der Hand abklopfen. Klingt es hohl, ist das Brot fertig gebacken.

BROT & BRÖTCHEN

Weißbrot

EINFACH

Zubereitungszeit:
etwa 20 Minuten,
ohne Teiggehzeit
Backzeit: etwa 45 Minuten

Für die Brotback-
oder Kastenform (30 x 11 cm):
etwas Fett
Weizenmehl

Für den Hefeteig:
125 ml (⅛ l) Milch
500 g Weizenmehl (Type 405)
1 Pck. Dr. Oetker
Trockenbackhefe
1 gestr. TL Zucker
1 schwach geh. TL Salz
2 Eier (Größe M)
1 Becher (150 g) Crème fraîche

Insgesamt:
E: 76 g, F: 71 g, Kh: 380 g,
kJ: 10414, kcal: 2496, BE: 31,5

1 Für den Teig Milch erwärmen. Mehl in eine Rührschüssel geben und mit Trockenbackhefe sorgfältig mischen. Übrige Zutaten für den Teig und die warme Milch hinzufügen und alles mit einem Handrührgerät (Knethaken) kurz auf niedrigster Stufe verrühren, dann auf höchster Stufe in etwa 5 Minuten zu einem glatten Teig verarbeiten (Foto 1).

2 Den Teig zugedeckt an einem warmen Ort so lange gehen lassen, bis er sich sichtbar vergrößert hat.

3 Die Form fetten und mehlen. Den Backofen vorheizen.
Ober-/Unterhitze: etwa 180 °C
Heißluft: etwa 160 °C

4 Den Teig nochmals gut durchkneten und zu einer Rolle von etwa 28 cm Länge formen. Die Teigrolle in die Form geben (Foto 2) und nochmals so lange an einem warmen Ort gehen lassen, bis sie sich sichtbar vergrößert hat.

5 Den Teig der Länge nach mit einem scharfen Messer etwa 1 cm tief einschneiden (Foto 3), nicht drücken, mit Wasser bestreichen und die Form auf dem Rost im unteren Drittel in den vorgeheizten Backofen schieben. Das Brot **etwa 45 Minuten backen**.

6 Das Weißbrot aus der Form lösen und auf einem Kuchenrost erkalten lassen.

» REZEPTVARIANTE:
Rosinenweißbrot
Dafür können Sie zusätzlich 150 g Rosinen unter den Teig kneten.

BROT & BRÖTCHEN

Kraftbrot

FÜR KINDER

Zubereitungszeit:
etwa 45 Minuten,
ohne Teiggehzeit
Backzeit: etwa 35 Minuten

Für die Brotback- oder Kastenform (30 x 11 cm):
etwas Fett

Zum Vorbereiten:
200 g Möhren
100 g Walnusskerne
100 g Haselnusskerne

Für den Hefeteig:
100 g Roggenmehl (Type 1150)
400 g Dinkelvollkornmehl
1 Pck. Dr. Oetker Trockenbackhefe
2 gestr. TL Salz
250 ml (¼ l) warmes Wasser

Zum Bestäuben:
etwas Roggenmehl

Insgesamt:
E: 99 g, F: 139 g, Kh: 381 g,
kJ: 13253, kcal: 3166, BE: 32,0

1 Zum Vorbereiten Möhren putzen, schälen, abspülen, abtrocknen und fein raspeln. Walnuss- und Haselnusskerne grob hacken.

2 Für den Teig beide Mehlsorten mit Trockenbackhefe in einer Rührschüssel sorgfältig mischen. Salz, Wasser, Möhrenraspel und Nussstückchen hinzufügen. Die Zutaten mit einem Handrührgerät (Knethaken) zunächst kurz auf niedrigster, dann auf höchster Stufe in etwa 5 Minuten zu einem glatten Teig verarbeiten.

3 Den Teig mit Mehl bestäuben und zugedeckt so lange an einem warmen Ort gehen lassen, bis er sich sichtbar vergrößert hat (etwa 60 Minuten).

4 Die Form fetten. Den Backofen vorheizen.
Ober-/Unterhitze: etwa 250 °C
Heißluft: etwa 230 °C

5 Den Teig leicht mit Mehl bestäuben, auf einer bemehlten Arbeitsfläche nochmals kurz durchkneten und zu einer Rolle von etwa 28 cm Länge formen. Die Teigrolle in die Kastenform legen, mit Mehl bestäuben und zugedeckt so lange an einem warmen Ort gehen lassen, bis sie sich sichtbar vergrößert hat (etwa 40 Minuten).

6 Die Teigoberfläche mehrmals mit einem Messer, diagonal kreuzweise, etwa ½ cm tief, einritzen. Die Form auf dem Rost im unteren Drittel in den vorgeheizten Backofen schieben. Das Brot **etwa 10 Minuten backen. Dann die Backofentemperatur um 50 °C auf Ober-/Unterhitze: etwa 200 °C, Heißluft: etwa 180 °C herunterschalten und das Brot weitere etwa 25 Minuten backen.**

7 Das Brot auf einen Kuchenrost stürzen, umdrehen und auf einem Kuchenrost erkalten lassen.

BROTRATGEBER » Die Brotform hängt von der Konsistenz des Teiges ab. Weiche Teige werden in Kastenformen gebacken. Feste Teige können „frei geschoben", also auf dem Backblech gebacken werden.

RATGEBER

Backöfen, Küchengeräte und Backhelfer

Backöfen und Backtemperaturen

Genauso wichtig wie die richtige Zubereitung des Gebäcks ist die Temperatur, mit der es gebacken werden soll. Heute verwendete Backöfen sind Elektro- oder Gasbacköfen, die in der Regel mit Ober- und Unterhitze, Heiß- bzw. Umluft, Grill und deren Kombinationsmöglichkeiten ausgestattet sind.

Die Temperaturangaben in diesem Buch beziehen sich auf Elektrobacköfen. Die Einstellungsmöglichkeiten der Temperaturen für Gasbacköfen variieren je nach Hersteller, sodass wir keine allgemeingültigen Angaben machen können. Aus diesem Grund ist es notwendig, dass Sie die Gebrauchsanleitung des Herstellers beachten, um die jeweils richtige Temperatureinstellung für die im Rezept angegebene Temperatur bestimmen zu können. Hilfreich ist auch ein Backofenthermometer, mit dem die Temperatur während des Backens überprüft werden kann.
Beim Backen mit Heiß- bzw. Umluft kann gleichzeitig in verschiedenen Ebenen (Einschubhöhen) gebacken werden. Beachten Sie bitte, dass die Backtemperatur etwa 20 °C unter der Backtemperatur beim Backen mit Ober- und Unterhitze liegt.
Für alle Backöfen gilt: Bevor das Gebäck in den Backofen geschoben wird, sollte er vorgeheizt werden und die im Rezept angegebene Backtemperatur erreicht haben.

Je nach Gerät können die in den Rezepten angegebenen Backzeiten etwas länger oder kürzer sein. Es ist deshalb wichtig, die Anleitungen der Hersteller, die den Backöfen beiliegen, zu beachten. Beobachten Sie das Gebäck besonders gegen Ende der Backzeit genauer.

Einschubhöhen

Alle Teige, die in Formen gebacken werden, sollten immer auf einen Backrost gestellt werden und nicht auf ein Backblech oder direkt auf den Boden des Backofens. Hohe und halb hohe Formen werden in der Regel auf dem Rost auf die untere Einschubleiste und flache auf dem Rost auf die mittlere Einschubleiste geschoben. Flache Kuchen, Kleingebäck, Plätzchen, Windbeutel und Eiweißgebäck werden im Allgemeinen in die Mitte des Backofens geschoben. Maßgebend sind die Angaben im Rezept und auch die Angaben Ihres Backofenherstellers.

Küchengeräte, Backhelfer & Co.

Die Rezeptzubereitung gelingt viel leichter mithilfe verschiedener Küchengeräte und Backhelfer:

Helfer zum Abwiegen, Rühren und Kneten – Foto 1

Das **Handrührgerät** mixt, rührt und knetet. Mit den Rührbesen oder Knethaken können Teige, Cremes und Sahnemassen zubereitet werden. Meist gehört auch ein Pürierstab zur Grundausstattung.

Mit einer **Küchenmaschine** ist das Rühren von Teigen, Schlagen von Sahne und Kneten von schweren Brotteigen einfacher. Weil diese Geräte eine höhere Leistung als Handrührgeräte haben, können alle Teigarten schnell überrührt werden. Beachten Sie deshalb die Angaben des Herstellers. In unseren Rezepten empfehlen wir die Verwendung des Handrührgerätes.

RATGEBER

Ein feines **Sieb** eignet sich zum Bestäuben mit Kakao oder Puderzucker aber auch zum Durchstreichen von Konfitüre. Ein großes **Sieb** ist hilfreich zum Abtropfen von Früchten.

Helfer zum Ausstechen, Streichen und in Form bringen – Foto 3

Ausstechförmchen für Kekse, Plätzchen und Weihnachtsgebäck müssen einen scharfen und ebenmäßigen Rand haben, damit der Teig sauber ausgestochen wird.

Mit einem **Kurzzeitwecker** lassen sich Rühr- und Backzeiten einhalten.

Rührlöffel werden zum Rühren verschiedenster Zutaten gebraucht.

Der **Schneebesen** empfiehlt sich für das Schlagen von Eiern oder Cremes oder zum Unterheben lockerer, empfindlicher Massen.

Waagen sind unverzichtbar in jeder Küche. Es gibt sie mit analoger oder digitaler Anzeige. Besonders zu empfehlen sind sie, wenn sie über eine Zuwiegefunktion verfügen.

Teigzubereitung, zum Schlagen von Sahne oder Eischnee benutzt man am besten Rührbecher oder Rührschüsseln aus stabilem Kunststoff, die an der Unterseite einen Gummiring eingearbeitet haben. Sie sind standfest und können nicht wegrutschen. Edelstahlschüsseln eignen sich zum Schmelzen von Kuvertüre und Schokolade im Wasserbad.

Backpinsel dienen dem Fetten von Backformen, Bestreichen von Gebäck und Auftragen von Glasuren.

Ein **Backrahmen** eignet sich für die Herstellung hoher Teige und zum Zusammensetzen bzw. Fertigstellen von eckigen Kuchen und Torten. Er lässt sich auf verschiedene Größen einstellen.

Helfer zum Abmessen, Abtropfen und Bestäuben – Foto 2

Messbecher dienen dem genauen Abmessen von Flüssigkeiten und sollten übersichtlich eingeteilt sein.

Schüsseln und Rührbecher benötigt man in verschiedenen Größen. Zur

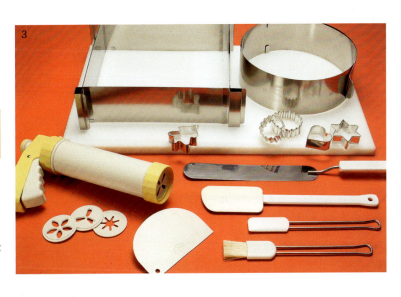

RATGEBER

Die **Gebäckpresse** braucht man für die Spritzgebäckherstellung.

Eine **Palette** ist aus Metall und ähnelt einem breiten, großen, aber stumpfen Messer. Sie wird z. B. genutzt, um beim Ausrollen angeklebten Teig zu lösen, eignet sich aber auch zum Bestreichen von Teigen, Torten und Kuchen mit Creme oder Glasur sowie zum Umsetzen von Kleingebäck und Kuchen.

Ein **Tortenring** lässt sich individuell einstellen und eignet sich zum Füllen von Torten.

Mit einer **Teigkarte** aus flexiblem Kunststoff kann man Teig teilen, Teigreste vom Schüsselrand entfernen und Arbeitsflächen säubern. Sie eignet sich auch zum Glattstreichen von Teigen und Cremes und zum Verzieren von Tortenrändern.

Ein **Teigschaber** ist nützlich zum Umfüllen von Teigen oder zum Verstreichen von Kuchenteigen in Backformen.

Helfer zum Ausrollen, Abkühlen und Garnieren – Foto

Mit einem **Kuchenroller** kann man Teigkanten auf dem Backblech feiner ausrollen.

Ein **Kuchenrost** ist ein Metallgitter zum Auskühlen von Gebäck. Im Gegensatz zu einer normalen Kuchenplatte verhindert ein Rost, dass das Gebäck dabei an der Bodenunterseite zu schwitzen beginnt und feucht wird. Kuchenroste sollten Füße haben, damit die Luft von allen Seiten an das Gebäck gelangt.

Eine **Küchenschere** brauchen Sie zum Einschneiden von Teigen und Zurechtschneiden von Backpapier.

Eine **Reibe** dient dem Reiben von z. B. von Zitronenschale oder Schokolade.

Spritzbeutel mit Stern- und Lochtüllen gibt es in verschiedenen Größen, z. B. zum Gebäckverzieren oder zum Teigspritzen.

Mit einem **Teigrädchen** lassen sich ausgerollte Teige so ausschneiden, dass sie einen gezackten oder gewellten Rand erhalten.

Mit einem **Torteneinteiler** können Sie Tortenoberflächen in gleich große Stücke einteilen.

Ein **Tortengarnierkamm** hilft Ihnen beim Garnieren von Torten- und Kuchenoberflächen.

Die **Tortengarnierscheibe** bzw. Tortenscheibe trägt – zu Recht! – auch den Namen „Kuchen-" oder „Tortenretter". Sie ist die ideale Unterlage zum Garnieren von Torten. Sie hilft beim anschließenden Umsetzen einer Torte auf eine Tortenplatte oder dem Abheben dünn geschnittener Tortenböden.

Eine **Teigrolle** (Wellholz, Nudelholz) aus Holz, Edelstahl oder Kunststoff dient dem Teigausrollen oder dem Zerkleinern fester Zutaten (z. B. Krokant, Löffelbiskuits).

RATGEBER

Garnieren und Verzieren

Garnieren mit der Papierspritztüte

Eine selbstgemachte Papierspritztüte (Skizze) eignet sich für sehr feine und filigrane Verzierungen, weil Sie die Größe des Loches in der Spitze selbst bestimmen können – je kleiner, desto feiner werden die Zuckerguss- oder Schokoladenlinien.

Schneiden Sie dazu ein quadratisches Stück Pergamentpapier (etwa 24 x 24 cm) diagonal durch, sodass zwei Dreiecke entstehen (a). Fassen Sie nun ein Dreieck mit der linken Hand in der Mitte der längsten Seite und drehen mit der rechten Hand die obere Spitze nach innen auf die rechtwinklige Spitze, sodass bereits eine Tüte entsteht (b). Mit der nun freien linken Hand drehen Sie die untere Spitze zu den beiden schon übereinander liegenden Spitzen, fassen sie und ziehen jetzt die drei Spitzen so zusammen, dass sie aufeinanderliegen und die Tüte unten spitz zusammenläuft (c). Knicken Sie jetzt die drei Spitzen fest nach innen um (d,e) – fertig!

Füllen Sie die Tüte nur knapp bis zur Hälfte mit dem Guss und verschließen Sie sie, indem Sie die große Einfüllöffnung mehrfach umklappen (falzen) und festdrücken. Die überstehenden Ecken können Sie nach hinten umknicken. Schneiden Sie nun mit der Schere ein kleines Stückchen der Tütenspitze ab (f) – durch die entstandene Öffnung kann nun der Guss zum Verzieren gedrückt werden.

Statt der Papierspritztüte kann man auch einen kleinen Gefrierbeutel nehmen, in den Sie den Guss füllen. Drehen Sie die Öffnung des Beutels zusammen und schneiden eine kleine Ecke ab, durch welche Sie den Guss zum Verzieren drücken.

Zuckerguss

Rühren Sie den gesiebten Puderzucker nach und nach mit so viel Wasser, Tee, Likör oder Saft glatt, dass ein dickflüssiger Guss entsteht. Der Puderzucker kann vor dem Verrühren auch mit etwas Kakao- oder Instant-Kaffeepulver vermischt werden. Eine Farbe Ihrer Wahl erhalten Sie, wenn Sie den fertigen Guss z. B. mit einigen Tropfen Speisefarbe einfärben. Besonderes glänzend und gut haftend wird der Guss, wenn er mit heißer Flüssigkeit angerührt wird. Tragen Sie den Zuckerguss gleich nach dem Anrühren auf, denn er wird schnell fest und lässt sich dann nicht mehr verarbeiten.

Schokoladen- oder Kuvertürenguss

Wichtig bei der Verwendung von Schokolade oder Kuvertüre ist, dass sie beim Schmelzen bei schwacher Hitze im Wasserbad nicht in Kontakt mit Wasser kommt. Denn schon wenige Wassertropfen genügen, und die Schokolade bzw. Kuvertüre wird nicht mehr fest, größere Mengen Wassertropfen machen sie sogar grisselig.

Kuvertüre oder Schokolade temperieren

Damit Schokolade oder Kuvertüre einen schönen Glanz bekommt und sich als Überzug auf Kuchen und Torten nach dem Erkalten besser schneiden lässt, sollte sie temperiert werden. Dazu brechen oder hacken Sie die Schokolade oder Kuvertüre in kleine Stücke und schmelzen dann zwei Drittel davon bei schwacher Hitze und unter Rühren in einem Topf im Wasserbad. Nehmen Sie den Topf anschließend aus dem Wasserbad und rühren das restliche Drittel Schokoladen- oder Kuvertürenstückchen unter, bis keine Stückchen mehr zu sehen sind. Wenn das zu-

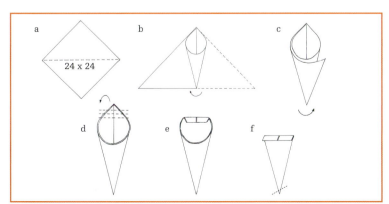

309

RATGEBER

letzt beigefügte Drittel nicht richtig schmilzt, halten Sie den Topf nochmals für etwa 3 Sekunden ins Wasserbad, nehmen ihn wieder heraus und rühren, bis alle Stückchen geschmolzen sind.

Wohltemperiert?
Um zu überprüfen, ob die temperierte Schokolade oder Kuvertüre sich gut verarbeiten lässt, machen Sie einen Test: Die Ecke einer Teigkarte in die Masse tauchen, etwas Abklopfen und die Masse auf der Teigkarte antrocknen lassen. Oder einige Tropfen von der Masse auf ein Stück Backpapier setzen, etwas verstreichen und 3–5 Minuten antrocknen lassen. Die Masse in dieser Zeit nicht umrühren, damit sich die Temperatur nicht verändert. Zieht die Masse nicht an, ist sie zu warm; in diesem Fall setzen Sie den Topf kurz in ein kaltes Wasserbad und rühren gut um.
Ist ein Grauschleier zu sehen, ist die Masse zu kalt und muss für ein paar Sekunden noch mal ins warme Wasserbad, dabei gut umrühren.

Schokoladenlocken und -späne herstellen
Temperieren Sie die Schokolade oder Kuvertüre wie beschrieben und gießen sie anschließend auf eine Platte, z. B. eine Tortengarnierscheibe (Foto 1). „Klopfen" Sie die Platte nun auf den Tisch (Foto 2), sodass die Schokolade verläuft, und lassen sie fast vollständig fest werden (nicht kalt stellen).

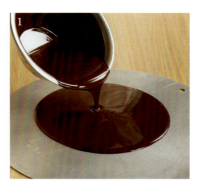

Schöne Schokoladenlocken erhalten Sie, wenn Sie mit einem Spachtel in einem möglichst kleinen Winkel zur Platte arbeiten (Foto 3): Durch mehrmaliges, leichtes, gleichmäßiges Schaben entstehen schöne, große Schokoladenlocken. Wichtig: Die Schokolade darf nicht zu fest sein, weil die Locken sonst brechen und bröckelig werden. Schokoladenspäne lassen sich mithilfe eines Sparschälers von einem Stück Schokolade oder Kuvertüre abschälen (Foto 4). Die Schokolade bzw. Kuvertüre sollte dabei nicht zu kalt sein, da es sonst nur Schokoladenraspel und keine Späne gibt. Damit Schokoladenlocken und Schokoladenspäne nicht schmelzen oder brechen, fassen Sie sie nicht mit den Händen an, sondern versetzen sie mithilfe des Spachtels oder eines breiten Messers.

Schokoladenglasur
Zum Überziehen von Torten und Gebäck mit einer Schokoladenglasur zerkleinern Sie die Schokolade oder Kuvertüre grob. Schmelzen Sie die Stücke mit etwas Speiseöl bei schwacher Hitze in einem Topf im Wasserbad, dabei immer rühren. Eine schön glänzende Glasur, die sich auch gut verarbeiten lässt, erhalten Sie, wenn Sie auf 100 g Schokolade etwa 1 Teelöffel Speiseöl verwenden bzw. auf 100 g Kuvertüre etwa 25 g Kokosfett.

RATGEBER

Backzutaten

Mehle, Fette, Zucker und Eier
Mit Liebe backen heißt auch, immer frische und einwandfreie Zutaten zu verwenden. Zu lange gelagerte und minderwertige Zutaten können das Gebäck verderben.

Welches Mehl für welches Gebäck?

Weizenmehl Type 405
Diese feine, hellste Mehlsorte ist das bevorzugte Haushaltsmehl für alle Anwendungsbereiche und wird für feine Torten, Kuchen, Plätzchen usw. verwendet.
Wenn in den Rezepten nicht ausdrücklich anders vermerkt, sollte zum Backen immer Weizenmehl Type 405 verwendet werden.

Weizenmehl Type 550
Dieses Mehl eignet sich sehr gut für Hefeteige im Allgemeinen und Brötchen und Weißbrot im Besonderen. Aber auch Kuchen und andere Gebäcke gelingen damit.

Weizenmehl Type 1050
Mit seinen vielen Mineralstoffen eignet sich dieses dunklere Mehl sehr gut für Brot und viele andere herzhafte Gebäckarten.

Weizenvollkornmehl
Aus ganzen Weizenkörnern mit Schale und teilweise auch dem Keim gemahlen, verfügt Weizenvollkornmehl über einen vollen Geschmack. Vor allem für Brot und Brötchen findet es Verwendung.

Dinkelmehl und Dinkelvollkornmehl
Der auch als Urweizen bezeichnete Dinkel ist eng mit dem Weizen verwandt und hat ähnlich gute Backeigenschaften.

Roggenmehl Type 1150
Dieses dunkle Mehl wird hauptsächlich für die Brot- und Brötchenherstellung eingesetzt.

Roggenbackschrot Type 1800 und Roggenvollkornmehl
Beides wird aus dem ganzen Korn gemahlen. Je nach Korngröße unterscheidet man zwischen Grob- und Feinschrot bzw. Mehl. Verwendet wird es z. B. zum Brotbacken.

Vollkornmehle
Vollkornmehle sind nicht für alle Gebäcke geeignet und können auch nicht ohne weiteres im Rezept das Weißmehl ersetzen. Sie benötigen mehr Flüssigkeit, ihre Backfähigkeit ist geringer und das Gebäck wird bei einfachem Austausch der Mehle trockener und fester.

RATGEBER

Butter, Margarine oder Speiseöl?

Das richtige Fett ist nicht nur sehr wichtig für die Teigbeschaffenheit, es trägt auch dazu bei, dass der Teig saftig und mürbe wird und die verschiedenen Aromastoffe gut zur Geltung kommen. Am häufigsten wird zum Backen Margarine oder Butter verwendet, Speiseöl dagegen nur gelegentlich.
In den meisten Rezepten dieses Buches können Sie nach Belieben Butter oder Margarine nehmen. Das empfohlene Fett wird im Rezept aber immer zuerst genannt. Sie können Butter und Margarine auch gemischt verwenden.
Weil Butter im Gegensatz zu der stets streichfähigen Margarine bei kalten Temperaturen fest wird, sollte sie so rechtzeitig aus dem Kühlschrank genommen werden, dass sie sich gut verarbeiten lässt.

Für die Zubereitung von Quark-Öl-Teigen, All-in-Teigen usw. eignet sich auch Speiseöl sehr gut. Es sollte geschmacksneutral sein, z. B. Sonnenblumen- oder Maiskeimöl, damit es den Geschmack der einzelnen Gebäcksorten nicht einseitig beeinflusst.

Ein Zucker für alles?

Zucker wird in verschiedenen Sorten und Formen angeboten:
» Weißer (raffinierter) Zucker wird am häufigsten im Haushalt verwendet. Er ist feinkörnig, besonders vielseitig und eignet sich für Gebäck und Süßspeisen.
» Hagelzucker ist grober, weißer Zucker, den man z. B. zum Bestreuen von Gebäck verwendet.
» Puderzucker ist sehr fein gemahlener weißer Zucker, der vor der Verwendung gesiebt werden sollte.
» Brauner Zucker ist meist eine Sammelbezeichnung für Zucker von bräunlicher Farbe. Dazu gehören z. B. Kandisfarin, dieser Zucker wird oft für Lebkuchen- oder Honigkuchenteige verwendet, und Rohrzucker, der aus Zuckerrohr gewonnen wird.
» Grümmel ist grob gestoßener brauner Kandis. Er hat einen sehr aromatischen Geschmack und wird bevorzugt für Honigkuchen, Lebkuchen und Printen verwendet.

Hauptsache frisch: Eier

In Deutschland gelangen nur Eier der Güteklasse A in den Handel – allerdings in 4 verschiedenen Gewichtsklassen. In diesem Buch werden in allen Rezepten Eier der Gewichtsklasse M verwendet. Wichtig ist, auf das Legedatum oder die Mindesthaltbarkeit der Eier zu schauen.
Wenn Sie unsicher sind, ob ein Ei frisch ist, geben Sie es in ein Glas mit Wasser: Ein frisches Ei bleibt am Boden liegen, ein etwa 7 Tage altes Ei richtet sich leicht auf, weil sich die Luftkammer vergrößert, je älter es wird. Und ein etwa 2–3 Wochen altes Ei fängt an zu schwimmen.

> Schlagen Sie jedes Ei einzeln in einer Tasse auf, um ein verdorbenes Ei aussortieren zu können und eventuelle Eierschalenstücke zu entfernen.

RATGEBER

Fachbegriffe
Was bedeutet was?

Abbrennen oder Abbrühen
Das Erhitzen des Brandteiges vor dem Backen. Am Topfboden muss sich ein weißlicher Belag bilden.

Ansatz
Anderer Begriff für Vorteig. Ein Vorteig ist bei der Verwendung von frischer Hefe notwendig.

Aufbacken
Erneutes kurzes Backen von Kuchen und Gebäck, das eingefroren war oder durch Lagern an Frische verloren hat, z. B. Brot und Brötchen. Gebäck mit Glasur eignet sich nicht zum Aufbacken.

Bestäuben
Bestreuen von Kuchen oder Gebäck mit Puderzucker oder Kakaopulver mithilfe eines Siebes oder Streuers.

Dressieren
Einer Speise eine gefällige Form geben. Beim Backen versteht man darunter das Aufspritzen von Cremes oder Gebäckstücken mit dem Spritzbeutel.

Kneten
Vermischen von Zutaten zu einem glatten Teig. Man kann mit den Knethaken des Handrührgerätes oder mit den Händen kneten.

Tränken – Foto 1
Einen Gebäckboden oder Kuchen mit Flüssigkeiten wie Fruchtsaft, Zuckerlösung oder Alkohol durchfeuchten.

Unterheben – Foto 2
Lockeres Untermischen einer Masse, z. B. geschlagene Sahne, Eischnee, Mandeln oder Rosinen unter eine andere Masse oder einen Teig mit einem Teigschaber, Kochlöffel oder Schneebesen.

Unterziehen – Foto 3
Langsames und vorsichtiges Einrühren und Vermischen von feinen Substanzen wie Mehl oder Flüssigkeiten in einen Teig mit einem Teigschaber, Kochlöffel oder Schneebesen.

Deutsche/österreichische Bezeichnungen:

Deutsch	Österreichisch
Aprikose	Marille
Baiser	Meringe
Eigelb	Eidotter
Eiweiß	Eiklar
Hefe	Germ
Hefevorteig	Dampfl
Hörnchen	Kipferl
Johannisbeere	Ribisel
Kompott/gedünstetes Obst	Röster
Löffelbiskuit	Biskotten
Pflaumenmus	Powidl
Puderzucker	Staubzucker
Quark	Topfen
Saure Sahne	Sauerrahm
Sahne/Schlagsahne	Obers/Schlagobers
Sauerkirsche/Schattenmorelle	Weichsel
Schmand	Sauerrahm

(mit 24 % Fett, ist selten in Österreich erhältlich, kann durch Crème fraîche ersetzt werden).

1

2

3

KAPITELREGISTER

EINFÜHRUNG
Allgemeine Hinweise zum Buch 6

RÜHRTEIG
Ratgeber Rührteig 8
Kastenkuchen Grundrezept Rührteig
(Rührkuchen) 10
Kuhfleckenwaffeln 12
Sahnewaffeln (harte Waffeln) 12
Einfache Waffeln 14
Apfelwaffeln 15
Chocolate Cookies mit Nüssen 16
Buttermuffins 18
Amerikaner 20
Mini-Mint-Amerikaner 20
Sandkuchen 22
Rotweinkuchen 23
Nusskuchen 24
Schoko-Nuss-Kuchen 24
Marmorkuchen 26
Marmorkuchen „Dreierlei" 26
Napfkuchen mit Quark 28
Frankfurter Kranz 30
Sachertorte 32
Apfelkuchen, sehr fein 34
Apfel-Streusel-Kuchen 34
Kirschkuchen, sehr fein 34
Brombeer-Krokant-Kuchen 36
Maulwurftorte 38
Zitronen-Quark-Sahne-Torte 40
Orangen-Quark-Sahne-Torte 40
Erdbeer-Sekt-Torte 42
Schneetorte 44
Zitronenkuchen 46
Getränkter Orangenkuchen 46
Grillkuchen (Schichtkuchen, Baumkuchen) 48
Grillkuchen in der Kastenform 48
Käsekuchen mit gemischtem Obst 50
Donauwellen 52
Spiegeleierkuchen 54
Aprikosenkuchen vom Blech **(Titelrezept)** 54
Sehr feine Schokoschnitten 56
Rhabarberschnitten mit Crème-fraîche-Guss 58
Trüffelkuchen vom Blech 60

ALL-IN-TEIG
Ratgeber All-in-Teig 62
Obsttorte mit Erdbeeren 62
Schneller Pflaumenkuchen 64
Buttermilchkuchen 66
Mandarinen-Buttermilch-Kuchen 66
Mohnwellen 68
Pfirsich-Nougat-Kuchen 70
Schoko-Kirsch-Napfkuchen 72
Eierlikörkuchen 74
Eierlikörwaffeln 74
Muffins mit Schokosplittern 76
Möhren-Nuss-Muffins 76
Kartoffelwaffeln 78
Würzige Speckwaffeln 78

KNETTEIG
Ratgeber Knetteig 80
Ausstechkekse (Grundrezept Knetteig) 82
Terrassenplätzchen 82
Teegebäck 84
Vanilleplätzchen 84
Florentiner Plätzchen 86
Kulleraugen 88
Katzenaugen 88
Heidesand 90
Crème-fraîche-Taler 91
Pikante Crème-fraîche-Taler 91
Zartes Mandelgebäck 92
Zitronetten 93
Schwarz-Weiß-Gebäck 94
Rosetten-Muffins 96
Nusszopf 98
Nussecken 100
Kokosecken 100
Gedeckter Apfelkuchen 102
Pflaumenkuchen mit zwei Böden 104
Buttermilchschnitten mit Kirschen 106
Apfelweinkuchen vom Blech 108
Johannisbeer-Baiser-Torte (Träublestorte) 110
Obstkuchen auf französische Art 112
Linzer Torte 114
Linzer Schnitten 114
Friesische Streuseltorte 116
Kirsch-Streusel-Kuchen 118
Russischer Zupfkuchen 120
Schokoladen-Tarte 122
Käsekuchen 124

KAPITELREGISTER

Käsekuchen mit Streuseln 124
Schlesische Mohntorte 126
Engadiner Nusstorte 128
Quiche Lorraine 130
Rucola-Quiche 130
Käsegebäck 132
Schnecken mit roter Frischkäsefüllung 132

HEFETEIG

Ratgeber Hefeteig 134
Feiner Gugelhupf 136
Apfeltaschen 138
Puddingschnecken 140
Hefezopf 142
Rosinenzopf 142
Hefezopf mit exotischen Trockenfrüchten 142
Mohnstriezel 144
Apfel-, Streusel- oder Pflaumenkuchen 146
Vanille-Kirsch-Kuchen 148
Schoko-Kirsch-Kuchen 148
Streuselkuchen aus Thüringen 150
Kokoskuchen aus Thüringen 150
Bicnenstich 152
Kokosbienenstich mit Karamellcreme 152
Holzfäller-Schnitten 154
Butterkuchen 156
Butterkuchen mit Nusskruste 156
Butterkuchen mit Äpfeln 156
Eierschecke 158
Zwiebelkuchen vom Blech 160
Porreekuchen 160
Mini-Pizza 162
Mini-Pizza mit vegetarischem Belag 162
Kräuter-Flammkuchen 164

BISKUITTEIG

Ratgeber Biskuitteig 166
Grundrezept Biskuitteig
für die Springform 169
Nussbiskuit 169
Schokoladen-Sahne-Torte 170
Schwarzwälder Kirschtorte 172
Orangen-Möhren-Torte 174
Cappuccino-Sahne-Torte 176
Buttercremetorte 178
Himbeerschnitten 180

Mandarinen-Quark-Schnitten 182
Ananas-Quark-Schnitten 182
Joghurtschnitten 184
Zitronen-Sahne-Rolle 186
Einfache Biskuitrolle 186
Erdbeer-Schokoladen-Rolle 188
Himbeer-Sahne-Rolle 188

QUARK-ÖL-TEIG

Ratgeber Quark-Öl-Teig 190
Pizza mit Quark-Öl-Teig 191
Kolatschen 192
Kolatschenkuchen vom Blech 192
Mandarinen-Schmand-Kuchen 194
Käse-Schinken-Hörnchen 196
Gemüseröllchen 196

BRANDTEIG

Ratgeber Brandteig 198
Windbeutel 200
Windbeutel mit Preiselbeer-
Stracciatella-Sahne-Füllung 200
Windbeutel mit fruchtiger Quarkfüllung 201
Eclairs (Liebesknochen) 202
Eclairs mit Himbeersahne 202
Flockentorte 204
Käsewindbeutelchen 206
Windbeutelchen mit Lachs-Quark-Füllung 206
Windbeutelchen mit vegetarischer Füllung 206

STRUDEL- UND BLÄTTERTEIG

Wiener Apfelstrudel 208
Topfenstrudel (Quarkstrudel) 210
Topfenstrudel mit Backobst 210
Holländische Kirschtorte 212
Blätterteigteilchen 214
Quarktaschen 214
Puddingtaschen 214
Spiegeleiernester 216
Knusperkissen 218
Prasselschnitten 218
Schweineöhrchen 220
Mandelschleifen 220
Oliven-Kräuter-Stangen 222
Käsestangen 222

315

KAPITELREGISTER

EIWEISSGEBÄCK
Ratgeber Eiweißgebäck 224
Baiser 225
Amarettini 226
Wespennester 226
Kokosmakronen 228
Haselnussmakronen 228

FETTGEBÄCK
Ratgeber Fettgebäck 230
Donuts 231
Berliner 232
Berliner mit Zuckerguss 232
Berliner mit Whisky- oder Eierlikör-Guss 232
Berliner mit rosa Guss 232
Berliner mit Vanille- oder Eierlikörcreme 234
Quarkbällchen 234
Muzenmandeln 236
Rheinische Muzen 236
Eberswalder Spritzkuchen 238

KALTE TORTEN
Ratgeber Gelatine 240
Schnelle Frischkäsetorte 240
Käse-Beeren-Torte 242
Spekulatius-Torte 244
Himbeer-Sommertorte 246
Käse-Sahne-Torte mit Nougat 248
Limettenschnitten 250
Kalter Hund 252

WEIHNACHTSGEBÄCK
Vanillekipferl 254
Zedernbrot 255
Haferflockenplätzchen 256
Zimtsterne 258
Zimtborgc 258
Elisenlebkuchen 260

Stollenhäppchen 262
Nussprinten 264
Früchteplätzchen 266
Spritzgebäck mit Mandeln 268
Dunkles Spritzgebäck 268
Spritzgebäck mit Eigelb 268
Pfeffernüsse mit Guss 270
Knusperhaus 272
Glühweinmuffins 274
Glühweinmuffins mit Trockenpflaumen 274
Honigkuchen 276
Christstollen (mit Hefe) 278
Quarkstollen (mit Backpulver) 280
Quarkstollen mit Marzipan .280
Früchtekuchen 282
Rotwein-Pflaumen-Pralinen 284
Schoko-Hafer-Knusperchen .284

BROT & BRÖTCHEN
Sonnenblumenkern-Brötchen 286
Bagels 288
Süße Mohn- und Sesamhörnchen 290
Mohn- und Sesambrötchen .290
Ciabatta 292
Ciabatta mit Tomaten und Oliven 292
Fladenbrot 294
Tomatenbrote 296
Roggenbrot mit Kürbiskernen 298
Dinkelzopf mit Kürbiskernen 300
Weißbrot 302
Rosinenweißbrot 302
Kraftbrot 304

RATGEBER
Ratgeber Backöfen, Küchengeräte und Backhelfer . .306
Ratgeber Garnieren und Verzieren 309
Ratgeber Backzutaten 311
Ratgeber Fachbegriffe 313

ALPHABETISCHES REGISTER

A

Amarettini 226
Amerikaner 20
Ananas-Quark-Schnitten 182
Apfelkuchen 146
Apfelkuchen, gedeckter 102
Apfelkuchen, sehr fein 34
Apfel-Streusel-Kuchen 34
Apfeltaschen 138
Apfelstrudel, Wiener 208
Apfelwaffeln 15
Apfelweinkuchen vom Blech 108
Aprikosenkuchen vom Blech
  (Titelrezept) 54
Ausstechkekse
  (Grundrezept Knetteig) 82

B

Bagels 288
Baiser 225
Berliner 232
Berliner mit rosa Guss 232
Berliner mit Vanille- oder
  Eierlikörcreme 234
Berliner mit Whisky- oder
  Eierlikör-Guss 232
Berliner mit Zuckerguss 232
Bienenstich 152
Biskuitrolle, einfache 186
Blätterteigteilchen 214
Brombeer-Krokant-Kuchen 36
Buttercremetorte 178
Butterkuchen 156
Butterkuchen mit Äpfeln 156
Butterkuchen mit Nusskruste 156
Buttermilchkuchen 66
Buttermilchschnitten
  mit Kirschen 106
Buttermuffins 18

C

Cappuccino-Sahne-Torte 176
Chocolate Cookies mit Nüssen......16
Christstollen (mit Hefe) 278
Ciabatta 292
Ciabatta mit Tomaten und Oliven..292
Crème-fraîche-Taler......................91
Crème-fraîche-Taler, pikante 91

D

Dinkelzopf mit Kürbiskernen......300
Donauwellen....................................52
Donuts 231
Dunkles Spritzgebäck 268

E

Eberswalder Spritzkuchen 238
Eclairs (Liebesknochen)...............202
Eclairs mit Himbeersahne...........202
Eierlikörkuchen 74
Eierlikörwaffeln 74
Eierschecke 158
Einfache Biskuitrolle 186
Einfache Waffeln 14
Elisenlebkuchen 260
Engadiner Nusstorte....................128
Erdbeer-Schokoladen-Rolle........188
Erdbeer-Sekt-Torte 42

F

Feiner Gugelhupf..........................136
Fladenbrot 294
Flockentorte..................................204
Florentiner Plätzchen 86
Frankfurter Kranz 30
Friesische Streuseltorte...............116
Frischkäsetorte, schnelle.............240
Früchtekuchen 282
Früchteplätzchen 266

G

Gedeckter Apfelkuchen 102
Gemüseröllchen............................196
Getränkter Orangenkuchen 46
Glühweinmuffins 274
Glühweinmuffins mit
  Trockenpflaumen.......................274
Grillkuchen (Schichtkuchen,
  Baumkuchen) 48
Grillkuchen in der Kastenform 48
Grundrezept Biskuitteig
  für die Springform....................169
Gugelhupf, feiner..........................136

H

Haferflockenplätzchen..................256
Haselnussmakronen 228
Hefezopf 142
Hefezopf mit exotischen
  Trockenfrüchten 142
Heidesand 90
Himbeer-Sahne-Rolle 188
Himbeerschnitten 180
Himbeer-Sommertorte 246
Holländische Kirschtorte 212
Holzfäller-Schnitten 154
Honigkuchen.................................276
Joghurtschnitten 184
Johannisbeer-Baiser-Torte 110

K

Kalter Hund 252
Kartoffelwaffeln 78
Käse-Beeren-Torte........................242
Käsegebäck 132
Käsekuchen 124
Käsekuchen mit gemischtem
  Obst 50
Käsekuchen mit Streuseln 124
Käse-Sahne-Torte mit Nougat 248
Käse-Schinken-Hörnchen 196
Käsestangen 222
Käsewindbeutelchen 206
Kastenkuchen Grundrezept
  Rührteig (Rührkuchen) 10
Katzenaugen 88
Kirschkuchen, sehr fein 34
Kirsch-Streusel-Kuchen 118
Kirschtorte, Schwarzwälder 172
Knusperhaus..................................272
Knusperkissen 218
Kokosbienenstich mit
  Karamellcreme 152
Kokosecken 100
Kokoskuchen aus Thüringen 150
Kokosmakronen 228
Kolatschen 192
Kolatschenkuchen vom Blech......192
Kraftbrot 304
Kranz, Frankfurter 30
Kräuter-Flammkuchen 164
Kuhfleckenwaffeln 12
Kulleraugen 88

L

Limettenschnitten 250
Linzer Torte..................................114
Linzer Schnitten 114

M

Mandarinen-Buttermilch-
  Kuchen 66
Mandarinen-Quark-Schnitten 182
Mandarinen-Schmand-Kuchen ...194
Mandelgebäck, zartes 92
Mandelschleifen 220
Marmorkuchen 26
Marmorkuchen „Dreierlei" 26
Maulwurftorte.................................38
Mini-Mint-Amerikaner 20
Mini-Pizza.....................................162
Mini-Pizza mit vegetarischem
  Belag 162
Mohn- und Sesambrötchen 290

ALPHABETISCHES REGISTER

Mohn- und Sesamhörnchen, süße 290
Mohnstriezel..........144
Mohntorte, Schlesische..........126
Mohnwellen 68
Möhren-Nuss-Muffins 76
Muffins mit Schokosplittern 76
Muzenmandeln 236
Muzen, Rheinische 236

N
Napfkuchen mit Quark 28
Nussbiskuit 169
Nussecken 100
Nusskuchen 24
Nussprinten 264
Nusstorte, Engadiner 128
Nusszopf 98

O
Obstkuchen auf französische Art 112
Obsttorte mit Erdbeeren 62
Oliven-Kräuter-Stangen 222
Orangenkuchen, getränkter 46
Orangen-Möhren-Torte 174
Orangen-Quark-Sahne-Torte 40

P
Pfeffernüsse mit Guss 270
Pfirsich-Nougat-Kuchen 70
Pflaumenkuchen 146
Pflaumenkuchen mit zwei Böden 104
Pflaumenkuchen, schneller 64
Pikante Crème-fraîche-Taler 91
Pizza mit Quark-Öl-Teig 191
Plätzchen, Florentiner 86
Porreekuchen 160
Prasselschnitten 218
Puddingschnecken 140
Puddingtaschen 214

Q
Quarkbällchen 234
Quarkstollen (mit Backpulver) 280
Quarkstollen mit Marzipan 280
Quarktaschen 214
Quiche Lorraine 130

R
Ratgeber All-in-Teig 62
Ratgeber Backöfen, Küchengeräte und Backhelfer 306
Ratgeber Backzutaten 311
Ratgeber Biskuitteig 166
Ratgeber Brandteig 198
Ratgeber Eiweißgebäck 224
Ratgeber Fachbegriffe 313
Ratgeber Fettgebäck 230
Ratgeber Garnieren und Verzieren 309
Ratgeber Gelatine 240
Ratgeber Hefeteig 134
Ratgeber Knetteig 80
Ratgeber Quark-Öl-Teig 190
Ratgeber Rührteig 8
Rhabarberschnitten mit Crème-fraîche-Guss 58
Rheinische Muzen 236
Roggenbrot mit Kürbiskernen 298
Rosetten-Muffins 96
Rosinenweißbrot 302
Rosinenzopf 142
Rotweinkuchen 23
Rotwein-Pflaumen-Pralinen 284
Rucola-Quiche 130
Russischer Zupfkuchen 120

S
Sachertorte 32
Sahnewaffeln (harte Waffeln) 12
Sandkuchen 22
Schlesische Mohntorte 126
Schnecken mit roter Frischkäsefüllung 132
Schneetorte 44
Schnelle Frischkäsetorte 240
Schneller Pflaumenkuchen 64
Schnitten, Linzer 114
Schoko-Hafer-Knusperchen 284
Schoko-Kirsch-Kuchen 148
Schoko-Kirsch-Napfkuchen 72
Schokoladen-Sahne-Torte 170
Schokoladen-Tarte 122
Schoko-Nuss-Kuchen 24
Schwarzwälder Kirschtorte 172
Schwarz-Weiß-Gebäck 94
Schweineöhrchen 220
Sehr feine Schokoschnitten 56
Sonnenblumenkern-Brötchen 286
Speckwaffeln, würzige 78
Spekulatius-Torte 244

Spiegeleierkuchen 54
Spiegeleiernester 216
Spritzgebäck, dunkles 268
Spritzgebäck mit Eigelb 268
Spritzgebäck mit Mandeln 268
Spritzkuchen, Eberswalder 238
Stollenhäppchen 262
Streuselkuchen 146
Streuselkuchen aus Thüringen 150
Streuseltorte, Friesische 116
Süße Mohn- und Sesamhörnchen 290

T
Teegebäck 84
Terrassenplätzchen 82
Tomatenbrote 296
Topfenstrudel (Quarkstrudel) 210
Topfenstrudel mit Backobst 210
Torte, Linzer 114
Trüffelkuchen vom Blech 60

V
Vanillekipferl 254
Vanille-Kirsch-Kuchen 148
Vanilleplätzchen 84

W
Waffeln, einfache 14
Weißbrot 302
Wespennester 226
Wiener Apfelstrudel 208
Windbeutel 200
Windbeutel mit fruchtiger Quarkfüllung 201
Windbeutel mit Preiselbeer-Stracciatella-Sahne-Füllung 200
Windbeutelchen mit Lachs-Quark-Füllung 206
Windbeutelchen mit vegetarischer Füllung 206
Würzige Speckwaffeln 78

Z
Zartes Mandelgebäck 92
Zedernbrot 255
Zimtberge 258
Zimtsterne 258
Zitronenkuchen 46
Zitronen-Quark-Sahne-Torte 40
Zitronen-Sahne-Rolle 186
Zitronetten 93
Zupfkuchen, Russischer 120
Zwiebelkuchen vom Blech 160

Für Fragen, Vorschläge oder Anregungen steht Ihnen der Verbraucherservice der Dr. Oetker Versuchsküche Telefon: 0 08 00 71 72 73 74 Mo.–Fr. 8:00–18:00 Uhr, Sa. 9:00–15:00 Uhr (gebührenfrei in Deutschland) oder die Mitarbeiter des Dr. Oetker Verlages Telefon: +49 (0) 521 520645 Mo.–Fr. 9:00–15:00 Uhr zur Verfügung. Oder schreiben Sie uns: Dr. Oetker Verlag KG, Am Bach 11, 33602 Bielefeld oder besuchen Sie uns im Internet unter www.oetker-verlag.de oder www.oetker.de.

Umwelthinweis Dieses Buch und der Einband wurden auf chlorfrei gebleichtem Papier gedruckt. Die Einschrumpffolie – zum Schutz vor Verschmutzung – ist aus umweltfreundlichem und recyclingfähigem PE-Material.

Copyright © 2011 by Dr. Oetker Verlag KG, Bielefeld

Redaktion Andrea Gloß, Carola Reich

Redaktionelle Beratung Dr. Judith Borgwart, Frankfurt

Titelfoto Thomas Diercks (Fotostudio Diercks), Hamburg
Innenfotos Christiane Krüger (Fotostudio Diercks), Hamburg

Foodstyling Eike Upmeier-Lorenz, Hamburg

Rezeptentwicklung und –beratung Dr. Oetker Versuchsküche, Bielefeld

Nährwertberechnungen Nutri Service, Hennef

Grafisches Konzept und Gestaltung BCW Gesellschaft für Kommunikation mbH, Hamburg
Titelgestaltung kontur:design, Bielefeld

Reproduktionen Repro Ludwig, Zell am See, Österreich
Satz JUNFERMANN Druck & Service, Paderborn
Druck und Bindung Firmengruppe APPL, aprinta druck, Wemding

Wir danken für die freundliche Unterstützung Leifheit AG, Nassau/Lahn
Peter Kölln, Elmshorn

Die Autoren haben dieses Buch nach bestem Wissen und Gewissen erarbeitet. Alle Rezepte, Tipps und Ratschläge sind mit Sorgfalt ausgewählt und geprüft. Eine Haftung des Verlages und seiner Beauftragten für alle erdenklichen Schäden an Personen, Sach- und Vermögensgegenständen ist ausgeschlossen.

Nachdruck und Vervielfältigung (z. B. durch Datenträger aller Art) sowie Verbreitung jeglicher Art, auch auszugsweise, ist nur mit ausdrücklicher Genehmigung und Quellenangabe gestattet.

ISBN: 978-3-7670-0664-5